名师名校名校长

凝聚名师共识
回应名师关怀
打造名师品牌
培育名师群体

张晓远影

名师名校名校长书系

基于数学思想方法的
小学数学教学

姚冬梅 / 主　编

陈远刚 / 副主编

民主与建设出版社

·北京·

© 民主与建设出版社，2019

图书在版编目（CIP）数据

基于数学思想方法的小学数学教学 / 姚冬梅主编
. 一北京 : 民主与建设出版社，2019.9
ISBN 978-7-5139-2614-0

Ⅰ. ①基… Ⅱ. ①姚… Ⅲ. ①小学数学课—教学研究
Ⅳ. ①G623.502

中国版本图书馆CIP数据核字（2019）第185147号

基于数学思想方法的小学数学教学
JIYU SHUXUE SIXIANG FANGFA DE XIAOXUE SHUXUE JIAOXUE

出 版 人	李声笑
主 编	姚冬梅
责任编辑	刘 芳
封面设计	姜 龙
出版发行	民主与建设出版社有限责任公司
电 话	（010）59417747　59419778
社 址	北京市海淀区西三环中路10号望海楼E座7层
邮 编	100142
印 刷	北京虎彩文化传播有限公司
版 次	2022年6月第1版
印 次	2022年6月第1次印刷
开 本	710毫米×1000毫米　1/16
印 张	16.75
字 数	302千字
书 号	ISBN 978-7-5139-2614-0
定 价	45.00元

注：如有印、装质量问题，请与出版社联系。

本书得到广东省姚冬梅教师工作室和惠州市教育科研课题
"在小学数学教学中融入数学思想方法的实践研究"
（课题编号2017hzkt122）项目的资助

本书是惠州市教育科研课题"在小学数学教学中融入数学思想方法的实践研究"成果汇集，是广东省姚冬梅教师工作室团队的集体智慧结晶。

本书由姚冬梅老师撰写部分约135千字。

编 委 会

学习，是为了遇见更好的自己

如果你想让教师的劳动能够给教师带来乐趣，使天天上课不至于变成一种单调乏味的义务，那就应该引导每一位教师走上从事研究这条幸福的道路上来。

——苏霍姆林斯基

2013年我参加了全国新世纪小学数学杰出人才培养工程第三届高级研修班的学习。张丹教授的"爱思考、爱研究、爱行动"至今历历在目：研究、成长、追问、创造、乐观、坚持。研修期间在与强大专家团队（蔡金法、刘坚、张丹、王永、王明明、刘加霞……）面对面的交流中，专家们严谨治学、兢兢业业的敬业精神令我钦佩，热情开朗、平易近人的态度使我倍感温暖，专家的讲座、分享和点评，让我的理念得以洗礼，思想受到很大的震动，视野更加开阔。两年的研修历程，我觉得感受最深、变化最大的是：

读：通过阅读提高自己的理论素养。

"问渠那得清如许，为有源头活水来"。高研班第一次集中研修选题时，专家团队就给我们学员推荐了阅读书目。专家要求我们在开始研究之前，首先要对与选题有关的研究进行学习，广泛进行阅读，收集有关选题的好案例和好文章。很多优秀教师的成功，在于阅读，积累，反思，再阅读，再积累，再反思，反复循环。我每周都会挤出一些时间读书，希望自己在不断地阅读中探索、创新，最终成就富有诗意的教育生活。

借：向名家、名师借智慧，借鉴别人的优秀经验。

"画眉麻雀不同嗓，金鸡乌鸡不同窝"。如果你想优秀，那就要和优秀的人在一起，你才会出类拔萃。两年来我的研究从选题到文献综述再到单元教学设计均得到了蔡金法教授、王明明老师、刘加霞教授等专家名师的点评指导，导师们的一再鼓励、肯定，让我获得了满满的正能量，学习中导师的谆谆教诲汇成了一阵阵催人奋进的号角，支持、激励着我不敢有丝毫的懈怠和停留。尽管我走得有些跌跌撞撞，但我仍努力使自己走得更好。

研：在团队里交流自己的教学主张，定期进行教学研讨和反思。

"教而不研则浅，研而不教则空"。作为小学数学省级工作室主持人和惠州市教师培训专家团队成员，每学期学校和市、区都有大型教研活动，利用这些活动我组织教师们在集体备课、课例开发、说课评课、课题研究等方面进行交流。我把自己在高研班的选题和专家的点评作为案例和教师们进行研讨，引发大家对什么样的课是一节好课的思考。在我的带领下，工作室多位成员脱颖而出，成长为市区学校的教学骨干。

写：勤写教育教学随笔、论文案例、课题方案。

"笔是练出来的"，勤动笔非常重要。我坚持写听课后的感受、教学中的得与失、阅读之后的感想，读过的好的名言警句或片段也都抄下来，积累写作的素材。近年来，我和工作室成员撰写的多篇教育教学论文在各级教学评优中获奖。

高研班的学习带给我许多思考：我已经拥有了什么？还欠缺什么？我是一位平凡的教师，如何让自己在平凡的同时不做平庸之人？就是要在以后的工作中，努力做到"每天进步一点点"。

作为孩子的启蒙老师，我一直在思考这个问题：小学数学教学究竟应该给孩子留下什么？《义务教育数学课程标准》（2011年版）将"数学基本思想"与"基础知识、基本技能、基本活动经验"并列，作为"四基"之一明确提出，具有重要的现实意义。小学生学习数学除了获得基本的知识技能，以解决实际生活中、其他学科学习中的问题以外，最重要的就是感受与领悟数学中所蕴含的基本的丰富的数学思想和重要的数学思维方式，为将来解决更多的问题打基础。小学数学教材体系有两条线索，一条是明线，一条是暗线，明线是指写在教材上的数学知识，暗线是教材编写的指导思想，即数学思想方法。因此作为省级工作室主持人的我，带领工作室团队开展课题研究"在小学数学教学中融入数学思想方法的实践研究"。本书通过对小学数学教学中渗透数学思想的探索与实践，在教学实践中我带领工作室团队教师认真收集数学基本思想在教学中具体体现的课例，我们通过对这些教学案例的深入探究，挖掘和提炼教学内容中蕴含的数学思想方法，引导学生在数学活动探索新知的过程中，体验、领悟数学思想方法的价值和神奇魅力，进而激发他们学习数学的最原始动力，给他们留下数学的思考方式、数学的思想方法、浸润在对数学学习的热爱中，并对学习数学持有积极态度。

　　本书是在广东省姚冬梅教师工作室团队成员多年来参加各级各类比赛课例及撰写的教学论文的基础上补充完善而成，也是市级课题"在小学数学教学中融入数学思想方法的实践研究"的成果汇集。感谢工作室指导专家和工作室团队成员的鼓励和支持，感谢我的家人、师友给我的无私帮助和精神支持，才使本书得以顺利出版。

姚冬梅
2019年7月5日

《《 **理论篇** 》》

《《 **案例篇** 》》

《《《 论文篇 》》》

《《《 成果篇 》》》

理 论 篇

感受数形结合思想的奇妙之旅

——两次教学"点阵中的规律"的感悟

惠州市光彩小学　姚冬梅

（此案例研究是姚冬梅老师2013年—2015年参加全国新世纪小学数学杰出人才第三届高级研修班的研修课例）

一、问题的提出

《小学数学课程标准》（2011年版）将"数学基本思想"与"基础知识、基本技能、基本活动经验"并列，作为"四基"之一明确提出，具有重要的现实意义。作为"数学基本思想"之一的"数形结合"思想的历史演进：数的产生源于计数，是对具体物体个数的计数。数的概念产生之后，在古代各种各样的计数法中，都是以具体的图形来表示抽象的数的，直到出现表示数的各种抽象符号，数才脱去了形的束缚，使得数的表示更便捷。真正将数与形结合起来的当属古希腊的毕达哥拉斯学派。他们在研究数时，常常把数同沙砾或画在平面上的点联系起来，按照沙砾或点的形状将数进行分类，进而结合图形性质推出数的性质。这是早期数与形相结合的体现。古希腊亚历山大时期的欧几里得就是以"几何"的方法来研究代数问题的。当时人类的认知发展特点是以具体形象思维为主，他们坚信所有的数都能用几何方法处理。当摆脱了"几何"的直观，数学终于又在阿拉伯、印度等地获得了大发展，代数发展达到新的辉煌程度。到17世纪笛卡儿创立了解析几何学，他把数轴扩展到平面直角坐标系，数与形再一次结合起来，而且达到了至善至美的地步，数学又获得了空前的发展。解析几何为几何学的研究提供了新的方法，使许多几何问题变得简单易解，它使人们对形的认识由静态发展到动态，这才是"数形结合"思想的本质所在。继笛卡儿之后，数与形更进一步密切结合。近代数学中，从几何的角度看，代数和几何的结合产生了代数几何；分析和几何的结合产生了微分几何；

而代数几何和微分几何又转过来为代数与分析提供几何背景、解释和研究课题，促进它们的发展。可见，"数形结合"是当今数学发展的必然产物，"数形结合"贯穿于数学发展的全过程。

二、教学案例的解读与分析

"点阵中的规律"是新世纪小学数学（北师大版）五年级上册"数学好玩"单元《尝试与猜测》中的内容。其中，引导学生探索和概括点阵中的规律是本课的教学重点；从不同的角度进行观察，发现"点阵"不同的排列规律，并用算式表示出来，是本课的教学难点。我曾先后两次执教这一内容，第一次教学时我关注的是如何通过点阵图的规律，归纳总结出三种算式之间的联系，将"1+2+3+4+5+6+7+8+7+6+5+4+3+2+1""1+3+5+7+9+11+13+15"这种较复杂的算式转化为"8×8"进行快速计算。课后同科组教师对这节课进行研讨，认为教学中数形结合思想方法被忽视，造成学生只能停留在一招一式的模仿上。通过课后反思，在第二次教学时，我将教学重点放在关注学生经历探索规律的过程和思路上，利用数形结合使数和形统一起来，借助形的直观来理解抽象的数，运用数与式来细致入微地刻画形的特征，直观与抽象相互结合，收到了较好的教学效果。

下面是我对两次教学的一些回顾和反思。

第一次教学：设计与实施流程

1. 算一算

1+2+3+3+4+5+6+7+8+7+6+5+4+3+2+1=？

1+2+3+…+20+…+3+2+1=？

1+3+5+7+…（20个连续奇数的和）=？

2. 提出：我们一起研究下面图形的规律，就可以快速计算出这些算式的结果

图1是一组点阵，仔细观察可以发现一些规律。你能用算式表示每个点阵的点数吗？

图1 点阵图

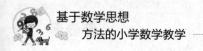
（1）横（纵）向划分点阵。

$1×1$，$2×2$，$3×3$，$4×4$，边长×边长

按照这样的规律，第6个点阵有多少个点？第9个点阵呢？第n个点阵呢？（$n×n$称为平方数）

（2）斜线划分点阵。斜着看（见图2），可以得到什么新的算式呢？

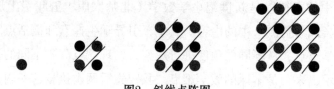

图2　斜线点阵图

1，1+2+1，1+2+3+2+1，1+2+3+4+3+2+1

规律：第n个点阵的点数是从1开始加到n，再反过来加到1。

（3）折线划分点阵。如图3所示，用折线这样分，你有什么发现？

图3　折线点阵图

1，1+3，1+3+5，1+3+5+7

规律：第n个点阵的点数是从1开始的n个连续奇数的和。

（4）建立算式之间的联系。同样的点阵，因三种不同的划分，得到三个不同的算式，但都表示一个平方数，所以这三个算式可以用等号连接。其中哪个算式最简洁？其他两个算式经过怎样的变化就可以转化成这个算式？

3. 现在，你能快速计算出下面算式的结果吗？你是怎么想的？

1+2+3+3+4+5+6+7+8+7+6+5+4+3+2+1=?

1+2+3+…+20+…+3+2+1=?

1+3+5+7+…（20个连续奇数的和）=?

【教学反思】

第一次教学时，我把重点放在计算上，试图通过规律来找到计算的捷径，但是，在引导发现点阵规律时发现学生的困难还是不小的。很多学生对点阵点数1，4，9，…的规律可以找到，但对横着看，斜着看，特别是折线看点阵中的规律却是无从下手。小组操作时，学生基本不知如何做，还有部分学生甚至对学具胡乱摆，根本不知道要干什么。思维活跃的学生去追求计算结果，最后只能通过教师演示来发现规律。我突然想到，可能是忽略了什么重要的东西，使得探索的过程弱化，使得计算成为追求的一种结果。通过研讨，我们发现，忽略的恰恰是最重要的数学学习的本质，即渗透数形结合思想来发现规律的过程。于是，我们修改教学设计进行了第二次教学。

第二次教学：教学片段实录

出示图4并提问：这些点阵图中，点的个数有规律吗？如何用数学的方法表示这个规律？

图4　点阵图

要求学生独立思考，然后在小组内交流想法，接着全班交流。

生1：这些点阵，点的个数为1，4，9，16。

生2：我看着这些图，发现除了第一个图外，都是正方形，我就把它们这样表示（见图5），我就发现了它们的规律，用数学方法表示出来就是：1×1，2×2，3×3，4×4。

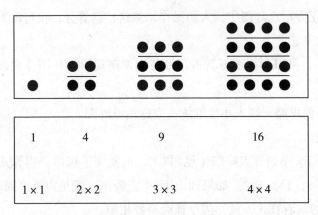

图5　点阵图

师：那么，推理一下，第5个点阵是什么样子的？用数学方法如何表示呢？

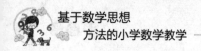
第6个，第100个，第n个呢？

生3：第5个点阵还是一个正方形，每行5个点，有5行，用5×5表示。

生4：第100个点阵还是一个正方形，用100×100表示，第n个还是一个正方形，每行n个，有n行，行与列数相同，用n×n表示。

师：同学们利用正方形这个图形的特点来发现其中蕴含的规律，并且用数学算式表示出这个规律，非常棒！

生5：斜分，我把这些点阵这样分（见图6），也可以发现规律，用数学方法表示出来就是：1，1+2+1，1+2+3+2+1，1+2+3+4+3+2+1。

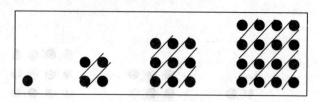

图6 斜线点阵图

生6：第5个点阵就是1+2+3+4+5+4+3+2+1。第n个就是1+2+3+…+n+（n−1）+…+3+2+1。

师：非常棒！利用图形，换一个角度来思考，发现规律，用数学算式表示出来规律。

请同学们回顾刚才发现规律的过程，你们有什么想法？

生7：利用正方形这个图形的特点以及边长×边长，可以发现规律。

生8：在正方形点阵图中，大胆操作，像这样斜着分，也可以发现规律，并用算式表示出来。

师：是的，可以利用图形特点帮助我们发现规律，并用算式表示出来这个规律。

请用这样的思路，四人小组继续探究这组点阵图。

学生交流。

生9：我们这样划分点阵图（见图7），也发现了规律，用算式表示就是：1，1+3，1+3+5，1+3+5+7。如果画出第5个点阵图，就是再画半圈（见图8），算式就是再加9。看算式，就知道是连续奇数相加。

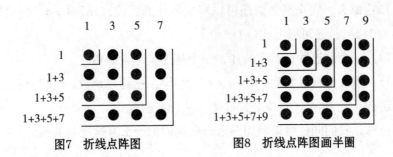

图7 折线点阵图   图8 折线点阵图画半圈

生10：老师，我发现根据算式我们可以画出这个点阵图，比如，4×4可以每行画4点共4行，1+2+3+4+3+2+1是斜着画，先画1点，再斜着在右边和下面各画1点，再斜着画3点、4点，斜着画3点，一直到1点，看还是个正方形点阵图（学生边画边说）。

生11：那1+3+5+7也可以画出来，（边画边说）1个点，这样画3个点，实际就是2×2点阵图，再这样画5点，实际就是3×3图，再画7点，就是4×4正方形点阵了。

师：你们很厉害。是的，我们可以发现点阵图中隐藏的规律并用算式表示出来。反之，还可以把算式用图表示出来。现在，我们总体回顾一下，你们有什么发现？

学生思考。

生12：这些算式可以用等号连接，就是2×2=1+2+1=1+3，3×3=1+2+3+2+1=1+3+5。

师：非常棒！如图9所示，像这样，可以写成两个相同数的积的形式，比如4=2×2，9=3×3，16=4×4，25=5×5，像1，4，9，16这样的数等，通常称为完全平方数。

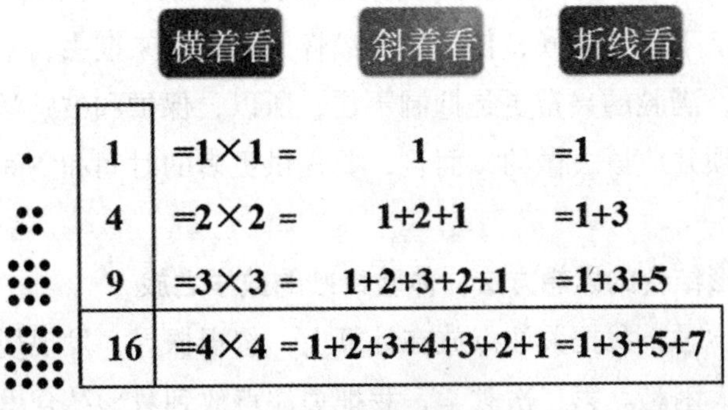

		横着看	斜着看	折线看
•	1	=1×1 =	1	=1
::	4	=2×2 =	1+2+1	=1+3
:::	9	=3×3 =	1+2+3+2+1	=1+3+5
::::	16	=4×4 =	1+2+3+4+3+2+1	=1+3+5+7

图9 根据点阵图推算算式

7

生13：那么，完全平方数还可以写成另外的形式，16，4×4，还可以写成1+2+3+4+3+2+1，还可以写成1+3+5+7。

生14：一个是连续自然数的和，一个是连续奇数的和。

生15：有几个很重要吧，16=4×4，就是4个连续自然数，从1到4再到1，加起来；还有，就是4个连续奇数加起来，从1加到7。

师：对，我们同样可以利用图来研究它们为什么有这样的关系。

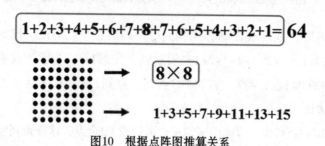

图10　根据点阵图推算关系

【教学反思】

第二次教学，我不再重点关注计算问题，而是引导学生用图发现规律，用算式表示规律，渗透数形结合的思想和方法，学生充分经历了观察、分析、发现、归纳的探究过程。而且，学生的表现也给我们教师很大的惊喜，他们不仅利用图来发现规律并用算式表示出规律，而且反过来用图来表式出算式，这不正是我们期望得到的成果吗？

我的思考：

综观两次教学，我们发现以下两点。

1. 学生对发现式的学习很感兴趣

无论是第一次教学还是第二次教学，我们发现，学生对发现规律很感兴趣，即使是无从下手的时候，他们也是满怀兴致地摆来摆去，不断尝试。而当尝试有了结果，满脸的兴奋更是抑制不住，所以，保护和鼓励学生的学习兴趣是我们教师必须并应该去做的，而且，要提供更多的时间和空间让学生去探究和发现。

2. 渗透图形结合的思想方法，体验奇妙的数学之旅

第一次教学时，我把关注点放在计算上，忽视探寻、发现规律的过程，学生学习遇到很大困难。第二次教学，我把关注点放到数形结合思想的渗透上，让学生经历探寻、发现规律的过程，再通过交流、反思、归纳，学生的数感和初步的几何思想得到了发展，享受了数形结合思想带来的奇妙之旅，体验到数学学习的无穷魅力。

三、教学案例的启示

反思这节课的教学，我有如下收获。

1. 注重教材的重组和整合，便于学生有效探究

我设计了一份学生活动卡，将这三种方法整合到一起，引导学生从这三个角度自主探究点阵中蕴含的规律；最后将三种探究结果联系起来，归纳总结三种算式之间的联系，使抽象的枯燥的学习内容变得形象有趣，让学生在动态变化中感受数学的美妙。

2. 注重数学思想的有机渗透，促使学生思维品质的提升

数学思想方法是数学的精髓，在教学中加强数学思想方法的渗透是实现数学教育目标的一个重要措施。本课的教学特色之一就是在教学中渗透数学思想"数—形"，再由"形—数"的思想贯穿整节课。

3. 注重学法的指导和活动经验的总结，培养学生的学习能力

在教学中，我注重让学生充分参与到发现规律的过程中来，引导学生通过观察、探究等活动，归纳、概括出点阵中蕴含的规律。第一次教学时，学生对"点阵中的规律"的内容的学习是很感兴趣的，但在观察正方形点阵，发现点阵中隐含的规律，体会图形与数的联系时，学生的困难还是不小。所以教学时小组操作学生基本不知如何填"我们小组的发现"，部分学生甚至对学具胡乱摆，最后只能通过教师的课件演示，学生感叹其中蕴含的规律，再把已经发现的规律填在空格中。教参中说明，教师可以根据学生的实际情况，对点阵的研究进行拓展，以期拓展学生的研究思路。但实际教学时，学生对经历探索规律的过程和思路不求甚解，大多数学生只为追求算得又对又快得到算式的结果。而设计这个活动的价值在于引导学生经历探索规律的过程和思路，不是为了得到结果。正所谓结果不是最重要的，过程才重要，但学生的思维定式习惯于算式就是要得到结果，而且要快速！所以下一步的研究重点将放在如何结合观察、探索、尝试、交流等活动，让学生经历动手操作、交流反思、自我评价，感觉"数学好玩"单元既好玩，又在活动中长智慧，体会数形结合之美！

第二次教学时我以学生熟悉的游戏为背景直观出示了四个点阵图

形，以此激发学生的学习兴趣；然后结合教材本身提供的两种探究方法（横着看、折线看）以及习题中出现的一种探究方法（斜着看），引导学生从这三个角度自主探究点阵中蕴含的规律；最后将三种探究结果联系起来，归纳总结三种算式之间的联系。此外，在归纳总结阶段，我组织学生汇报三种研究结果。通过三种算式之间的联系，便可将"1+2+3+4+5+6+7+8+7+6+5+4+3+2+1"这种较复杂的算式转化为"8×8"进行快速计算，巧妙地渗透了"化难为易、化繁为简"的化归思想，使学生的思维品质得到提升，既开阔了学生的视野，又拓宽了知识的深度和广度，使原本简单的教学变的厚重而饱满。

"语言表达是学生思维的全面展现"，学生对于新知内容的理解在很大程度上靠语言描绘去反馈。反思本课课堂上的一个现象就是：学生通过观察点阵图形，对点阵的排列规律有了初步的感悟，但学描述规律时，语言总是不够准确、表述总是不够完整。当学生的概括能力受挫时，我尝试充分地发挥教师的主导作用，通过一些重点词的点拨，使学生更加深刻地理解规律，构建起完整的认知体系，最终引导学生完整、准确地描述规律。我没有因为怕耽误进度、怕麻烦而剥夺了学生说的权利，错失锻炼学生思维的机会。本课从学生的实际出发，采用多种方式，以启发学生的思维为核心，变"要我思"为"我要思"，"要我学"为"我要学"。

我的思考：

数学思想方法是数学的灵魂所在，掌握一定的数学思想方法不仅可以让学生更加透彻地理解数学知识，也是培养学生创造精神和创造力的坚实基础。如何让学生感受并体验到数学思想方法的价值并逐步掌握某些思想方法，让学生能够感受到数形结合思想的神奇魅力，进而激发他们学习数学的最原始动力，激励他们对问题不断进行探究，是数学教学中值得研究和讨论的问题。

"数形结合"思想在"点阵中的规律"教学中的渗透：

教师通过正方形点阵图引导学生从不同角度观察点阵，引导学生借助5×5的正方形图观察，如图11、图12所示。

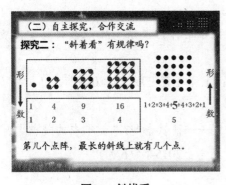

图11　斜线看

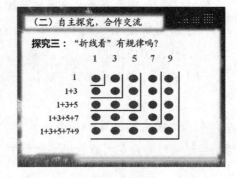

图12　折线看

借助图形的直观，渗透数形结合思想，化难为易，在教师的引导下，学生清晰地发现了规律：三种算式的相同之处——计算结果相同，这是一个从形到数的过程。学生概括规律，归纳推理出下一个点阵图的点数后，再画出点阵图，这是一个从数到形的过程。然后教师有意识地将数、形、式联系到一起（见图13、图14），充分体现"数形结合"的思想方法。

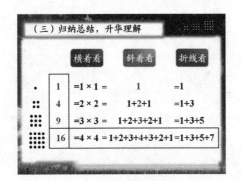

图13　数与式

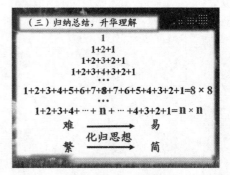

图14　化归思想

最后，学生都能把复杂的算式转化为直观的正方形点阵，很快运用图形解决此类数式难题。通过"数形结合"，化抽象为直观，使原本比较复杂烦琐的数学题变得更加简单易懂，尽显数形结合的魅力。

参考文献

［1］北京师范大学出版社.北师大版义务教育教科书培训与服务手册·小学
　　数学［M］.北京：北京师范大学出版社，2014.

［2］王光明，范文贵.新版课程标准解析与教学指导·小学数学［M］.北

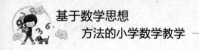

京：北京师范大学出版社，2012.

［3］唐彩斌.怎样教好数学——小学数学名师访谈录［M］.教育科学出版社，2013.

［4］陈和.小学数学教师［M］.上海：上海教育出版社，2013.

（《让学生感受数形结合的奇妙之旅——两次教学"点阵中的规律"感悟》经过整理发表在《新世纪小学数学》杂志上2015年第6期）

小学数学教学中渗透数学思想方法的思考与探究

惠州市光彩小学　姚冬梅

《小学数学课程标准》（2011年版）将数学基本思想与基础知识、基本技能、基本活动经验并列，作为"四基"之一明确提出，具有重要的现实意义。抽象、推理和模型是三种数学基本思想。数学思想方法是数学的灵魂，是分析、处理和解决数学问题最基本的工具。因此，在数学教育中，需要教师不断思考数学学习究竟给学生留下了什么。目前小学数学课堂教学中渗透数学思想方法落实得如何呢？其实在很多优秀教师的课堂上都能找到关注学生数学基本思想渗透的痕迹。为落实课程标准提出的"双基"到"四基"的目标，实现学生数学素养的全面提升，我们学校数学科组对常见的数学思想在教学中的渗透进行了初步探索与实践。

1. 数形结合思想

北师大版教材中出现了大量用数形结合思想分析和解决问题的内容，这就需要教师在日常教学中，培养学生做到见数思形、以数辅形、以形助数，提高解决问题的能力。例如，在分数应用题教学中，引导学生用画图的方法整理条件和问题，使数量关系形象化，使学生感受到画图能清楚地理解题意。其实质就是用线段图的长短表示数量的大小，借助线段长度的和、差、倍、比、分的关系表示数量关系。许多蕴含在题中复杂的数量关系能通过图直观地表示，有利于学生分析题意，较快地找到解决问题的途径。例如，教学有余数的除法时，可以借助形来理解抽象算式中每个数与运算符号的意义，建立"形"与有余数除法算式之间的联系：

$15 \div 4 = 3 \cdots\cdots \cdots\cdots 3$

●●●● 　●●●● 　●●●● 　●●●

这里化数为形，抓住了数与形之间的联系，以形直观地表示数，便于学生形象地理解数量之间的关系，达到化难为易、化繁为简、化隐为显的目的，使问题简捷地得以解决。又如我校教师在教学五年级上册"点阵中的规律"的精彩片段：

设疑：你能很快计算出下列算式的结果吗？

（1）1+2+3+4+5+6+7+8+7+6+5+4+3+2+1=?

（2）1+3+5+7+9+11+13+15+…（共100个连续奇数相加）=?

教师通过正方形点阵图引导学生从不同角度观察点阵，引导学生借助5×5的正方形图观察，把复杂的算式转化为直观的正方形点阵，很快运用图形解决此类数式难题。通过数形结合，化抽象为直观，教师有意识地将数、形、式联系到一起，充分体现数形结合的思想方法，使原本比较复杂烦琐的数学题变得更加简单易懂，尽显数形结合的魅力。

2. 转化思想

转化是指把一个数学问题变更为另一类已经解决的，或者比较容易解决的问题，从而使原问题得以解决的一种策略。小学数学知识体系中处处蕴含着灵活思辨的转化思想，教师在讲授每一个知识点时，都可渗透转化的思想。加与减、乘与除可以相互转化，整数、分数、小数、百分数之间可以互相转化。平行四边形的面积、三角形面积、梯形的面积等各种多边形面积公式的教学中，教师一方面可以在公式的推导过程中，引导学生运用转化的思想探索规律，利用剪拼、平移、割补、旋转等实际操作推导公式。另一方面在单元整理复习时引导和帮助学生理清各种图形的特征及其面积计算公式之间的内在联系，将其他图形看作是梯形在不同条件下的特殊情况，从而把各种平面图形的面积计算公式统一为梯形面积公式（梯形的上底缩短为一点变成三角形、梯形的上底延长至与下底相等变成平行四边形）。

转化的关键是要能根据具体的问题，确定转化后要实现的目标和具体的转化方法，将其从未知转化为已知。例如，六年级毕业质量检测试卷中有这样一道题：

例1：如图1所示，正方形的面积是20平方厘米，圆的面积是多少？

此题在没有办法求出圆的半径时，可转化为求半径的平方，也能求出圆的面积。有时我们并不知道或无法知道某些量的具体数据，但我们知道了这些量的和或积等，运用转化的方法，也能解决问题。

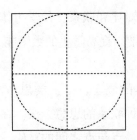

图1 正方形里画一个最大的圆

转化是一种重要的解决问题的策略，很多看起来很复杂的问题都是通过转化达到化繁为简、化难为易的目的的。例如，在圆的面积公式推导过程中我校教师借助多媒体课件让学生体会化圆为方、化曲为直的转化思想，如图2所示。

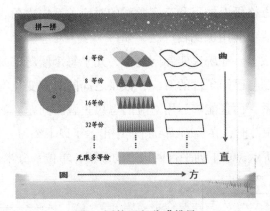

图2 圆的面积公式推导

为拓展学生的思维，教师引导学生思考生活中常见的圆形杯垫如何转化，如图3所示。

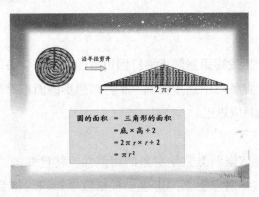

图3 圆的面积公式推导拓展

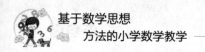

这样，通过知识之间的对比和联系，使学生体会并认识事物间的关系和转化，进而有效深化学生的思维，提高学生的数学能力和素养。

3. 对应思想

对应是数学中一个基本的概念，是人类思考活动常用的方法。对应思想是指在两类事物之间建立某种联系的思想方法。在小学数学中对应的现象随处可见，如点与数之间的对应、点与点之间的对应，角与角之间的对应、量与量之间的对应、量与率之间的对应都离不开对应关系。在教学中教师要结合教学内容有目的、有计划地渗透对应思想。如教学"数的认识"时，可适时地提供数轴，让学生借助数轴对读数、写数、基数、序数、后继数等进行区分辨认，让学生知道有方向的直线上的每一点与数产生——对应的关系。又如在"确定位置"教学时，方格纸上的点和有序数对的对应关系中也蕴含着对应思想。对应思想在实际生活中应用也比较广泛，如一个学生对应一个学号、身份证号码与本人的对应关系等。在解决实际问题中，几乎每个问题都要用到对应的思想方法，如每个问题与已知条件的对应，数量之间的对应变化等，不仅要使学生理解这些对应关系，而且能够运用对应的思想去解决问题。如有位教师在教学"平行四边形面积"时，在巩固练习过程中出示了以下练习：

例2：如图4所示，求下列平行四边形的面积（单位：分米）：

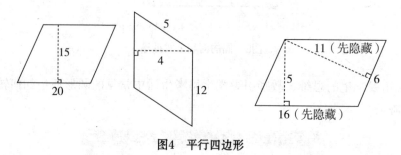

图4　平行四边形

独立练习时学生发现第三题求平行四边形的面积缺少条件，教师再引导学生补上缺的条件，在练习中逐步强调"平行四边形的面积等于底乘以与它对应的高"，就是渗透对应思想。

4. 类比思想

类比思想是指依据两类数学对象的相似性，将已知的一类数学对象的性质迁移到另一类数学对象上去的思想。根据数学知识的特点，小学数学中图形与几何许多内容采取类比的方法进行编排。在教学时，结合有关类比的方法组织教学，有意识地渗透类比思想，对于新旧知识紧密联系的内容，创设供学生类比的情境，结合学生原有的知识和经验，引导学生充分经历类比过程，培养学生的类比推理能力。如圆的面积公式探究过程中，引导学生观察并讨论：圆周长的一半、圆的半径与拼成的近似长方形的长、宽有什么关系？就是渗透了类比的思想，不仅使数学知识容易理解，而且使公式的记忆变得自然简捷。在小学数学教学中，常常用类比法把不同的新旧知识进行类比，找出知识之间的联系，建立新的概念系统。例如，把除法、分数和比进行类比，见表1。

表1　除法、分数和比的关系

除法	被除数	除号	除数	商
分数	分子	分数线	分母	分数值
比	前项	比号	后项	比值

从中推想其他相同属性，比如，在比的教学中，引导学生与除法、分数的有关部分进行类比：从除法中的"除数不能是零"推出分数中"分母不能是零"，推出比中的"比的后项不能是零"。在教学比的基本性质时，又可先复习除法及分数的基本性质，类比推理出比的基本性质。

数学思想和数学思维方法并不是在数学知识之外独立存在的，也不仅仅体现在一些繁难的数学问题里，它本身就蕴含在学生每天的学习之中，蕴含在每一道看似普通的习题里。如数学练习题中经常会遇到这样的练习：

$$\frac{(\quad)}{20}=0.4=\frac{(\quad)}{5}=20:(\quad)=(\quad)\div 60$$

此题解决思路是多样化的，鼓励学生从多个角度进行思考，引导学生抓住知识的连接点，借助类比推理，可以按由易到难的顺序逐一突破。

5. 有序思想

数学是一门逻辑缜密的学科，数学学习的过程中处处离不开有序的思想和方法。教师应该培养学生对所研究的对象有序地进行观察和思考，有序地进行分类、列举，让学生逐步体会有条理和有序，能够更加方便、清晰地进行下一步的分析、判断和推理。例如，在"三角形面积计算"的练习课中有位教师安排了如下题目：

一个三角形的面积为24平方厘米，已知三角形的底和高都为整数，这个三角形的底和高分别是多少厘米？请完成填表（见表2）。

表2　根据内容填写表格

三角形的面积	三角形的底	三角形的高
24cm²		

让学生先独立尝试寻找一组得数，然后小组交流，列举出各种填法。如果条件改为：底或高可以是小数时，又可以怎么填呢？此题体现让学生在寻找中追求有序思考。刚开始学生列举各种填法时有可能是无序的，教师通过恰当地引导："怎样才能做到不重复不遗漏呢？""还有没有其他方法呢？"使学生认识到无序填写容易重复也容易遗漏，从而使学生内心产生一种进行合理分类有序操作的迫切需要，学生的学习积极性和主动性自然产生，有序思考、合理分类的数学思想自然就渗透到学生的头脑之中。

6. 集合思想

把指定的具有某种性质的事物看作一个整体，这个整体就可以看作一个集合。其中每个事物叫作该集合的元素。集合思想在小学数学的很多内容中进行了渗透。例如，分数的认识、倍数和因数、三角形和四边形的分类、数的分类（正数、0、负数）等很多内容都渗透了集合的思想。

如图5所示，两幅图都体现了集合思想的渗透。

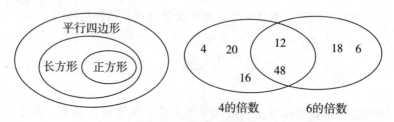

图5　集合思想的渗透

7. 符号化思想

数学符号是数学研究不可缺少的工具，数学符号的直观、准确、简洁，具有日常语言无法比拟的优越性。《小学数学课程标准》（2011年版）将原来的"符号感"改为"符号意识"，提出"符号意识"的概念："符号意识主要是指能够理解并且运用符号表示数、数量关系和变化规律；知道使用符号可以进行运算和推理，建立符号意识有助于学生理解符号的使用是数学表达和进行数学思考的重要形式。"人民教育出版社主编王永春教授在他的《小学数学思想方法的梳理》一文中强调："符号化思想作为数学最基本的思想之一，数学课程标准把培养学生的符号意识作为必学的内容，并提出了具体的要求，教师在日常教学中要给予足够的重视。"教师在数学符号教学中可以结合具体的情境，让学生了解数学符号产生的必要性，体会使用符号能更清楚、简便地表达具体情境中的数量关系和变化规律。例如，数的表示：阿拉伯数字（0~9）；百分号：%；负号：-；数的运算：+、-、×、÷、（ ）、[ ]、a^2（平方）、b^3（立方）；数的大小关系：=、≈、>、<、≤、≥、≠。又如，在"认识分数"教学中，创设等分蛋糕等情境，引导学生从一半过渡到二分之一再引出数学符号语言"$\dfrac{1}{2}$"。

小学数学教学中除了以上介绍的主要思想方法外，还有其他一些思想方法。有时同一个问题可以用不同的思想方法解决。例如，北师大版五年级上册安排"鸡兔同笼"内容，从表面上看是通过列表枚举的方法解决鸡与兔的数量问题，寻找解决问题的策略。深入研究会发现，选此题材，不仅是为了解决"鸡兔同笼"问题本身，而且要借助这个载体让学生经历列表、不断调整的过程，让学生体验知识的形成过程和感悟多种数学思想方法，感受数学的魅力。

数学思想方法是数学的灵魂所在，掌握一定的数学思想方法不仅可以让学生更加透彻地理解数学知识，也是培养学生创造精神和创造力的坚实基础。教师应注重学生的长远发展，在教学时关注渗透在知识体系中的数学思想方法，只有这样我们才能收到时时"水滴"，方会有"石穿"的效果。

参考文献

［1］王光明，范文贵.课程标准解析与教学指导［M］.北京：北京师范大学出版社，2012.

［2］张春梅.浅谈小学数学教学中如何建构数学模型［J］.中小学数学（小学版），2011（4）.

［3］唐彩斌.怎样教好数学——小学数学名师访谈录［M］.北京：教育科学出版社，2013.

［4］蔡水华.几何直观是问题解决的"好抓手"［J］.江西教育，2019（2）.

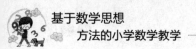
［5］朱蕴娇.例谈对应思想在数学教学中的渗透［J］.中小学数学（小学版），2013（1-2）.

［6］蔡凌燕.小学数学教材中数学思想方法的探究［J］.教学与管理，2008（11）.

（此文在惠州市惠城区 2014 年教学评优活动中荣获二等奖）

让数学思想在课堂中流淌

——以五年级活动课"图形中的规律"教学为例

惠州市光彩小学　姚冬梅

在惠城区小学数学教研活动中,我校温老师执教的北师大版五年级上册"数学好玩"单元综合实践活动课"图形中的规律"受到教师们的好评。回顾这次和温老师一路走来的研讨磨课过程,虽然辛苦,但收获良多。该课在学校研讨的过程中,数学科组结合此次教研活动,在学校数学教师中开展了主题为"关注数学思想,提升数学素养"的议课活动。数学科组全体教师就"你是怎样理解数学基本思想的?哪些数学思想适合从小学开始培养?如何在教学中落实数学基本思想的培养?"等问题分年级展开选题并进行课例研讨。

下面是我校数学科组以温老师的区研讨课——"图形中的规律"为例,对数学思想在课例中体现的思考以及此课例在教学中多次凸显数学思想渗透的实践。

一、从生活事例中抽取数学问题引入新课

(1)观看视频:这是老师的女儿在幼儿园吃饭的视频。如图1所示,把10张桌子一字排开,刚好坐满了,你们知道他们班有多少人吗?

图1　幼儿园小朋友吃饭图

(2)引出课题(图形中的规律)。

设计意图:用学生熟悉的事物引入新知,既能让学生感受数学问题就在他

们身边，又能很好地调动学生的学习积极性，增加数学学习的趣味性，为新知识的有效探究奠定了良好的心理基础。

二、探究三角形的个数与小棒根数的关系

1. 课件出示两种不同摆法所需小棒的根数

（1）

摆一个三角形需要几根小棒？两个呢？三个呢？10个呢？n个呢？

（2）◁▷ 这样摆两个三角形需要几根小棒？

像 ◁▷◁▷ 这样摆，一排摆10个三角形，需要多少根小棒？

2. 摆三角形探究活动（小组合作）

三角形探究活动见表1。

表1 三角形探究活动表

三角形个数	小棒根数	三角形个数与小棒根数的关系（用式子表示）
1		
2		
3		
…	…	…
10		

活动步骤：

（1）四人小组（两人摆，两人记录），每多摆一个三角形就记录一次。

（2）观察表中数据，说一说你们发现了什么。

（3）讨论：你们是怎样发现这个规律的？

3. 学生汇报交流方法，拓展总结规律

（1）学生板演摆10个三角形需要多少根小棒的算式，并说出是怎样发现这个规律的。

（2）引导突破难点，分三种情况。

第一种：3+2×9，这里为什么是乘9呢？如果是20个应乘以多少，100个乘

以多少，n个呢？你能用式子表示摆n个三角形需要几根小棒吗？

第二种：$3\times10-9$这里为什么减9呢？如果是20个应减多少，100个减多少，n个呢？你能用式子表示摆n个三角形需要几根小棒吗？

第三种：$1+2\times10$，这里的"1"是什么意思？

（3）课件动画演示，加深学生的印象。

第一种： … $3+2\times9$

第二种： … $3\times10-9$

第三种： … $1+2\times10$

（4）比较上述三种方法，哪一种最简单。$2n+1$。

设计意图：引导学生通过摆小棒的方式，在操作、填表、观察、讨论、概括、交流的数学活动中，探索出三角形个数与所需小棒根数之间的关系，体现了数形结合的数学思想，培养了学生的想象力、抽象概括能力和语言表达能力。

三、探究正方形的个数与小棒根数的关系

1. 摆正方形探究活动

像这样 一排摆10个正方形，需要多少根小棒？

正方形探究活动见表2。

表2　正方形探究活动表

正方形个数	小棒根数	正方形个数与小棒根数的关系（用式子表示）
1		
2		
3		
4		
…	…	…
10		

23

活动步骤：

（1）四人小组（两人摆，两人记录），每多摆一个正方形就记录一次。

（2）观察表中数据，说一说你们发现了什么。

（3）讨论：你们是怎样发现这个规律的？

2. 学生汇报交流方法，拓展总结规律

（1）学生汇报交流。（说说是如何发现这个规律的）

（2）课件动画演示，加深学生的印象。

第一种：

$4+3 \times 9=31$（根）

第二种：

$4 \times 10-9=31$（根）

第三种：

$1+3 \times 10=31$（根）

设计意图：引导学生通过摆小棒的方式，在操作、填表、观察、讨论、概括、交流的数学活动中，探索出正方形个数与所需小棒根数之间的关系，体现了数形结合的数学思想，培养了学生的想象力、抽象概括能力和语言表达能力。

四、拓展正六边形、正八边形的个数与小棒根数的关系

师：摆 n 个三角形所用的根数是 $2n+1$，摆 n 个正方形所用的小棒根数是 $3n+1$，那么像这样摆 n 个正六边形所需小棒的根数可以写成什么？ n 个正八边形呢？（见图2）

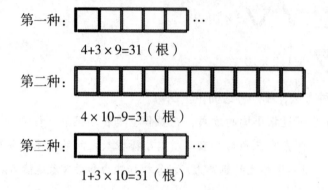

图形的个数	图形的个数与小棒根数的关系 (用式子表示)			
	三角形	（四）正方形	正六边形	正八边形
1	$1+2 \times 1$	$1+3 \times 1$		
2	$1+2 \times 2$	$1+3 \times 2$		
3	$1+2 \times 3$	$1+3 \times 3$		
4	$1+2 \times 4$	$1+3 \times 4$		
...	...	...		
10	$1+2 \times 10$	$1+3 \times 10$		
...	...	...		
n	$1+2 \times n$	$1+3 \times n$	$1+5 \times n$	$1+7 \times n$

图2 图形的个数与小棒根数的关系图

设计意图：通过摆一排三角形、正方形纵向探索出的规律，进一步横向延伸，推导出摆一排正六边形、正八边形的规律，培养学生的纵、横推理能力和逻辑思维能力。

五、学以致用，解决问题

解决引入的问题：10张桌子排成一排拼起来，全班同学刚好坐满，请问这个班有多少人？

（1）1张桌子可以坐6人，如图3所示。

图3　1张桌子的坐法

（2）2张桌子排在一起可坐10人，如图4所示。

图4　2张桌子的坐法

（3）10张桌子排在一起可坐多少人？如图5所示。

图5　10张桌子的坐法

（指名学生说一说如何算，为什么？）

（4）课外思考：如果一个班有50人，需要几张桌子拼在一起才够坐呢？
呼应引入，让学生感受数学的用处。

六、总结收获，升华思想

1. 小结收获

学生介绍自己的收获与启发。

2. 找图形中的规律

我们只要"看不同，找相同，明辨析，巧转化"，就一定能"规律显"。
生活中我们善于观察，找寻规律去解决问题，便能化难为易。

3. 课外思考题

观察并填写，找出图形中的规律（见图6、图7）。

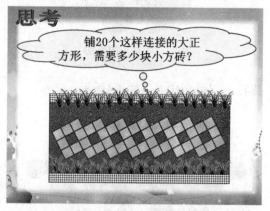

图6　思考题

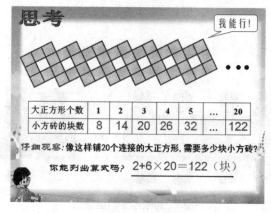

图7　思考题解题过程

设计意图：通过小结，让学生畅所欲言，表达自己的收获与启发，感受生活中的学习数学的乐趣，感受到数学就在他们的身边。只要善于观察，就能找出规律，让学生体会原来数学是如此简单。学生在学习过程中积极主动参与、乐于探究、勤于思考，通过小组合作、自主探究等活动形式，在探究过程中体会"化难为易"的数学思想方法，感受数学的美妙，激发学好数学的兴趣。

【案例分析】

数学思想方法是数学的灵魂，掌握数学思想方法是对一名小学数学教师的基本要求。数学教学有两条线：一条是明线，即数学知识的教学；一条是暗线，即数学思想方法的教学。前者容易理解，后者不易把握。数学思想蕴含在数学知识形成、发展和应用的过程中，是数学知识和方法在更高层次上的抽象与概括。我们在教学中常常只注重明线而忽视暗线，这其实是相当遗憾的。数学基本思想的渗透要以基础知识和基本技能的学习为载体，让学生去体验、去感悟，教师要在引导学生通过各种数学活动探索新知的过程中，有意识地进行渗透。该课通过引导学生观察和发现一些有趣的规律，提高学习数学的兴趣，体会数学的美，同时结合数学内容和数学内部联系，有意识地寻找数学思想方法的渗透点，让学生在进行数学探究学习活动、变式练习等过程中，体验、领悟数形结合、化难为易、有序思想、不完全归纳等数学思想方法，充分感受数学思想在教学中呈现出来的理性美。同时，恰当地渗透数学文化，提升学生的数学素养。如何在教学中体现出内隐的数学思维？该课例在多次的研讨磨课过程中，着力在以下几方面进行了探索。

1. 渗透数形结合的思想方法

本课以学生熟悉的用小棒摆三角形为思维起点，给了学生充足的时间和空间，让学生在小组合作中摆连续的三角形，并边摆边填写表格。其中就隐含着图形中的规律，学生有图可依、有表可据。学生通过数图中小棒的根数和看表中数据的规律来解决问题，这一环节看似操作简单，但学生的摆、填、数、看中有思考，是悟出规律的基础，使枯燥的学习内容变得形象有趣，让学生在动态变化中感受数学的美妙。在交流中，教师鼓励学生自己修正自己的表达方式，在修订中去认同不同于自己的表达方式，从中体会比较简洁的表达方式，教学中虽有部分学生对经历探索规律的过程和思路不求甚解或少数学生对学习有畏难情绪，但教师不会因为怕耽误进度、怕麻烦而剥夺了学生说的权利，剥夺锻炼学生思维的机会。学生在描述规律时，语言总是不够准确，表述总是不

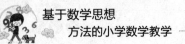
够完整，当学生的概括能力受挫时，尝试充分地发挥教师的主导作用，通过一些重点词的点拨，将重点放在如何结合观察、探索、尝试、交流等活动，发展学生的数感和初步的几何思想，让学生体验数学学习的无穷魅力，体会数形结合之美，让学生感觉数学好玩，又在活动中增长智慧。

学生解题的过程及结果见表3和图8。

表3 根据小棒摆三角形填写表格

三角形个数	小棒根数	三角形个数与小棒根数的关系（用式子表示）
1		
2		
3		
4		
…	…	…
10		

摆成的图形	三角形的个数	小棒根数	
△	1	3	3
	2	5	3x2 -1
	3	7	3x3 -2
	4	9	3x4 -3
…	…	…	…
	10	21	3x10-(10-1)
…	…	…	
	n		3Xn-(n-1)

摆成的图形	三角形的个数	小棒根数	
△	1	3	1+2x1
	2	5	1+2x2
	3	7	1+2x3
	4	9	1+2x4
…	…	…	…
	10	21	1+2x10
…	…	…	
	n		1+2xn

摆成的图形	三角形的个数	小棒根数	
△	1	3	3
	2	5	3+2x1
	3	7	3+2x2
	4	9	3+2x3
…	…	…	…
	10	21	3+2x9
…	…	…	
	n		3+2x(n-1)

图8 摆成后的参考图

2. 对化繁为简转化思想的自觉追求

本课从学生通过摆小棒直观探究三角形、正方形个数与小棒根数之间的规律，过渡到横向抽象地推导出正六边形、正八边形的规律，旨在让学生经历一个直观操作、探索发现的过程，体验发现规律的喜悦，激发学生对数学的兴趣。鼓励学生对算式及其结果的特点进行比较，在这个过程中，学生产生寻找规律的需要。另一方面，教师适当点拨找规律的方法（从简单入手），体现了对化繁为简、化难为易思想的自觉追求。学生将对数学思想方法的认识上升为数学思考策略，从而实现数学思维的提升。

3. 观察、归纳——对不完全归纳思想的整体感受

小学数学教学中经常会采用不完全归纳法组织教学，以此让学生经历再创造、再发现的过程。通常认为，采用不完全归纳法教学符合从特殊到一般的认知特点和小学生的认知水平，学生应该能确信得到的结论，认可归纳的过程。理想的课堂教学应该是这样的：围绕某个需探讨的主题，让学生列举熟悉的例子；通过一般性规律的揭示，从中得出一个普遍性的结论；然后通过对特例的分析和解释，充实和完善结论；最后由教师引导，在思维上做一定的拓展，培养学生的思维能力。本课遵循"激、引、放"的原则，通过教师积极地"引"，激发学生主动地"探"，给学生提供充分的数学活动机会，以激发学生的兴趣，调动学生探索的愿望，使学生解决数学问题、发现数学规律、获得数学经验，培养学生的观察能力和归纳概括能力，体现学生思考辨析、自主探究、合作交流的学习方式。通过摆一排三角形、正方形纵向探索出的规律，进一步横向延伸，推导出摆一排正六边形、正八边形的规律，做到贴近学生，引发学生思考和提升学生的纵、横推理能力和逻辑思维能力。

参考文献

[1] 蔡凌燕.小学数学教材中数学思想方法的探究［J］.教学与管理，2008（14）.

[2] 张春梅.浅谈小学数学教学中如何建构数学模型［J］.中小学数学（小学版），2011（4）.

[3] 王光明，范文贵.课程标准解析与教学指导［M］.北京：北京师范大学出版社，2012.

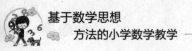
［4］唐彩斌.怎样教好数学——小学数学名家访谈录［M］.北京：教育科学
　　出版社，2013.

［5］朱蕴娇.例谈对应思想在数学教学中的渗透［J］.中小学数学（小学
　　版），2013（1-2）.

　　（此文在惠州市2016年优秀论文评比活动中荣获一等奖、广东省2017年小
学数学教学优秀论文评比活动中荣获二等奖）

教得有思想，学得有深度

——二十年间执教"三角形的面积"的课例感悟

惠州市光彩小学　姚冬梅

1998年至今，我多次执教"三角形的面积"一课（2000年本人以该课例代表惠州市参加广东省首届小学数学说课比赛获二等奖）。20年间不断地感受教育思想的转变带给课堂的变化，在一次次的研讨中，我感受着课堂教学中渗透数学思想不断变化的过程。

一、多次执教"三角形的面积"的对比综述

1998年，我第一次执教"三角形的面积"一课，使用的是沿海版第九册第73～74页的教学内容。当时的教学，在复习了长方形、平行四边形的面积及三角形的图形特征后直接进入三角形面积的教学。在组织学生把两个完全一样的三角形拼成一个平行四边形或长方形后，引导学生得出拼成的平行四边形或长方形面积等于两个完全一样的三角形的面积，从而得出三角形的面积公式，接下来就是一系列三角形面积计算练习。当时的教学非常重视公式的计算及应用，几乎是三角形面积公式一提出来，马上就给学生各种应用公式的题目，不断地进行着公式计算的强化。

2008年，我又一次执教"三角形的面积"，使用的是人教版第九册第84～85页的教学内容。当时新课标倡导自主合作探究的教学方式，我让学生在猜想、转化、验证中探究三角形的面积，主要解决学生在公式理解中"是什么""为什么""怎么做"的问题，公式推导过程采用学生小组合作的方式，通过折一折、拼一拼、剪一剪，也就是转化的方法求出三角形的面积，采用"原图形+转化后的图形"的方式呈现各种资源，为师生、生生之间的交流及分析比较、公式抽象等提供了支撑，再回到现实的问题情境中来解决问题。虽然教学中对公式的由来及其中公式中"为什么除以2"进行了探究，也关注了

31

过程，但还是缺乏深入的思考。在活动环节由于时间仓促，以及学生准备不充分，探究效果也不理想。学生活动中出现两个现象：部分学生用先剪再拼的方法，他们经过几次尝试都无法将三角形转化成平行四边形或长方形。部分学生用两个不一样的三角形拼，没有拼成熟悉的平面图形，结果三角形的面积推导卡壳了。而在活动环节，我希望能够呈现多样的探究方法，将一个三角形剪一剪，拼成一个长方形的方法没有学生能够完成，只好由我进行演示。教学中还是比较注重对三角形面积公式的机械记忆，三角形面积公式推导出来后对公式进行了大量反复的练习。

2017年，我再次执教"三角形的面积"，使用的是北师大版新版（2014年）五年级上册探索活动第84~85页的教学内容。"猜想、转化、验证"的活动依然在，丰富的学生体验依然有，考虑了与学科间（美术学科）的整合，更有了对转化等数学思想渗透的深度思考。

下面重点介绍我在2017年执教"三角形的面积"的情况。

二、2017年的教学——一节考虑与学科整合及对渗透数学思想深度思考的课

课前结合我校美术特色"剪折纸"活动，我和美术教师商量给学生先上一节美术活动课"给三角形变魔术"（见图1）。

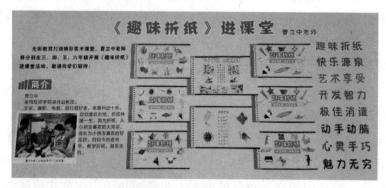

图1　美术课"剪折纸"活动宣传栏

我们给学生提供了以下活动材料：两个完全一样的直角三角形、锐角三角形，一般直角三角形和一般三角形若干个，剪刀。由于给了学生充足的思考与操作的时间，在美术教师的指导下，学生的剪拼热情空前高涨，剪拼的图形让人叹为观止。大部分学生都可以将两个完全一样的锐角或钝角三角形拼成一个

平行四边形，将两个完全一样的直角三角形拼成一个长方形，将两个完全一样的等腰直角三角形拼成一个平行四边形（或正方形）。

美术活动课"给三角形变魔术"实际上是一个引导学生课前准备的过程，为数学课"三角形的面积"的教学奠定了扎实的基础，为数学课寻找三角形与转化图形的关系腾出更多的时间，以便学生有更充足的时间来发现和理解三角形面积公式中的"除以2"（见图2）。

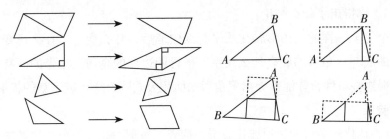

图2　三角形的面积公式推导

【教学片段：主动探究体会领悟】

1. 引出

美术课上"给三角形变魔术"，今天数学课上再给三角形变一次魔术。

以前学过哪些图形的面积计算？哪个图形的面积学习给你留下了深刻的印象？今天来学习三角形的面积。

2. 猜想

让学生体会三角形的面积与底和高有关。

通过教具演示，猜测三角形面积与底和高之间的关系。

谁的猜测比较准确呢？我们可以通过转化验证得知。

3. 转化

学生回顾平行四边形面积公式是怎样推导出来的。

（转化成长方形或正方形，如图3所示。）

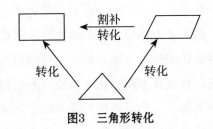

图3　三角形转化

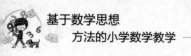
学生探究：

学生剪拼并重点研究两个完全一样的三角形拼成平行四边形（或长方形）。

一个三角形剪拼成平行四边形（或长方形）。

怎样推导三角形的面积公式呢？让学生边操作边思考：

（1）三角形与转化的图形的面积有什么关系？

（2）三角形的底、高与转化的图形的底、高有什么关系？

（3）你得出了什么结论？

两个完全一样的三角形转化成平行四边形后，什么变了，什么没变？平行四边形的底与三角形的底有什么关系？平行四边形的高与三角形的高有什么关系？根据这些条件，你能推导出三角形的面积公式吗？（形成完整的板书）

4. 验证

（1）转化成平行四边形或长方形，探究三角形面积计算公式推导的方法。

（2）探究其他转化方法，推导验证公式。

（3）完成练习（三角形流动红旗的面积）。

【教学感悟】

我的思考：

我以"三角形的面积"（五年级上册第四单元多边形的面积）教学为例，对在课堂教学中渗透数学思想进行了如下思考：

1. 渗透转化思想，培养学生利用"旧知"解决"新知"的意识和能力

转化思想是小学阶段重要的数学思想方法之一。转化思想包括三个要素：转化对象、转化目标和转化途径。转化对象是把什么内容进行转化，转化目标是转化到何处去，转化途径是如何进行转化。以"三角形的面积"教学为例，三角形的面积是转化对象，长方形的面积（平行四边形的面积）是转化的目标，利用剪拼或割补的变换方式进行恒等变形是实施转化的方法。

在小学数学"空间与图形"领域所有的求面积、体积知识的教学都可以用转化思想来学习。小学数学中有关图形的学习，是先学习直线形图形，如长方形、三角形、平行四边形、长方体等，再学习曲线形图形，如圆、圆柱等。直线形图形之间可以通过转化来学习，如在教学平行四边形的面积公式时，引导学生把平行四边形设法转化成长方形，从而由长方形面积这一旧知解决了平行四边形面积这一新知的问题。三角形面积公式可以将其转化成平行四边形来获得，梯形面积公式可以将其转化成平行四边形、三角形等图形来获得。在学习曲线形图形的有关知识时，也可利用转化的方法，将曲线形图形转化为直线形的图形，利用直线形图形的相关知识和经验来解决问题。

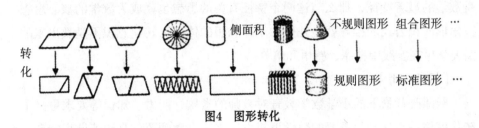

图4　图形转化

在小学阶段，转化思想贯穿始终。转化思想不仅是一种重要的解题思想，也是一种最基本的思维策略，更是一种有效的数学思维方式。其主要涉及的内容有图形中的转化、计算中的转化、实际问题中的转化等。转化需遵循化繁为简、化新为旧的原则。教学时，在遵循转化原则的基础上，引导学生认识到在具体转化的过程中，恒等变形、等值转化是重中之重，只有在此基础上应用具体策略（如变形、变换角度等）才能达到化新为旧、化繁为简的目的。

2. 数学思想不是简单地告诉

在多年的教学中，我发现在教学"三角形的面积"时，尽管教师重点突出三角形面积公式是由三角形通过剪拼成的平行四边形或长方形转化而来的，但练习时不少学生还是经常会忘记公式中的"除以2"。面对教学中出现的这种状况，我反思自己的教学，发现在教学中如果转化的过程是由教师演示或课件演示替代学生的亲自探索，学生对转化的认识只会停留在浅显的表面。要让转化的过程体现出学生思维的深度，教师首先要关注学生有没有产生转化的内需。如果学生对转化的需要是由教师要求产生的，那么这个转化只是学生的一种模仿与机械操作，在复杂多变的转化中，学生的思维往往比较片面，造成思维定式，而难以解决生活中的实际问题。在教学中要抓住学生思维的模糊点，充分展现知识的变化过程，让学生透过表面现象深入探究转化的本质，合理建构知识间的相互关系，提升学生数学思维的质量。三角形的面积推导过程是运用转化的思想，通过一定的途径将未知转化为已知，学生通过自主探究和抽象归纳，对图形之间的内在联系和相互间的转化会有深刻的体会。但教师在教学中有时往往重视了转化的"形"忽视了转化的"质"，使学生对三角形转化的认识浮于表面，引起学生思维混乱，导致学生产生错误的认知。究其原因主要是三角形面积计算公式推导过程中的变（形状变）和不变（面积不变）对学生的学习心理产生了冲突（认知负迁移作用）。正是教师在教学中没有帮助学生深入分析、理解转化后的变与不变，造成了学生对转化的片面理解。抽象与推理是数学的显著特征，那么与这两个特征有关的思想也就成为数学的核心思想。三角形面积公式的推导就是几何中演绎思想的体现。转化意识不是教出来的，需要学生在实践中揣摩、感悟和培养。

【后续思考】

新课改背景下的小学数学教育对教师的素质、能力、知识等要求更高了。转化思想是小学阶段重要的数学思想方法之一，教师要认真研读课程标准，系统学习数学理论，努力提升自己的数学专业素养。作为当代数学教师，一定要系统学习数学学科的基本思想、基本方法的论文及论著，把握数学的思维特征和数学抽象的核心特征，对于核心的数学思想要真正理解并用小学数学的典型事例加以解读。教师需要细心收集现代数学的基本思想在小学数学教学中具体体现的范例，可以借助恰当的现实事例加以理解和学习。可以按照课程内容，从知识内涵、知识的发生和发展过程、知识之间的联系、知识所蕴含的数学思想和思维方式等方面进行分析。教师要在备课—上课—反思中增长数学学科素养。教师在备课与教学中要有意识、有目的、有计划地向学生传递转化思想，让学生在学会知识的同时感悟转化思想的意义与内涵，即不仅让学生掌握举一反三与温故知新的方法，而且要促进学生逻辑思维的形成。教师在备课时要特别注意基于教学内容的数学核心思想分析。教师不仅要考虑所教的知识，更要考虑知识背后蕴含的数学思想方法，这样不仅能促进教师不断探寻所教内容的核心概念及蕴含的数学思想，提高自身的数学素养，还能使教师在比较大的视野下看待小学数学教学，为促进小学生获得对数学的更好理解提供生长点。

教师在教会学生数学知识的同时，要对相应的数学思想方法进行适当的渗透，让学生不仅知其然，而且知其所以然。有了这些思想方法的渗透，持之以恒，会扩大学生的知识面，使之成为优越的学习条件，使学生越学越省力，到学习新知识时，已是似曾相识、轻车熟路，甚至可以无师自通，从而真正实现"教师教得有思想，学生学得有深度"的更高目标。

（此文在第二届全国名师工作室创新发展成果博览会 2019 年优秀论文评比活动中荣获一等奖）

浅析数形结合思想在低年级教学中的渗透

惠州市光彩小学　詹国娣　姚冬梅

近年来，数学思想的地位逐渐在提高，突出其重要性的表现之一是《义务教育数学课程标准》（2011年版）把基本思想作为"四基"之一。数学思想不同于一般的概念和技能，后者可以通过短期的经常性训练便能掌握运用，而数学思想需要在教学中通过反复不断的渗透才能形成，这对学生以后的学习是十分重要的。

南开大学的顾沛教授曾提道："小学生、中学生、大学生，数学学习的内容虽然不同，但是通过数学课程，渗透数学思想，提高数学素养这一点是共同的。"教师在教学中，可根据低年级学生的认知能力和年龄特征，结合以往的课堂教学经验，使数学思想渗透在常规教学中，培养学生的数学思维能力。

数学教学离不开让学生做题解题，表面看似在解题，实际上是让学生通过解题来掌握数学知识，进一步感受体验数学思想。而数形结合思想是数学解题中最常用、最重要的数学思想之一。本文就数形结合思想在低年级数学教学中的渗透做出了部分展示。

数形结合思想就是通过数和形之间的对应关系和相互转化来解决问题的思想方法。数学家华罗庚曾说过："数缺形时少直觉，形少数时难入微。"这体现了数形结合思想的重要性。现在的数学课堂教学都在想方设法地使复杂的问题转化为简单的问题呈现，若借助数形结合思想，便可直观、简洁地解决问题。例如，从数的认识、数的计算到复杂问题的解决，经常要借助图形来理解和分析。几何图形的学习，需要用数来表示规律和特征等。

数形结合思想的应用可帮助我们理解题意，分清题目中的已知量、未知量，理顺题目中的数量关系，使很多数学问题迎刃而解，让难懂的解法变得容易理解和运用。数形结合思想在数学中的应用大致可分为以下两种。

一、以数解形，借助数的精确性来阐明形的某些规律或特征

例1：如图1所示，接着画下去。

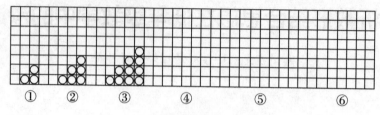

图1　规律图

解答这道题，只有找到变化的规律，才能接着画下去。图中展示的是一些圆圈，在教学过程中引导学生先观察：这些图形都是由圆圈组成的三角形，三角形形状逐渐变大，是由于三角形每条边的圆圈个数在增加。可数出第一个三角形边的圆圈个数是2，第二个三角形边的圆圈个数是3，第三个三角形边的圆圈个数是4。由此得出每次每条边的圆圈个数依次增加1，接着画下去，第四个三角形边的圆圈个数是5，以此类推，画出第五、六个三角形。这道题中出现的是图形，接着画下去的也是图形，没有出现数字，但在解题中，数字的作用十分重要。通过用数表示出每条边的圆圈个数，可知每次都增加1，以此规律画出图形。教师在引导学生时要侧重讲述图形边与数之间的对应关系，让学生认识到可通过互相转化找出图形的规律，初步感知数形结合的以数解形，从而解决问题。

例2：根据图2分析。

每个面都是长方形。

有两个面是圆。

每个面都是正方形。

图2　分析题

这道分析题中根据每个人物的描述，找出对应的图形。也可以通过图形的认识，找出对应人物的描述。题中展示的圆柱体、长方体、正方体都是生活中常见的图形，长方体6个面都是长方形，圆柱有2个面是圆，正方体有6个面是正方形。通过数量来辅助描述图形的特征，加深学生对图形的理解与记忆，而不

是简单的记住每个面的图形，还能使学生根据对应的数量关系在脑海中组建出图形的形状。生活中运用的以数解形思想是教学中常见的一种思路，在原有经验中让学生体验知识的形成，能够更好地帮助学生形成学习数学的热情，也有利于学生更快更好地抓住圆柱体、长方体和正方体的特征。

例3：如图3所示，学校在邮局东面360米，笑笑家在邮局西面264米。

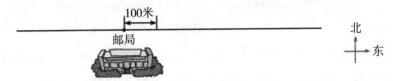

图3　邮局题

（1）在图3中标出学校和笑笑家的大致位置。

（2）算一算，从笑笑家到学校要走多少米？

题中给出每两个地点的距离，要找出学校与笑笑家的大致位置，图中以一条直线表示路，以一点表示每个地点，先标出邮局的地点，再根据邮局这个参照物找出学校和笑笑家的地点。解决第一个问题，展示的图形需要借助数据标出地点。在直线上设定好实际路程与图中路程的大概比例，根据给出的具体路程数据，找出学校和笑笑家的大致位置。在实际生活中，这类问题很常见，根据具体路程与图中地点的对应关系解题，有利于学生学会看地图，增加学生的生活经验。

例4：如图4所示，在括号里填上适当的数。（单位：厘米）

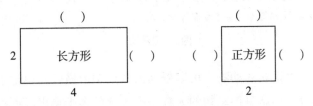

图4　填空题

题中求长方形边和正方形边的长度，可以通过测量得出每条边的长度。从对这些长度数据的分析中我们可以推出长方形和正方形的特征。根据长度一样，得出长方形的对边相等，正方形四条边都相等。长方形和正方形都是常见的图形，也是以后学习的基础图形，通过测量的数据从中归纳总结它们的特征，用长度一样表示边的关系，以边的关系推出边的长度，以数解形，数形结

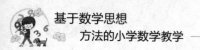
合，从而加深学生对图形的认识与理解，为以后学习复杂多样的图形做好铺垫。

例5：如图5所示，下面的表示方法，你看懂了吗？

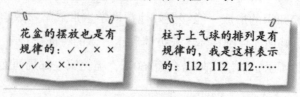

图5　思考题

在现实生活中，庆祝节日时的装饰同样存在数学知识。花盆的摆放以两色相间隔，很容易分辨出规律，但在记录时，则需要借助其他的方式，可用图形记录，也可用数字记录。这便于学生对数与形转化思想的学习加深认知。在以后的学习中，我们还可以通过数形转化的摆放规律去求第几个花盆是什么颜色，由此引申出其他的数学知识。

例6：如图6所示，他们是这样记录调查数据的，你看懂了吗？和同伴说一说。

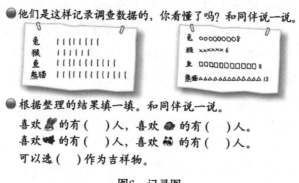

图6　记录图

统计班上学生喜欢的动物，可以根据人数以图形做好简单记录，还可以根据记录的结果填写喜欢每种动物的人数，由人数的多少得出以哪种动物作为吉祥物。以图形记录可以生动形象地展示出班上学生喜欢哪种动物，也可以得出最多人喜欢的动物。但是通过数字的记录比较，也能得出最多人喜欢的动物。同样数还能解决图形中的一些问题，数与形的结合，使问题更容易得到解决，更便于学生的理解。

例7：如图7所示，数一数，下面图形的周长分别是多少厘米？

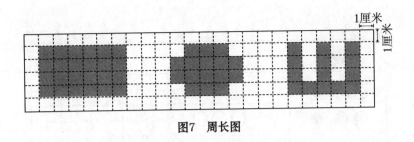

图7　周长图

认识了基础的长方形和正方形，在深入学习中，我们还要学习由它们组合而成的图形。就如这道题，图中三个图形都是由多个正方形组成的。我们由以前的知识得出正方形的四条边相等，根据右上角给出的数据1厘米，就可以推算出每个图形边的长度，然后根据周长定义推算出每个图形的周长。通过数表示边的长度，累加得出图形的周长。以数解形，从数量上刻画图形的形状、周长。

例8：如图8所示，量一量，算出长方形的周长，说说你是怎么想的。

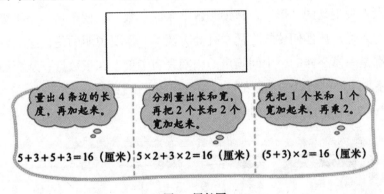

图8　周长图

在推算长方形周长时，可根据周长的定义，图形各边的长度累加，也可以利用长方形的特征对边相等，还可以根据长方形有2组相等的相邻边进行推算。通过数与形一一对应，进而推导出长方形的特征，再进而求周长，再求面积。以数解形，使得推导过程更加简洁明了，解决了图形的一系列问题。

二、以形助数，借助形的几何直观性来阐明数之间的某种关系

例1：如图9所示，认识数学。

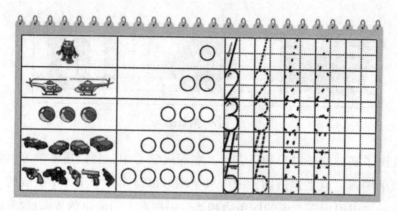

图9 数学图

认识数学，开始根据生活中常见的情境和学生的认知，从具体的物体中逐步抽象出数学。就像初学阿拉伯数字，由学生爱玩的玩具的个数认识数字。以上这个表格，有具体的玩具，有易画的圆圈，这些都是为了抽象出后面具体的数字。以直观生动的"形"，帮助理解抽象的"数"，便于培养一年级的学生对数学的兴趣，让他们感知生活中处处有数学。需要说明的是，这些具体的玩具并不都是一模一样的，中间画出的圆圈表明了重点在于数量，从而抽象出具体的数字，不同的玩具的个数都可以用数字表示出总数。

例2：如图10所示，画一画，填一填。

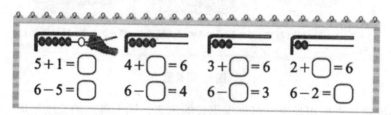

图10 填空图

在认识算式时，同样以生活中常见的情境引导学生在画一画的过程中，认识算式。先用计数器拨出一个数，接着增加或减少珠子的个数，得到另一个数，就可以列出加法或减法算式。学生在动手拨珠子的过程中，体验算数的历程。以简单易画的拨珠子，形象生动地抽象出相对应的加法算式和减法算式，不仅加深了学生的认识，更让学生觉得数学是有趣的。

例3：如图11所示，还剩下几个苹果？

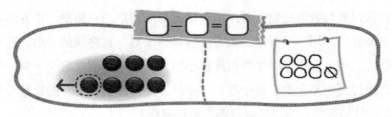

图11　思考题

图中展示了生活中的实物苹果，让学生拿掉一个，还剩几个？逐步用易画的圆圈表示苹果，吃掉的苹果可以用斜线画去，还剩几个圆圈？两种表示形式，同一个算式。以圆圈表示苹果，暗含了在以后的学习中，可以用简单的图形表示具体的事物，形成对数学初步的感知。再由简单的图形推算出算式，体现了以形助数在数的计算上的运用。

例4：如图12所示，看一看，说一说。

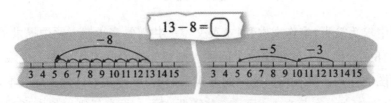

图12　思考题

根据尺子上的刻度求13-8=？，也就是求刻度13往前数8个刻度是刻度几？可以一个个往前数，也可以直接跨过8个刻度，还可以利用刻度13往前数3个刻度到刻度10，再往前数5个刻度到刻度5。尺子是学生最常见的数学工具之一，以尺子上具体的刻度培养学生的数感，让学生体会在尺子上刻度与刻度之间往前和往后顺数就是数与数之间的加减运算，为以后学习数轴提供了依据。

例5：如图13所示，还缺几把椅子？

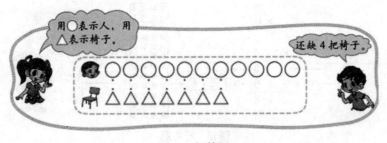

图13　问答题

起初认识数与数的比较，常用简单的图形如圆形、三角形、正方形和长方形表示出个数，利用一一对应的关系，容易得出数与数之间的大小。还可以得出数与数之间相差多少？学生可以操作小圆片或画一画建立起一个对一个的关系，再比较得出相差多少，从中理解"一样多""谁比谁多"的数量关系。在具体的形中体验数感，为以后以形解数做好铺垫。

例6：如图14所示，笑笑一共需要多少元钱？

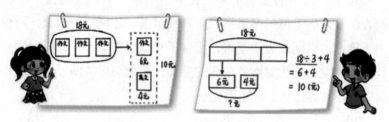

图14　问答题

图中求笑笑买1本作文本和1本英文本一共需要多少钱。题中提供了3本作文本是18元的信息，要解决这个问题，则要先求出一本作文本多少钱。可以利用画图的方式，笑笑以简笔画的方式表示出3本作文本18元，那一本作文本是6元，再加上一本英文本4元，一共需要10元。而淘气则以长方形的方式画出存在的数量关系。图中的信息以文字的形式表示，相对于初学的学生来说较难理解。如果把文字转化成图形表示数量关系，对于学生来说较为生动形象，更有利于学生理解，其中也蕴含着以形解数的思想。教师在教学中潜移默化地将数学知识植入学生的脑海中，也为以后学会用线段图解决实际问题埋下伏笔。

例7：如图15所示，看一看，说一说竖式每一步的意思。

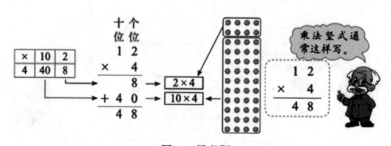

图15　思考题

在乘法口诀的推导中，利用点子图中每行每列的个数，帮助学生理解乘法口诀。同样在乘法竖式中，也利用了点子图。如图15所示，每一步的乘法竖式都对应着相应的点子图。先是2个4相乘，再是10个4相乘，最后相加算出结果。相对应的点子图，抽象出乘法竖式过程中的每一步，帮助学生理解乘法竖式的算理。

例8：如图16所示，淘气从起床到开始吃早餐用了多长时间？看一看，说一说。

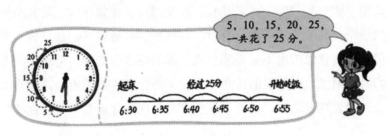

图16　思考题

解决时钟问题，同样可以以线段表示。把钟表上的刻度拉成一条线段，在端点上标上时间点，每隔5分钟为一段，一次画出好几段。再根据段数×5得出两个时间点间隔的时间。抽象的时钟问题，借助图形就能把问题具体化，但以钟表的图形表示较为复杂，若把每个时间点在线段上表示，把问题简单化，同样体现了线段在解决问题中的重要性。

例9：如图17所示，一块长方形菜地长4米，宽1米，一面是墙，围成这块菜地的篱笆长多少米？

图17　长方形菜地图

这道题中求的是篱笆的总长度，一般是求长方形的周长，此题中有变化的是一面靠墙。题中以具体的情景图展示，表明了靠墙的是长边，而且清楚地体现了篱笆只需围三面，在求总长度的过程中只需要算出三面篱笆的长度，即2条宽和1条长的和。长方形周长的推导是以数解形，而这道题侧重于以形助数。题中出现的都是与长方形有关的长度数据，而画出图形，则便于理解题意，清晰地分辨出篱笆围的是几面墙。在解有关图形的问题时，画出图形，更有利于理清题意，找出隐含的条件，以形助数，解决问题。

　　数与形是贯穿整个小学数学教材的两条主线，更是教学的基本内容。数形结合思想就是把数学问题中的计算和数量关系等与几何图形结合起来解决问题，从而使"数"与"形"各展其长，互相对应，相辅相成，使复杂问题简单化。在数形结合的教学过程中，有时以数解形，有时以形助数，较为容易理解题意，但数形结合思想也不是万能公式，我们应该有选择的运用。在今后的教学中我们要时刻注意以学生的认知能力和年龄特征为出发点，选择合适的教学方法，注重渗透数学思想，使数学思想充分体现在常规教学中，提高学生的思维能力。

　　（詹国娣老师是广东省姚冬梅教师工作室学员，此文在惠城区2017年教学评优活动中荣获一等奖惠州市2017年优秀论文评比活动中荣获三等奖）

在低年级数学教学中渗透归纳推理思想

惠州市光彩小学　詹国娣

《义务教育数学课程标准》（2011年版）在总体目标中提出，"通过义务教育阶段的数学学习，学生能获得适应社会生活和进一步发展所需要的数学的基础知识、基本技能、基本思想、基本活动经验"，更加强调了数学思想的重要性和重视数学思想的贯彻落实。许多专家对作为"四基"之一的数学思想做了深入的研究，如南开大学的顾沛教授曾提道："数学思想的渗透，应该是长期的，应该从小学一年级开始，也完全可以从小学一年级开始。"从儿童思维发展的过程和阶段来看，教师根据不同年级学生的学习目标，可以从低年级开始让学生感受、了解数学思想。本文就在数学教学中对低年级学生渗透单方面数学思想，如归纳推理思想。

归纳推理，是从特殊到一般的推理方法，是通过观察、实验、比较、分析、综合，形成对思维对象的共性认识，最后归纳结论，是不同年龄不同层次水平的小学生都能接受的推理形式，所以在低年级数学教学中渗透归纳推理思想是完全可行的。适当地在数学教学中渗透归纳推理思想，有利于学生思维水平的提高。

渗透归纳推理思想，主要是使低年级学生经历数学活动，通过观察、操作、比较、分析等积累经验。所谓的积累经验，从根本上说，就是低年级学生无意识地经历归纳推理过程，而获得潜意识的结论。如一年级的学生经历了大量的5+4和4+5的计算活动，积累了经验：这两个算式的结果相同，即两个加数交换位置，结果不变，尽管他们不能表述加法交换律，但是他们能分辨出来，并加以运用。下面是对低年级数学教学中体现渗透归纳推理思想的一些例题与练习进行分析，体现其重要作用。

例1：如图1所示，读一读，写一写。

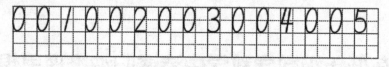

图1 例1图

在一年级学生刚开始学读写数字时，这道题目就体现了归纳推理思想。教师在教学中适当地引导学生在读的过程中观察，发现这一行的数字按一定的规律排列着，学生便能根据规律对应着书写数字，避免错漏。

例2：如图2所示，看一看，写一写。

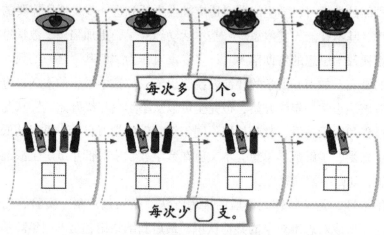

图2 例2图

在学会数数、写数的基础上，通过操作、观察等活动，发现每次多（少）几个，经历了归纳推理的过程，初步了解归纳推理思想。

例3：如图3所示，分一分，填一填。

6	0	1	2	3		5	
	6	5			2		

图3 例3图

在完成数字6的分解时，根据表格中的数字，学生能轻松地完成，完成后，适时地引导学生观察填写后的结果，找出排列的规律，并说一说。

例4：如图4所示，想一想，填一填。

7	0						
	7						

图4　例4图

经历过数字6的分解后，完成数字7的分解的难度降低。若没有适时地引导通过观察数字的分解找出填写规律，学生容易在填写时随便组合，虽然结果正确，但是易造成漏填，重复填写等情况。在归纳推理的过程，让学生能有序思考解决问题，便于接下来的数字8和数字9的分解的有序完成。

例5：如图5所示，填数。

| | 2 | 3 | | 5 |

| | | 9 | 8 | |

| | | 6 | |

图5　例5图

填数是找规律的最初形式，先观察，找出相邻两个数的联系，再填写。运用了归纳推理的思想，归纳为多1或少1的结论，体现数字之间按一定的规律排列。

例6：如图6所示，猜一猜，每个盒子里可能还有哪些卡片？

图6　例6图

观察每种动物手中卡片里的算式，发现算式结果分别一一对应着盒子上的数字，归纳出"算式结果对应着盒子上的数字"。推理运用：根据盒子上的数字，从算式结果出发再列出其他不同算式。对于一年级的学生，这类题目的难度较大，需要教师在旁引导讲解，渗透归纳推理思想：从数字1至数字5的盒子上观察发现，算式结果与其对应，归纳结论，推理运用，解决问题。

49

例7：图7是淘气做的加法表，你能帮他填完整吗？

10	9	8	7	6	5	4	3	2	1	0
10 + 0				6 + 0			3 + 0			
9 + 1				5 + 1			2 + 1			
8 + 2				4 + 2			1 + 2			
7 + 3				3 + 3			0 + 3			
6 + 4				2 + 4						
5 + 5				1 + 5						
4 + 6				0 + 6						
3 + 7										
2 + 8										
1 + 9										
0 + 10										

竖着看，横着看，斜着看，你发现了什么规律？

图7　例7图

填写加（减）法表，需要在填写前仔细观察，根据表中给出的算式。填写相应的算式，第一行的数字是算式的结果，从结果填写对应算式。在实际的教学中，若让学生仅从结果出发填写算式，大部分学生会随便填写，出现错填、漏填、填不完整等情况。整体上看，算式杂乱无章，不便于学生读背。在填写前，应指引学生观察，找出数字10那列的规律：第一个加数从数字10开始逐渐递减，第二个加数从数字0开始逐渐递增，算式的结果都是10。填写数字9那列时，则第一个加数从数字9开始逐渐递减，第二个加数仍是从数字0开始递增，算式结果都是9。运用规律填写完成加法表，学生多加读背，能够熟悉和灵活运用10以内的加减。

例8：如图8所示，画一画，青蛙能跳到哪个荷叶上？

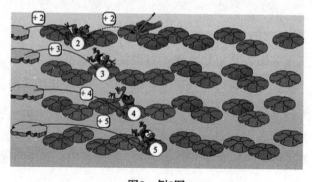

图8　例8图

青蛙过河，利用情境图引出问题，是低年级数字教学中常见的题目。部分荷叶上标出数字，根据提示，每只青蛙跳的荷叶片数不同，从第一只青蛙开始观察，归纳出它每次能跳两片荷叶，运用：从岸上跳到第二片荷叶，再次跳到第四片荷叶，再次跳到第六片荷叶，最后跳到第八片荷叶。同理，第二、第三和第四只青蛙，对应归纳各自跳的荷叶的片数，类似推理运用，解决问题。

例9：如图9所示，接着画下去。

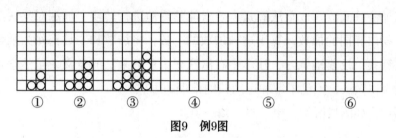

图9　例9图

在图形中同样隐含着归纳推理思想，就如例9。需先观察图案的特征，才能接着画下去。第一个三角形图案是由3个圆组成的，第二个三角形图案是由6个圆组成的，第三个三角形图案是由10个圆组成的，依次增加圆的个数，第四个三角形图案就是由15个圆组成的……数字与图案的结合，更好地阐述了归纳推理思想的广泛运用。

例10：如图10所示，填一填，算一算。

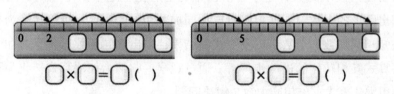

□×□=□（　）　　　　□×□=□（　）

图10　例10图

从尺子的刻度上看到，每个刻度之间的间隔是相同的，从刻度0开始到刻度2，每次刻度间隔是2，依次可以填出后面的刻度4、6、8、10。可以根据每次间隔是2，有5个间隔，列出乘法算式：2×5=10。同理右边列出乘法算式：5×4=20。观察找出每个刻度的间隔，归纳几个这样的间隔，得到尺子后面的刻度，运用乘法算式解决问题。

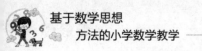
例11：如图11所示，把加法算式改写成乘法算式。

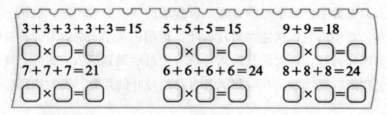

$$3+3+3+3+3=15 \qquad 5+5+5=15 \qquad 9+9=18$$
$$\bigcirc \times \bigcirc = \bigcirc \qquad\qquad \bigcirc \times \bigcirc = \bigcirc \qquad\qquad \bigcirc \times \bigcirc = \bigcirc$$
$$7+7+7=21 \qquad 6+6+6+6=24 \qquad 8+8+8=24$$
$$\bigcirc \times \bigcirc = \bigcirc \qquad\qquad \bigcirc \times \bigcirc = \bigcirc \qquad\qquad \bigcirc \times \bigcirc = \bigcirc$$

图11　例11图

把加法算式改写成乘法算式，要求能熟练地进行转换，加深对乘法意义的理解。找出相同的加数，算出这种加数的个数，将加数和个数都作为乘数，写出乘法算式。反复地练习，让学生在潜意识中理解乘法的意义，虽然学生不能清楚地表述做法，但已了解和运用归纳推理的思想。

例12：如图12所示，想一想，填一填。

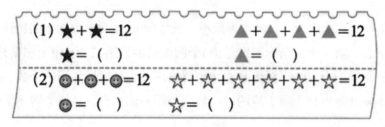

(1) ★＋★＝12　　▲＋▲＋▲＋▲＝12
　　★＝（　）　　▲＝（　）

(2) ☺＋☺＋☺＝12　　☆＋☆＋☆＋☆＋☆＋☆＝12
　　☺＝（　）　　☆＝（　）

图12　例12图

求出图形表示的数，是小学阶段常见的题型。题中都是相同的图形，而且能算出图形的个数，同样可以看成相同加数相加的算式，可以转换为乘法算式：已知相同加数的个数，以及算式的结果，求出相同加数。这是对加法算式与乘法算式互相转化的进一步理解。通过观察，归纳为加法算式转化为乘法算式，利用乘法算式求出相同加数，解决问题。

例13：找规律，填一填。

（1）10，15，20，_____，_____。

（2）18，16，14，_____，_____。

（3）9，12，15，_____，_____。

（4）27，24，21，_____，_____。

找规律填数，这类题目直接体现了归纳推理思想。观察分析相邻数字间相差多少，依次填写后面的数字。若是对乘法口诀十分熟练，部分学生能观察发现这些数字都是乘法口诀里的结果：第一小题是5的乘法口诀，第二小题是2的乘法口诀，等等。

例14：如图13所示，看一看，说一说。

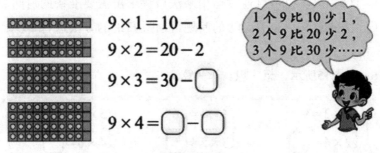

图13　例14图

这类题目也属于找规律。通过观察前两个算式，左边和右边都是相等的，左边是9的乘法口诀，右边是减法算式。细心观察和分析，可以发现右边的被减数是整十数，减数对应着乘法算式中的第二个乘数，通过计算，得到两边的结果是相等的。同理可以接着写出9×5、9×6，等等。归纳结论后，运用结论，找出巧记9的乘法口诀的方法。

例15：如图14所示，想一想，长颈鹿要准备几间房子？

图14　例15图

初步认识除法，解决除法问题。教材中展示了四种方法，可以通过画图、表格、数轴和口诀等方法，本质上都一样：6只小鸟为一组，42只小鸟可以划分成7组，表格和数轴可归纳为每次多6只，直到42只，又或者42只每次减少6只，直到0只。也可以通过运用乘法口诀求出需要准备的房间数。认识和理解了除法的意义，有关除法的问题可通过归纳的方法进行解决，从而得到运用。

例16：如图15所示，想一想，算一算。

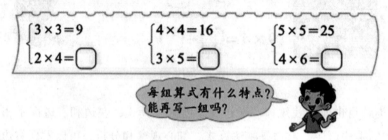

$$\begin{cases} 3 \times 3 = 9 \\ 2 \times 4 = \boxed{} \end{cases} \quad \begin{cases} 4 \times 4 = 16 \\ 3 \times 5 = \boxed{} \end{cases} \quad \begin{cases} 5 \times 5 = 25 \\ 4 \times 6 = \boxed{} \end{cases}$$

每组算式有什么特点？能再写一组吗？

图15　例16图

先利用乘法口诀填写出得数，再观察每组中的算式，对比分析归纳：第一组中第一个算式两个乘数相同，第二个算式的乘数分别是第一个算式中乘数的相邻两个数，第一个算式的结果都比第二个算式的结果少1。运用推理，再写出一组这样的算式。

归纳推理思想不是单独的、空洞的被教学，而是要有知识作为载体传授的。在低年级数学教学中，根据教材的例题或练习，在讲解中渗透归纳推理思想，不需要花太多的时间以及讲解，可以因势利导、水到渠成地进行渗透，更有利于学生接受、理解和运用新知识，提高学生的思维水平。

（詹国娣老师是广东省姚冬梅教师工作室学员，此文在惠城区2015年教学评优活动中荣获一等奖和惠州市2015年优秀论文评比中获三等奖）

案 例 篇

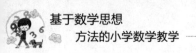
《数字的用处》教学设计

惠州市光彩小学　姚冬梅

【教材内容】

北师大版小学数学六年级上册。

【教学目标】

（1）经历设计数字编码的过程，体会数字在表达、交流和传递信息中的作用。

（2）能在具体情境中了解一个编号中某些数字所代表的意义。

（3）让学生体会数字编码在生活中的应用，提高学习的兴趣。

【教学重难点】

重点：经历设计数字编码的过程。

难点：了解一个编码中某些数字所代表的意义。

【教学过程】

1. 课前小游戏

师：同学们喜欢猜谜语吗？我们先来玩猜谜语的游戏好不好？你猜这是什么？你是怎么想的？

师：数字不仅用于加减乘除法的运算，还有更多的妙用。今天这节课我们就一起来学习"数字的应用"。（板书课题）

（1）猜数学名词：9，8，7，6，5　　看看谁的力量大　　考试作弊

（2）猜一汉字：30天除以2　　72小时　　24小时

设计意图：用猜谜语的形式开展课前活动，放松学生情绪，提高学生的注意力，同时渗透数字的神奇妙用。

2. 创设情境，激发兴趣

（1）师：数字在生活中的应用非常广泛，谁来举例说说？

（2）师：老师这里也收集了一些，请看：像这样把数字按一定的规则编排

在一起，就能表达特定的信息。这节课我们就一起来研究数字编码在生活中的应用。

（3）师：在生活中还有哪些地方也是用数字来表达信息的？生活中有各种各样的数字编码：邮政编码、车牌、书本条形码、身份证号码……

（4）各小组交流收集到的生活中的数字编码，在小组内说说对这些编码的理解。

师：生活中数字无处不在，今天我们就一起来学习"数字的用处"。

设计意图：学生交流课前收集到的生活中的数字信息，感受数字编码在生活中的应用。学生小组交流课前收集的关于数字编码的资料。设计的目的是创设学生熟悉的生活情境，让学生感受数字编码应用的广泛性。

3. 分析探究，初步感知

（1）（出示一个信封）信封上的"516001"是什么编码？

这个邮政编码表达了哪些信息呢？它是按怎样的规则编排的呢？请同学们在小组内交流关于邮政编码的知识。这个邮政编码中的各个数字表示的意义你能从信封上的地址中找到吗？小组进行讨论，交流邮政编码的特点以及各个数字表示什么意义。邮政编码用6个数字表示这么多信息，说明数字编码有什么特点？

结合生活实际，了解惠州市各区的邮政编码。

（2）认识电子邮件，树立爱科学、爱环保的意识。

师：随着科技的发展，现在人们更多的是通过电子邮件来互通信息。这是我们学校的邮箱名称Huizhou11x@163.com，你了解电子邮件的格式吗？

问：E-mail地址分为哪几个部分？如Huizhou11x@163.com。

小结：第一部分是个人起的邮箱名称，第二部分是英文"@"的意思，第三部分，主机名（邮件服务器的名称）。

电子邮件相比普通邮件有什么优点？

（更快、更方便、更环保。）

（3）除了发电子邮件和寄普通信件，还有什么方法可以互通信息？（打电话、发短信）课后同学们可以了解电话号码的特点。

设计意图：了解邮政编码的特点，让学生感受数字编码在生活中的广泛应用，让学生了解现在人们互通信息可以采用多种途径，渗透思想教育。

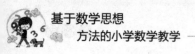
4.尝试应用，归纳特征

（1）课件出示：000112234466677899。

问：这是什么编码？如果把这一串数字按一定规则重新排列呢？

课件再次出示440623196901076827。

问：现在知道了吗？为什么很快就知道了？身份证号码的编排有什么规律？从身份证号码中你能看出什么信息呢？

小组内交流课前了解到的关于身份证编码的知识。

小资料：请对照自己的身份证号码了解各个数字所表示的意义。请双胞胎姐妹上来写身份证号码，她们的身份证号码有什么特点？

（2）师生共同探讨总结出数字编码的优越性和科学性。

（3）练习：

① 课件出示老师的身份证号码，说说你了解到老师的哪些信息？

② 考考你：小明收集的是爷爷、奶奶、爸爸、妈妈四个人的身份证号码，你知道下面这四个号码分别是谁的身份证号码吗？

440681197404230229　　　　44068119750811365X

440623195403273638　　　　440623195207040226

③ 同学们，去年9月，我市步行街发生了一起抢劫案，请看：

某商店大宗贵重物品失窃，犯罪嫌疑人驾车离去，从现场目击证人口中得知作案人为男性，50多岁，外地口音。根据目击证人提供的线索，警察通过排查找出一些嫌疑人的身份证号码，你能猜出作案人可能是谁吗？

张三：440123198002011146　　　李四：441468199302012171

王五：330423196010307155　　　刘麻子：210974193909051592

身份证表达的个人信息是准确而且是唯一的。（板书：准确、唯一）

现在很多物品也拥有身份证——条形码。请同学们找找商品条形码的位置。书本、日常用的很多物品都有条形码，同学们有兴趣的语课后可以研究这些条形码所表示的意义。身份证有什么作用？（要保管好自己的身份证，不要随意借给别人使用）

设计意图：通过了解生活中利用数字编码（条形码、准考证号码、身份证号码、惠州市电话号码等）进行信息处理，渗透思想教育，进一步让学生感受数字编码在生活中的广泛应用及给人们带来的便利。

5. 学以致用，走向生活

（1）师：生活中还有哪些编码呢？课件出示：汽车号牌、电话号码、房间编号、条形码等。

（2）师：上学期期末我们六年级语文科教育局统一考试，下面是我们班部分同学的成绩表。你还记得自己考号的意义吗？请在小组内交流说说考号的意义。

（3）小小设计师。

师：数字编码在生活中的应有这么多，我们能不能自己来设计编码呢？下面我们将举行"小小设计师"比赛。

我们即将小学毕业了，学校要为六年级每个同学编一个毕业生号码，你会编吗？

你能提出哪些建议？

① 哪一年入学的。

② 现在在哪个班级。

③ 班级的学号。

④ 该同学的性别。

师：我们来看看设计得是否合理。用几个数字表示比较合理？

你能说说你编的号码是按照什么规则编排的吗？

设计意图：小结数字编码的优点：简明、准确、唯一，再次让学生感受数字编码在生活中的广泛应用。

6. 总结全课，储存新知

（1）通过今天这节课的学习，你有什么收获？

同学们说的都很好。数字编码在生活中无处不在，只要大家认真观察，就会发现生活中处处有数学。

（2）今天的作业是设计自己的学生证号码。

（3）最后为大家献上数字的另一种神奇组合，就是由数字1、2、3、4、5、6、7编排的音乐简谱，让我们在这优美的乐曲中结束这节课的学习吧。（屏幕显示《让我们荡起双桨》的音乐简谱和伴唱）

设计意图：运用所学知识解决生活中的问题，提高学生应用知识解决实际问题的能力。

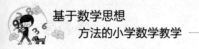
板书设计：

数字的用处

邮政编码		简明性
身份证编码	数字编码	准确性
准考证编码		唯一性

【教学反思】

这节课是北师大版小学数学六年级上册第五单元的综合应用中的内容。这节课旨在让学生通过综合实践活动，了解数字在现实生活中的广泛应用，鼓励学生用数字表示和区分日常生活中的一些事物，培养学生的实践应用能力。本课设计思路是数学活动课，设计本课时，我在把握教材编写意图的基础上，根据学生已有的经验，创造性地对教材做了调整，要求学生课前查找、准备的资料较多，我让学生分成几个调查小组，利用上网查阅等途径搜集邮政编码、身份证号码、准考证号码、电话号码等有关数字信息的资料，使学生学会用数学的眼光去分析、研究这些数字信息。在课堂上，学生通过自主探究、小组合作、交流汇报，探究数字编码的编排特点和其中的含义，理解数字编码的编排特点及其对表达和交流信息的作用，让学生体会到数字编码的优点，培养学生观察、分析、解决问题的能力以及探索数学的兴趣和发现欣赏数学美的意识。让学生为自己编毕业生号码和音乐中的数字的设计是本课的一大特色，学生兴趣盎然，积极投入到学习中。

本课应用多媒体课件，有效地突出了学习的重点，使用Activboard软件中清晰的可视化界面、便捷的操控方法和灵活的交互功能，既增强了学生对本课学习的参与性，又增强了视觉效果。从课堂效果来看，整节课学生注意力很集中，学习积极性高，课堂教学达到了理想的效果。

（2012年姚冬梅老师执教此课例荣获第五届全国中小学学科教学大赛三等奖，在2016年广东省姚冬梅教师工作室跟岗学习活动中展示）

《有趣的算式》教学设计

——用计算器探索规律

惠州市光彩小学　姚冬梅

【教学内容】

本课是北师大版小学数学四年级上册第三单元"乘法"中"有趣的算式"。这节课是在学生掌握计算器的使用方法后，通过引导学生观察计算结果发现有趣的规律，培养学生的探究能力，发展学生的思维能力。我在设计本课时，在把握教材编写意图的基础上，结合学生实际对教材内容进行了适当重组和整合，通过增加奇妙的"缺8"数、数学黑洞等内容，鼓励学生对算式及其结果的特点进行比较，发现一些数学规律，并在探索规律的过程中培养学生的推理能力，提高学生学习数学的兴趣。

【教学目标】

（1）通过有趣的探索活动，使学生巩固计算器的使用方法。

（2）在利用计算器进行数学探索的过程中，引导学生观察和发现一些有趣的规律，提高学生学习数学的兴趣，体会数学的美。

（3）渗透化难为易、化繁为简的数学思想方法，培养学生探索规律和归纳推理的能力。

（4）在自主探究的学习过程中培养学生的问题意识和创新意识。

【教学重难点】

重点：引导学生利用计算器观察和发现一些算式的有趣的规律。

难点：通过观察，发现、归纳算式的特点。

【教具准备】

（1）课前让学生收集计算工具发展的相关资料。

（2）教学课件、学生准备计算器。

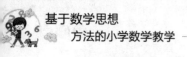
【学情分析】

本节课是在学生掌握了计算器的使用方法，学习了两、三位数乘法，能对一些较大数据进行估算的基础上教学的。四年级学生的思维正处于由形象思维向抽象思维过渡的时期，学生能进行一定的抽象思维，有一定的探究能力，具备小组合作、交流学习的能力，为本节课的学习打下了一定的基础。因此，在设计本课时我根据学生已有的知识经验和接受能力，抓住小学生的心理特征，巧妙预设、精心组织，带领学生品味数学不仅好玩、好学，而且蕴含着一种特有的美与魅力。本节课让学生经历观察比较、合作交流、总结概括的数学学习过程，培养学生观察、分析、解决问题的能力以及发现、欣赏数学美的意识。

【教学策略】

新课标强调，"要激发学生的学习积极性，向学生提供充分的数学活动机会，以激发学生的兴趣，调动学生探索的愿望，解决数学问题、发现数学规律、获得数学经验，而教师是学生学习的组织者、引导者和合作者"。因此，本课遵循"激、引、放"的原则，对教材进行重组和扩充，有针对性地采用趣味教学法、引导发现法、合作探究法等方法进行教学，通过教师积极地"引"，激发学生主动地"探"，培养学生的观察能力和归纳概括能力，体现学生思考辨析、自主探究、合作交流的学习方式。

【教学过程】

课前交流：

猜"他"是谁?

他是中国非常有名的数学家，为了纪念他，一项数学竞赛以他的名字命名。（华罗庚）

（话外音）智慧老人：我国著名数学家华罗庚先生曾经说过："宇宙之大，粒子之微，火箭之速，化工之巧，地球之变，日用之繁，无处不用数学。"

（课本编者送给大朋友的话，如图1所示。）

智慧老人：学好数学要多动脑、多动手、勤总结、善反思。

淘气：我发现，数学中的许多知识、方法是相通的，是互相联系的。

笑笑：学习数学时，我喜欢自己先思考，喜欢和别人交流，互相学习。

师：小朋友，说一说你是怎样学习数学的，与同学们进行交流。

图1　课本插图

猜"它"是谁?

有个脑袋真正灵,忽闪忽闪眨眼睛。东西南北带着它,加减乘除不费劲。(计算器)

师:你在哪些地方看到过呢?(商店、会计、电脑里、手机里等)计算器在生活中无处不在,今天这节课我们就一起运用计算器进行数学算式规律的探索。

设计意图:通过猜"他"是谁等课前活动,放松学生情绪,提高学生的注意力,让学生认识到数学与生活的紧密联系,同时渗透学习数学的方法。

(一)了解计算工具发展的历史

师:我们已经会使用计算器了。说到计算器,有一点很值得我们骄傲,那就是最早的计算工具诞生在我们中国!关于计算工具发展的历史,你知道吗?

课件解说:在远古时代,人们是用石头计数或者结绳计数的。2000多年前,我国使用的计算工具是算筹。1000多年前,我国又发明了算盘,使计算速度加快了。1642年,法国数学家发明了第一台机器演算的工具。1822年,第一台能按一定程序自动控制的计算机诞生了。1946年美国人发明了世界上第一台计算机,每秒可以运算5000多次。现在世界上运算最快的计算机每秒可运算1000万亿次,原来需要几十年运算的题目现在只需要1秒钟就可以完成。(见图2)

师:看了刚才的解说,你有什么感想?(生汇报感想)

图2　计算工具的演变

设计意图：通过数学阅读，帮助学生了解计算工具发展与进步的历史，这样既拓展补充了学生的数学知识视野，又丰富了学生的数学文化内涵，使学生体会了数学的文化价值。

（二）感受使用计算器的方便快捷

师：我们先用计算器来玩一个"猜数字"的游戏：奇妙的"缺8数"。

从1～9这9个数字中选一个你最喜欢的数字，先别说出来，记在心里。例如，我喜欢的数字是"2"，然后就输入9个"2"，再把它除以"12345679"，除完以后你只要把结果告诉我，我就能知道你最喜欢的数字是几。（12345679×9=111111111）

$$111111111 \div 12345679 = 9$$
$$222222222 \div 12345679 = 18$$
$$333333333 \div 12345679 = 27$$
$$444444444 \div 12345679 = 36$$
$$555555555 \div 12345679 = 45$$
$$666666666 \div 12345679 = 54$$
$$777777777 \div 12345679 = 63$$
$$888888888 \div 12345679 = 72$$
$$999999999 \div 12345679 = 81$$

估计学生会除以123456789，或输入少于9位数，让学生小组交流讨论后汇报。

师：这个游戏玩过之后有什么收获呢？

设计意图： "猜数字"游戏巧妙运用"缺8数"的特点，教师快速、准确地做出判断，引起学生的好奇心，使学生急于想知道教师使用的方法。游戏巧妙地彰显了计算器的优势，由于数位多确实需要用计算器，但正由于数位多，学生可能会输入错误，引导学生总结细心的重要性。这样设计的目的是通过猜数游戏吸引学生的注意力，激发学生的学习兴趣，调动他们全部感官投入到课堂活动中来。

（三）体验计算器使用中的困惑

师：22222222×55555555=？（8个2乘8个5）

学生小组交流结果，小组讨论交流。

师：你能发现下面算式的规律吗？试试看：

$$2 \times 5 = 10$$

$$22 \times 55 = 1210$$

$$222 \times 555 = 123210$$

$$2222 \times 5555 = 12343210$$

$$\vdots$$

$$22222222 \times 55555555 = 1234567876543210$$

师生总结规律：从1开始，乘数是几位数就写到几，倒过来再写到1，最后加一个0。这样的规律有的书上说是"回文数"或"对称数"。

为什么最后一个数是0？为什么是这样一个规律呢？用竖式计算找特点。（课件显示）

$$
\begin{array}{r}
22222222 \\
\times \quad 55555555 \\
\hline
111111110 \\
111111110 \\
111111110 \\
111111110 \\
111111110 \\
111111110 \\
111111110 \\
111111110 \\
\hline
1234567876543210
\end{array}
$$

师生交流：我们一起来看竖式，发现积依次往前移一位，移到最后，我们从上往下看，中间的那一列最多，是几个1？（8个）为什么是8个呢？（8个5相乘）这个竖式很好地解释了为什么会是那样一个奇妙的结果。但这种方法很容易对错位，很容易出错。

设计意图：计算器作为一种计算工具，在应用中有它的局限性。一般计算器都只能显示8位，在借助计算器探索规律时，重点在于让学生探索出计算背后的本质规律，提高推理能力，让学生经历观察、猜想、归纳、验证的过程，因此学生学到的不只是结论，更是一种学习方法。

（四）享受超越计算器的乐趣

（1）奇妙的宝塔（"对称的数学金字塔"）。

师：下面算式的积是多少？

$$111111111 \times 111111111 = \quad ?$$
$$\text{9个} \qquad \text{9个}$$

$$1 \times 1 = 1$$
$$11 \times 11 = 121$$
$$111 \times 111 = 12321$$
$$1111 \times 1111 = 1234321$$
$$11111 \times 11111 = 123454321$$
$$111111 \times 111111 = 12345654321$$
$$1111111 \times 1111111 = 1234567654321$$
$$11111111 \times 11111111 = 123456787654321$$
$$111111111 \times 111111111 = 12345678987654321$$

（2）神奇的9：如果把数字1改为9，又会有什么特点呢？

$$999999999 \times 999999999 = \quad ?$$
$$\text{9个} \qquad \text{9个}$$

$$9 \times 9 = 81$$
$$99 \times 99 = 9801$$
$$999 \times 999 = 998001$$
$$9999 \times 9999 = 99980001$$
$$\vdots$$
$$999999999 \times 999999999 = 999999998000000001$$

师：这个算式你又能发现什么规律？（无论搭多少层，结果总是由9、8、0、1四个数字组成）

设计意图： 通过神奇的"1""9"的计算，引导学生小组合作探究活动，让学生经历化难为易，找出规律的过程，让学生领略数学的美妙，感受数学的和谐与神秘、抽象与统一。让学生感受数学学习不仅要重视结果，更要重视学习的过程，同时渗透化难为易、化繁为简的数学思想。

（3）（欣赏）（课件出示数字动画0、1、2、3、4、5、6、7、8、9这10个数字杂乱无序的排列）这些数字团结起来魔力可大了，不信你瞧瞧！

加法金字塔：

数字"123456789"飞出去形成下面美丽的图案。

1	1
23	32
456	654
7891	1987
23456	65432
789123	321987
4567891	1987654
23456789	98765432
123456789	987654321
987654321	123456789
87654321	12345678
6543219	9123456
321987	789123
87654	45678
3219	9123
654	456
87	78
+ 9	+ 9
————	————
1234567890	1234567890

师：你觉得惊奇吗？换一下排列的方向，又获得一座金字塔！

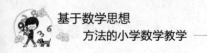
乘法金字塔：

$$1 \times 1 = 1$$
$$11 \times 11 = 121$$
$$111 \times 111 = 12321$$
$$1111 \times 1111 = 1234321$$
$$11111 \times 11111 = 123454321$$
$$111111 \times 111111 = 12345654321$$
$$1111111 \times 1111111 = 1234567654321$$
$$11111111 \times 11111111 = 123456787654321$$
$$111111111 \times 111111111 = 12345678987654321$$
$$9 \times 9 = 81$$
$$99 \times 99 = 9801$$
$$999 \times 999 = 998001$$
$$9999 \times 9999 = 99980001$$
$$\vdots$$
$$999999999 \times 999999999 = 999999998000000001$$

混合运算金字塔：

$$1 \times 9 + 9 = 11 \qquad\qquad 0 \times 9 + 8 = 8$$
$$12 \times 9 + 3 = 111 \qquad\qquad 9 \times 9 + 7 = 88$$
$$123 \times 9 + 4 = 1111 \qquad\qquad 98 \times 9 + 6 = 888$$
$$1234 \times 9 + 5 = 11111 \qquad\qquad 987 \times 9 + 5 = 8888$$
$$12345 \times 9 + 6 = 111111 \qquad\qquad 9876 \times 9 + 4 = 88888$$
$$122456 \times 9 + 7 = 1111111 \qquad\qquad 98765 \times 9 + 3 = 888888$$
$$1234567 \times 9 + 8 = 11111111 \qquad\qquad 987654 \times 9 + 2 = 8888888$$
$$12345678 \times 9 + 9 = 111111111 \qquad\qquad 9876543 \times 9 + 1 = 88888888$$
$$123456789 \times 9 + 10 = 1111111111 \qquad\qquad 98765432 \times 9 + 0 = 888888888$$

设计意图：数学处处存在着美，充满着意想不到的神秘，只要我们用心去挖掘，精心去安排，不仅能让学生感受数学特有的美，还能让学生在解决问题的过程中体会学习数学的乐趣。通过展示数学的简洁美、对称美、和谐美、统一美，引导学生发现、体验、体会数学规律带来的美，激活数学的文化元素，享受数学文化的熏陶，从而激发学生对数学的热爱之情。

（五）借助计算器探索算式规律

1. 奇特的142857

观察下列算式，你发现了什么？

$$（142857）×1=（\qquad）$$
$$（142857）×2=（\qquad）$$
$$（142857）×3=（\qquad）$$
$$（142857）×4=（\qquad）$$
$$（142857）×5=（\qquad）$$
$$（142857）×6=（\qquad）$$

先算出前四个算式的积，观察积的特点，能否直接写出后面两个算式的得数？

观察积的特点，你发现了什么？

2. 百度视频

听说过宇宙黑洞吗？它一直是天文界的一个谜，许多科学家正在为揭开它的神秘面纱而努力。数学上也有类似的黑洞，想不想去探索？数学黑洞是指自然数经过某种数学运算之后陷入了一种循环的状态。请利用你手中的计算器一起去探索吧。

3. 寻找神秘的数：数学黑洞

（1）任意选定三个互不相同的数字（如选1、3、8）。

（2）求它们组成的最大数和最小数。（最大的数是831，最小数是138）

（3）用最大数减去最小数（差693）。

（4）对所得结果重复上述过程（重复：963–369=594，继续重复：954–459=495）。

（5）你会发现什么呢？

（6）结果是（　　　）。

结果都是495。如果选定4个互不相同的数字，那么最后结果是6174。

按上述法则计算，结果总会得到一个数，且此后重复出现，怎么也无法跳出这个结果，数学上称之为"数学黑洞"。

设计意图：通过演算—观察—再演算的过程，让学生认识142857这个神奇的数字组合。通过寻找数学黑洞让学生先按规则计算，结果发现最后总会得到495或6174，感悟数学的神奇之处。学生经历观察、思考、加工、提炼的过程，

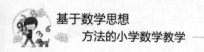
获取的是智慧，体验的是快乐。

（六）揭游戏秘诀，全课总结

（1）奇妙的"缺8数"（揭秘前面"猜数字"游戏）。

"缺8数"奇特的性质：12345679×9=111111111。

师：刚才我们玩的猜数字游戏，想不想知道老师猜对的诀窍？

课件出示：

$$12345679 \times 9=12345679 \times 1 \times 9=111111111$$
$$12345679 \times 18=12345679 \times 2 \times 9=222222222$$
$$12345679 \times 27=12345679 \times 3 \times 9=333333333$$
$$12345679 \times 36=12345679 \times 4 \times 9=444444444$$
$$12345679 \times 45=12345679 \times 5 \times 9=555555555$$
$$12345679 \times 54=12345679 \times 6 \times 9=666666666$$
$$12345679 \times 63=12345679 \times 7 \times 9=777777777$$
$$12345679 \times 72=12345679 \times 8 \times 9=888888888$$
$$12345679 \times 81=12345679 \times 9 \times 9=999999999$$

其实老师是利用算式的奥妙由乘变除猜出同学们最喜欢的数字的。

（2）师：这节课我们运用计算器探索算式的奥妙，你有什么体会和收获？

总结：学无止境。

设计意图： 新课程倡导学生在学习过程中积极主动参与、乐于探究、勤于思考，本课以问题—猜想—验证—总结为主线，运用小组合作、自主探究等活动形式，让学生在探究过程中体会"化难为易"的数学思想方法，感受数学的美妙，激发学生学好数学的积极性。

【教学反思】

本课例是惠州市数学教研活动展示课，得到钱守旺老师（数学特级教师，北师大版小学数学课标教材编写组成员）的精彩点评：

课堂设计精巧，所选素材典型，学生探究充分，思想渗透到位，文化味道浓厚。

《课程标准》（2011年版）要求："鼓励学生用计算器完成较为繁杂的计算。在教学中应当根据课程内容的要求，允许学生使用计算器，鼓励学生用计算器进行探索规律等活动。"本课我的设计思路是数学活动课。我对教材做了调整和补充，从猜数字游戏入手，激发学生的学习兴趣，巧妙地彰显了计算器的优势。计算器的使用让探索规律变得更为高效（如探索寻找神秘数的环节），让学生借助计算器感受奇妙的"数字宝塔"，领略数学王国的奇异美和对称美，使枯燥的学习内容变得形象有趣，让学生在动态变化中感受数学的美妙。在探索规律的过程中，提高学生的推理能力，渗透数学"化难为易、化繁为简"的转化思想。

（2012年姚冬梅老师在惠州市首席教师展示课中执教此课例，经过整理后的"有趣的算式"教学设计及教学反思发表于《小学数学教师》2016年第1期，2017年在广东省姚冬梅教师工作室学习活动中展示，2018年此教学设计荣获广东省优秀教学设计一等奖）

《如何审题》教学设计

——六年级"数与代数"复习课

惠州市光彩小学　姚冬梅

【教材内容】

北师大版小学数学六年级下册，总复习"数与代数"练习课。（整理作业中出现的错题）

【教学目标】

（1）通过复习，巩固对数与代数知识的理解与认识。

（2）在具体的情境中，让学生对因审题不认真而出错的题进行总结反思。

（3）使学生养成良好的整理知识的学习习惯，提高学习数学的兴趣。

【教学重难点】

重点：通过整理错题加深学生对所学知识和方法的理解。

难点：读懂题目中量与量之间的联系，渗透化难为易的转化思想。

【教学过程】

课前思考：观看美国魔术大师大卫·科波菲尔纸牌魔术的视频，让学生思考：要多角度看问题（眼睛不能只盯一个地方）。

设计思路：在数学学习中，学生因为粗心看错题目而导致解答错误的现象屡见不鲜，教师苦口婆心地让学生审题，可是学生依然我行我素，想当然地不把题目读完，是否可以让学生参与其中进行体验呢？

本节课使用教学材料（综合测试题）的目的：

一是教学材料本身蕴含着进行数学思维训练的丰富性（测试题目是平时收集的学生作业或练习中较常出错的题型）

二是材料本身体现了对学生思考习惯、思维方式、经验水平的了解，对多数学生可能发生的思维偏差和经验迁移错误的了解，紧扣学生的思维习惯误区，不断让学生掉进误区、爬出误区，让数学思维和方法（化难为易的转化思

72

想）本身吸引学生。

三是审题与解题本身并不是教学目的，使学生的数学思维得到充分发展才是目的。学生数学思维发展的过程，其实就是不断打破过去的经验和思维定式，不断体验和理解新的数学问题和方法、不断拓展数学经验和建构数学思维的过程。

1. 创设情境，激发兴趣

一份综合测试题。

2. 分析探究，初步感知

综合测试题安排一组有多余条件、缺少条件和思路独特的问题让学生尝试练习，引导学生暴露思考中题意领会不细、不全的不良解答习惯，让学生自己悟得：审不细、拿题就做、盲目下笔是解答问题的大敌。

3. 交流分享，尝试整理

学生小组活动：自荐错题—推荐理由—我的解答。

4. 总结全课，总结反思

让学生思考：审题是问题解决的第一步，也是重要一步。什么是审题？审什么？如何审？课堂的结尾总结三遍审题法——第一遍理解题意，第二遍分析关系，第三遍确认算法，使学生重视解题时养成良好的思考习惯。

综合测试

姓名：_____　　　　成绩：

1. 请认真地把试卷读完，然后在试卷左上角写上自己的姓名。

2. 计算：$78+78\times99$。

3. 解方程：$6.8+3.2x=38.8$。

4. 甲乙两地相距400千米，一辆汽车从甲地开往乙地，平均每小时行驶65千米，4小时后离甲地多少千米？

5. 笑笑的房间长4米，宽3.2米。她爸爸准备把南边的内墙刷上彩漆，这面墙上窗户的面积是2.8平方米，请你帮忙算一算，笑笑爸爸至少需要买多少千克彩漆？（每平方米大约用彩漆0.4千克）

6. 如果你已经认真读完了5道题目，就只要完成第1题。这样的测试有意思吗？那就笑在心里，等待5分钟的到来，好吗？

7. 自荐错题—推荐理由—我的解答。

（2018年姚冬梅老师在新教师跟岗学习活动中执教此课例，并在广东省姚冬梅教师工作室跟岗学习活动中展示）

《循环小数》教学设计

惠州市光彩小学　姚冬梅

【教学内容】

小学数学第九册第35～37页例9、例10。

【教学目标】

使学生理解循环小数的意义并掌握循环小数的表示方法和读法，弄清循环、纯循环小数、混循环小数等概念。

【教具准备】

幻灯片若干、小卡片、日历等。

【教学过程】

（一）导入新课

师：在一个星期里你最喜欢哪一天？（指名学生回答，并说明原因）

师：会不会出现天天都是星期六（视学生回答而定）的情况？会不会出现星期六？那么星期六是按怎样的规律出现的呢？

出示日历，教师让学生观察日子一天天过去，总是重复出现星期六、日、一、二、三、……六、日、一……

生：星期六是按一定的顺序不断地重复出现的。（在黑板上贴小卡片）

导出新课题：循环小数。（板书）

（二）新课讲授

1. 循环小数的意义

出示幻灯片。

计算：（1）1÷3；（2）70.7÷33。

（指名学生板演，其余学生练习本上练习）

思考：

（1）你算的题能除尽吗？

75

（2）如果继续除下去，商会怎样？为什么？

（3）在横式里商怎样写？

1÷3=0.33…　　　　　　　　70.7÷33=2.14242…

分小组讨论，指名小组上讲台分享思考题。

A组：不能。

B组：第（1）题如果继续除下去，商会反复出现"3"，因为余数反复出现"1"。

第（2）题如果继续除下去，商会反复出现"42"，因为余数反复出现"14"和"8"。

C组：在横式里重复出现的数字要写两个以上，再添省略号，第（1）题的商读作"零点三三等等"，第（2）题的商读作"二点一四二四二等等"。

师：请同学们观察两题的商（谈话法引出循环小数概念），这两个小数有没有不断重复出现的数字？这些依次不断重复出现的数字是在小数部分还是整数部分？从小数部分的哪一位起依次不断重复出现？有几个数字重复出现？

（依学生回答在黑板上写如下板书）

一个数的小数部分从某一位起

一个数字或几个数字依次不断地重复出现

这样的数叫作循环小数

指名学生回答0.33…、2.14242…是循环小数。

强调：①小数部分；②一个或几个数字依次不断重复出现。

2. 加深对意义的理解，运用意义识别循环小数

师：下面各数哪些是循环小数？为什么？（小卡片出示）

1.666…，3.566…，0.13636…，3.1415926…，0.522，0.189189。

小结：判断是否为循环小数，要依据循环小数的意义，即小数部分必须是一个数字或几个数字依次不断重复出现。

（板书：循环小数）

小组内写一个循环小数并判断是否正确。

3. 有限小数、无限小数等概念

师（出示小卡片）：0.522，3.1415926…是几位小数？

像0.522这种小数部分的位数是有限的小数叫作有限小数。

像3.1415926…这种小数部分的位数是无限的小数叫作无限小数。循环小数是无限小数。

（板书）

小数：有限小数　无限小数（循环小数　无限不循环小数）

4. 认识循环节、循环小数的简便写法和读法

师：循环小数0.33…，2.14242…的写法方不方便？

（1）导出循环节概念：一个循环小数的小数部分，依次不断重复出现的数字（如0.33…，2.14242…中"3""42"称为一节）叫作这个循环小数的循环节。

让学生指出贴在黑板上的小卡片中循环小数的循环节。

（2）介绍循环小数用循环节表示的写法和读法：

0.33…写作0.3，读作"零点三，三循环"。

2.14242…写作2.142，读作"二点一四二，四二循环"。

就是说小数的循环部分只写出第一个循环节，并在这个循环节的首位和末位数字上面各点上一个圆点。

巩固练习：

（1）把黑板上贴的小卡片中的循环小数用上述方法简写并读出。

（2）让学生把刚才自己写的循环小数进行简写。

（3）两个小组的学生开火车读出简写后的循环小数。

5. 循环小数的分类

将学生读的循环小数写在黑板上并有目的地分为纯循环小数和混循环小数。

导出概念：循环节从小数部分第一位开始的叫纯循环小数，循环节不是从小数部分第一位开始的叫混循环小数。引导学生从"纯""混"两个字的意义记忆这两个概念。

（板书）

循环小数：纯循环小数（循环节）　混循环小数

巩固练习：

（1）写循环节是"45"的纯循环小数及混循环小数各一个。

（2）判断自己刚才写的循环小数是否符合要求。

6. 指导学生

指导学生阅读课本第35～37页内容。

（三）巩固练习

1.（幻灯片示）判断（举对错卡）

（1）3.999是循环小数。（　　　）

（2）85.085085…的循环节是850。（　　　）

（3）1.099090…是混循环小数。（　　　）

（4）10÷3的商是纯循环小数。（　　　）

2. 小卡片示

3.14，3.1444…，3.141414…是什么小数？并比较它们的大小。

（四）全课小结

先让学生小结，教师再补充。

（五）布置作业（略）

【教学反思】

此教学设计教学目标明确，重点突出，在教学中，姚老师能根据儿童的心理特点，激发学生积极参与整个教学过程，体现了以教师为主导，学生为主体的教学原则，课题引入形象易懂。教学过程思路清晰、层次分明，讲练结合。

[1998年姚冬梅老师执教此课例荣获惠州市优质课比赛一等奖，经过整理后的教学设计获广东省小学数学教师优秀教案评比一等奖，并入选《广东省小学数学中青年教师优秀教案集》（广东人民出版社）]

《找质数》教学设计

惠州市光彩小学　姚冬梅

【教学内容】

北师大版五年级数学上册第三单元第39页内容。

【教学目标】

（1）理解和掌握质数、合数的概念，知道它们的联系和区别。

（2）找出100以内所有的质数，能正确判断一个数是质数还是合数。

（3）经历质数与合数的认识、辨别过程，体验观察比较、归纳概括的学习方法，感受数学文化的魅力。

（4）在学习活动中，体验学习数学的乐趣，培养学生的推理能力。

【教学重难点】

重点：理解质数、合数的概念，初步学习判断一个数是质数还是合数的方法。

难点：区别奇数、偶数、质数、合数等概念。

【教具准备】

每个学生准备圆形学号卡、百数表。

【教学过程】

（一）引入

问：（请学号是奇数的同学起立）什么是奇数？

师：同学们，现在站着的同学的学号与坐着的同学的学号有什么不同？

站着的同学的学号数不是2的倍数，都是奇数，坐着的同学的学号数是2的倍数，都是偶数。

（课件展示）自然数分为奇数和偶数（按是否是2的倍数分类）。

过渡语：自然数除了根据是不是2的倍数，可以分成奇数和偶数，还有一种分类方法，这节课我们一起来研究。

79

（二）分类

师：请同学们（同桌合作）一起来写2～12这几个数的因数（见表1），然后四人小组交流一下。

表1　找因数

	全部因数	因数的个数
2		
3		
4		
5		
6		
7		
8		
9		
10		
11		
12		

师：请同学们认真观察这些数的因数有什么特点？如果要你来分类，你认为可以分成几类？为什么？请每位同学思考怎么分，再把自己的想法告诉同桌，说说为什么这样分。四人小组可以商量一下。

（下面请小组代表汇报发言）

师：刚才几个小组的分类都有道理，值得表扬。数学上是如何把这些数分类的？请同学们看看书上是怎么说的，自己读一读，也可以和同桌相互交流一下。

（三）命名与归纳

师：现在请同学们仔细观察表1中2～12这几个数，你能不能把这些数分类？

师：像这样只有两个因数的数，我们叫作质数，质数又叫素数；有两个以上因数的数叫作合数。（尝试讨论，建立概念）

师：再请同学们观察一下，质数有什么特点？合数有什么特点？如果有困难可以和周围的同学商量一下。

生：质数只有1和它本身两个因数，合数除了1和它本身外还有其他因数。

师：把自然数按因数的个数分类，可以怎样分？那么1呢？为什么？

生：1既不是质数，也不是合数。

生：因为1的因数只有1个1，所以1既不是质数，也不是合数。

师：把自然数按因数的个数分类，可以怎样分？

生：可以分成三类：质数、合数和1。

师：判断自己的学号是不是质数。

师：怎样判断一个数是质数还是合数？你找到几种判断方法？

（可以用检查因数个数的方法，也可以用查质数表的方法。）

谁能一眼就能看出44是合数？73呢？

生：19是质数，23是质数，21不是质数。

师：21为什么不是质数？

生甲：我的学号是21，21的因数有1，3，7，21。

（四）课堂小结

师：同学们非常了不起，在这么短的时间里不仅弄清了什么是质数、合数，还发现了判断质数、合数的好方法。

师：现在我们知道了什么是质数，什么是合数，你们还有什么问题吗？老师这里还有几个问题。你们能不能很快找出50以内的质数。（投影出示2～50自然数表）

师：有些同学很快就找出来了，请你们介绍一下，你们是怎么找的？

师：同桌相互交流检查一下。

师：古希腊的数学家就是用这种方法找质数的，这种方法我们称之为筛选法，在学习、生活中我们会经常用到。

师：我们班共有多少人？这些数是质数还是合数呢？你能不能很快地做出判断？

师：有的同学判断得又对又快，你有什么好方法？能不能给同学们介绍一下。

师：刚才这位同学的方法很好，看来判断一个数是质数还是合数，关键是看因数的个数，除了1和它本身只要能再找出一个因数，就能判断它是合数。

（五）判断与猜谜

猜猜我是谁：请学号是质数的同学将学号写在黑板上。（2、3、5、7、11、13、17、19）

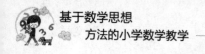

（六）小结与质疑

师：这节课你们学会了什么？有什么收获？还想知道什么？

猜一猜老师的手机号码：（11位数）18948223818

老师的手机号码依次是：

既不是质数也不是合数的自然数是（1）。

10以内最大的既是偶数又是合数的数是（8）。

10以内最大的既是奇数又是合数的数是（9）。

最小的合数是（4）。

10以内最大的既是偶数又是会数的数是（8）

最小的质数是（2）。

最小的质数是（2）

最小的既是质数又是奇数的数是（3）。

10以内最大的既是偶数又是会数的数是（8）既不是质数也不是会数的自然
数是（1）10以内最大的既是偶数又是会数的数是（8）

板书设计：

找质数

自然数（是否是2的倍数）

奇数　　偶数

自然数（因数的个数）

质数：只有……2个

合数：除了…还有3个或3个以上

1

（此课例是 2016 年姚冬梅老师在新教师跟岗学习活动中的展示课）

《买文具》教学设计

——小数乘整数

惠州市光彩小学　姚冬梅

【教材内容】

北师大版四年级数学下册第三单元小数乘法。

【教材分析】

教材呈现了买文具的生活情境，提出了买4块橡皮需要多少元。呈现的解法是变小数乘法为小数加法，转化为元、角、分，运用画图法求解。我第一次阅读完文本，感觉像是小数乘法的口算，以前很多计算教学第一课时往往是口算教学，课本中呈现的三种方法是口算的方法。其实不然，读完整个单元及教学用书，本节课的定位应是小数乘法的意义。其计算是建立在小数乘法意义基础上的，也是为进一步理解小数的意义服务的。学生的知识基础是整数的四则运算及小数的意义及加减法，三种方法就是从不同角度来展示小数乘法的意义的：方法一是基于整数乘法的意义，求几个相同加数的和的简便计算。方法二借助生活中的元角分把小数乘法转化成整数乘法，侧重于在探索算法中渗透"转化"思想。方法三是从小数的意义出发来理解小数乘法的意义。这节课的重点是在学习了小数意义和整数乘法的基础上，探索简单的一位小数乘整数的计算方法与算理。

【学情分析】

学生对列出小数乘法算式以及得出结果，不会有太大的困难，关键在于能否联想到整数乘法的意义，然后用自己的语言来表达小数乘法的意义。教师教学计算时，要从学生生活实际入手，打破计算教学中为计算而计算的局面，让学生理解算理，知其然还要知其所以然，要着力引导学生经历探索简单小数乘整数算法的过程。

【教学目标】

（1）使学生通过情境结合实际问题，了解小数乘整数的意义；借助面积模型，经历探索简单小数乘整数算法的过程。

（2）能正确进行简单小数乘整数的口算，并能解决简单的实际问题。

（3）培养学生的类推能力、转化的数学思维。

【教学重难点】

重点：能计算简单的小数乘整数，并能解决简单的实际问题。

难点：在学习了小数意义和整数乘法的基础上，探索简单的一位小数乘整数的算理，形成算法。

【教具准备】

课件。

【教学过程】

（一）激活旧知，引入新课

（1）回顾整数乘法的意义：求几个相同加数的和的简便运算。

12×4=（　　　）+（　　　）+（　　　）+（　　　）

35×3=（　　　）+（　　　）+（　　　）

（2）0.2表示什么？0.25表示什么？

0.1+0.1+0.1+0.1=

0.02+0.02+0.02=

生1：把"1"平均分成10份，其中的2份是十分之二，也就是0.2。

生2：把"1"平均分成100份，其中25份是百分之二十五，也就是0.25。

复习小数和小数加法（小数加法是小数乘整数的基础，也应加以复习）。

师：大家把前面的知识掌握得非常好，对我们进一步学习小数运算很有帮助！同学们在三年级的时候已经学习了小数加法，大家还记得怎样算吗？

设计意图：小数加法是小数乘整数的基础，有必要加以复习。所设计的练习中，第一题是一般的小数加法，后两题都是相同小数的加法，目的是帮助学生复习小数加法计算，为理解小数乘整数的意义和探索计算方法做铺垫，起到温故知新的作用。

（二）创设情境，激趣导入

1. 导入：探究小数乘法的意义

师：淘气是一个用心的孩子，星期天写完作业，他在整理学习用品时，发现自己的学习用品不够了，他就约好朋友笑笑一起到文具店买学习用品。我们一起去看看吧！

師：今天我们就来解决一下在买文具的过程当中遇到的数学问题。（板书：买文具）

（课件出示情境图：买文具，单价是整元的文具。）

结合文具店柜台上各种文具的单价，提一个一步计算的乘法问题。

设计意图：为提高课堂效率，不必用讲新课的方式去复习整数乘法的意义，直接提出一步计算的乘法问题。一般教师出示情境图后都会问"你获得了哪些数学信息"，改为围绕各种文具的单价设置问题，使问题具体、明确，减少无关信息的干扰，有利于学生对问题的思考。

师：文具店为了吸引更多顾客，决定来一次促销活动。仔细观察各个文具的单价，你有什么新的发现？

生：以前的价钱都是整数，现在的价钱都是小数。

设计意图：引出小数乘法的问题情境。

（课件出示情境图：单价是小数的文具。）

（1）请看大屏幕，你们都看到了哪些文具？它们的单价分别是多少呢？

（2）根据这些数字信息你们能提出哪些数学问题呢？（板书：3个问题）

师：请同学们思考一下，与前面我们学过的乘法算式对比，它们有什么不同？

生：以前都是整数乘整数，现在是小数乘整数。

师：对，现在是小数乘整数。那么怎样求出小数乘整数的结果呢？这节课我们就一起来探究小数乘整数。（板书：课题）

师：没错，我们能根据文具店新的单价（原设计中为数学信息）来提一个一步计算的乘法问题吗？（板书：学生问题）

设计意图：板书的意图有两个。一是尊重学生的回答，板书出来便于学生判断和思考，并为利用这一课堂生成资源做好准备；二是选择有代表性的问题，避免同类问题的简单重复。

对学生的回答应进一步加以明确肯定，补充"怎样求小数乘整数的结果呢？"意在激发学生的探究欲望，促使学生主动积极地投入到下面的数学探究活动中。

师：同学们真了不起，提了这么多数学问题。现在要解决淘气要买4块橡皮需要多少元的问题，怎么列算式？0.2×4表示什么意思？

以前我们学习了整数乘法的计算，也知道了它表示的意义，那么小数乘法

85

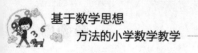

表示的意义是不是也一样呢?

看来小数乘整数的意义与整数乘法的意义是相同的,都是求几个相同的加数和的简便运算。

2. 探究算法

师:小数乘整数的意义我们已经知道了,那0.2×4你会算吗?请同学们先试着做做看,都有哪些方法?然后进行小组交流讨论,为什么这样算?

合作要求:

(1)独立思考你想怎么解决,记录下来并说明理由。

(2)小组交流汇总有几种方法。

(3)小组汇报你们的成果。

师:谁来说说你是怎样算出0.2×4的得数的?

生1:连加0.2+0.2+0.2+0.2=0.8元。

师:你是运用什么方法算的?

生2:转化0.2元=2角,2×4=8角,8角=0.8元。

师:他的这个方法就是把小数乘法的新问题转化成我们以前学过的知识,用旧的知识来解决新的问题,这种方法在数学上叫转化。那同学们还有不一样的算法吗?

介绍笑笑的做法——画格子图。

(如果没有学生这样算,直接投影课件。)

笑笑这样表示0.2×4你能看得懂吗?把你的想法和同桌说一说吧!

师:笑笑是借助面积模型来画图的。

小结:通过学习交流,同学们找到了连加、换算单位转化成整数来计算、借助方格图来进行计算等方法,不管用哪个方法,都算出结果是买4块橡皮需要0.8元。

师:我们来对上面各种方法做一个分析和比较,它们各有什么特点?

板书设计:

1.连加(利用整数乘法意义)

2.转化(化成整数乘法)

3.画图(数形结合)

设计意图:教师将学生分散的回答加以整理归纳,有助于学生多角度理解并把握小数乘整数的意义和方法,这里不宜问"你喜欢哪种算法?"因为这节课的学习目标是使学生能结合小数乘法意义，正确计算出小数与整数相乘的得数，鼓励学生比较每个算法的不同价值。

（三）合作探究，解决问题

（1）刚才同学们提出的几个问题，你会解答吗？让学生说一说是怎样计算的。

如买3把尺子多少钱？用自己喜欢的方法解答问题，请自己试着解答，写完和同桌进行交流。

（2）展示学生做法。

（3）回顾方法，比较方法。

（4）口算比赛。

0.3×3	0.2×8	4×0.2
3×0.5	0.4×4	0.1×9
0.7×2	6×0.2	0.6×4

每题0.5分，你能用乘法来计算你的得分吗？

（5）大比拼。（机动性练习）

（　　）+（　　）+（　　）=（　　）×（　　）

0.15，0.3，（　　），1.2，（　　），4.8，（　　）

（6）总结反思，畅谈收获。

师：通过这节课的学习，你有什么新的收获或者还有什么疑问？先小组内说一说，最后班上交流。

（7）观看微课。

（四）布置作业（略）

（此课例为2019年广东省姚冬梅教师工作室送课下乡同课异构课例）

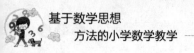
《智救白雪公主》教学设计

——乘数是整十数的乘法练习

执教教师：惠州市第十一小学　宋小敏

评课教师：惠州市光彩小学　姚冬梅

【教材内容】

北师大版小学数学第六册第三单元练习。

【教学目标】

（1）掌握乘数是整十数的乘法计算的规律。

（2）能熟练进行乘数是整十数的乘法计算，并能解决一些简单的实际问题。

（3）培养学生与人合作交流的意识和敢于表达自己意见的良好习惯。

【教学重点】

掌握乘数是整十数的乘法计算的规律。

【教具准备】

多媒体课件、练习卡。

设计意图：本节课是乘法的练习课，教学过程以智救白雪公主为主线，设计了以"勇斗八卫兵""飞渡护城河""夺取开门权""巧开城堡门""营救白雪公主"五个以故事情节为引线的训练环节，采取情境诱导的方式来调动学生的学习积极性和主动性，形式较为新颖、活泼，能极大地提高学生的学习兴趣。因为是练习课，注重基础知识梳理的同时，在学生原有的基础上挖掘新的知识亮点来设计教学。教学过程是从乘法的基本训练开始的。

【教学过程】

（一）创设情境，调动学生的学习主动性

（多媒体课件播放白雪公主和七个小矮人幸福生活的动画。）

师：同学们，你们知道白雪公主的故事吗？故事中的皇后嫉妒白雪公主的美丽、善良，所以几次三番地加害白雪公主。谁知道皇后是怎样害白雪公主的？这一次啊，白雪公主又被皇后施了魔法，关在一座城堡中。小矮人们可着急了，你们想不想帮助他们救出白雪公主？

师：好！今天我们就发挥我们的聪明才智，运用乘数是整十数的乘法的有关知识去救出白雪公主。板书课题：智救白雪公主——乘数是整十数的乘法练习。

（二）进行乘法练习，勇闯关卡

第一关：勇斗八卫兵

师：可是，坏心眼的皇后没那么好商量，她说——

多媒体课件播放皇后的画外音：哼哼，你们一定很想救出白雪公主吧？好！我就给你们机会，你们要是能闯过我设置的关卡，我的魔法就会自动解除，放出白雪公主。

多媒体课件出示"勇斗八卫兵"的情境图。

师：这就是皇后设置的第一个关卡。这里有8个卫兵，每个卫兵身上都有一道算式，只要我们帮助小矮人算出正确的得数，这个卫兵就会消失。看，小矮人们已经行动了，咱们也赶快跟这些卫兵比试比试吧！谁先来消灭第一个卫兵？

教师逐个点击卫兵，出示算式，学生进行练习：

15×20	$32 \div 4$	$60-25$	$15 \times 2+2$
32×50	$18+20$	40×30	$8+20 \times 30$

第二关：飞渡护城河

师：8个卫兵轻而易举地被我们消灭了，同学们表现得真是精彩！小矮人们又前进了。

多媒体课件播放两个小矮人翻过护栏，欲渡护城河的动画，并播放皇后的画外音：哈哈，这是我的护城河，你们休想这么轻易就过来！我的鳄鱼可厉害了，你们要是算错得数，就会被吃掉。不过，你们要是能征服我的鳄鱼，我就在河上架起彩虹桥让你们通过。

师：这一次啊，皇后真够狠毒的。同学们，有信心打败鳄鱼吗？

教师点击鳄鱼，出示4道算式：

$11 \times 10+36$	$70 \times 90-150$	$86+30 \times 23$	（$37+13$）$\times 26$

师：好！那就请四人小组里的同学每人选择一道不同的算式，说说先算什么，再算什么，然后用自己喜欢的方法在练习本上算出正确得数，听明白了

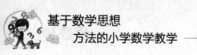
吗?(听明白了!)那就快用我们的智慧帮助小矮人渡过护城河吧!

学生自主选择喜欢的算法进行乘法练习,教师巡视。

师:谁先跟鳄鱼较量较量?(反馈学生的练习情况)

第三关:夺取开门权

师:同学们表现得太棒了!鳄鱼都被我们征服了,小矮人们高高兴兴地走上了彩虹桥。可皇后又挡住了去路。她说——

多媒体课件播放皇后的画外音:慢着!你们得先解决这个难题,我才会放你们过去!哈哈——怕了吧?

多媒体课件出示情境图,并出示实际问题:皇宫里的绣花工一天工作8个小时,每小时能绣21朵牡丹花。照这样计算,一个绣花工5天能绣多少朵?

师:怕不怕?(不怕)你们真勇敢!是啊,只要我们认真思考一定能解决难题,顺利前进的!先请同学们来读读题目。(学生读题)看明白了吗?好,那我们在练习本上算算吧。

生1:8×21×5=840(朵)

生2:8×5×21=840(朵)

第四关:巧开城堡门

师:解决了皇后的难题,小矮人们就可以去开城堡的大门了。可你们看,城堡的大门紧锁着,小矮人们怎么办呢?

多媒体课件播放小矮人前进、撞门的动画。

(用木头撞)撞开了吗?(没有)看来皇后还要为难我们,她是怎么说的呢?

多媒体课件播放皇后的话外音:怎么样,撞不开吧?我的城堡有三重大门,只有正确算出城门上竖式中的文字分别是几,城门才会自动打开。

多媒体课件出示情境图,点击城堡大门,逐个出示竖式。

下面的竖式中,不同的文字代表不同的数字,你知道这些文字分别是几吗?

(1)

$$
\begin{array}{r}
\text{开} \quad 3 \\
\times \quad\quad 5 \\
\hline
3 \quad 1 \quad \text{门}
\end{array}
$$

开=(　　　)　门=(　　　)

师：还有不同的填法吗？

（2）

$$
\begin{array}{r}
3\ 闯\ 1 \\
\times\qquad 7 \\
\hline
2\ 3\ 关\ 卡
\end{array}
$$

闯=（　　）　关=（　　）　卡=（　　）

师："闯、关、卡"分别是几呢？请同桌两位同学边讨论边在练习纸上试一试，看看你们有几种不同的填法。

（3）

$$
\begin{array}{r}
营\ 救 \\
\times\qquad 8密 \\
\hline
5\ 7\ 码\ 0
\end{array}
$$

营=（　　）　救=（　　）　密=（　　）　码=（　　）

第五关：营救白雪公主

师：同学们，我们成功地打开城堡的三重大门了。看，这不就是白雪公主吗？可小矮人们还是救不出她，这是怎么回事啊？

多媒体课件播放皇后的画外音：看见白雪公主了吧？可你们现在还是救不了她。你们必须按我的要求来做，否则，你们就休想救出白雪公主！哼，还是先看清楚我的规则吧！

多媒体课件出示规则：

（1）随机抽出4个数字。

（2）写出由这4个数字组成的两位数乘两位数的所有算式。

（每个算式中，每个数字只能用一次。）

（3）四人小组合作，每人轮流算出正确得数。

抽出4个数字，学生分组列式计算，教师巡视。

反馈结果，奖励又对又快的小组。

师：我们又按皇后的要求顺利地完成了任务，这下子皇后没话可说了吧！

多媒体课件播放皇后的画外音：唉！你们成功地闯过了我设置的关卡，我也只好遵守诺言，放了白雪公主！

师：白雪公主终于被我们救出来了。

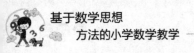
多媒体课件播放白雪公主得救了，又和小矮人们幸福生活的动画和白雪公主的话外音：谢谢你们用数学知识和聪明才智救了我。

（三）评价小结

师：同学们，这节课你们都用了什么方法来解决问题闯过关卡的？

生：我们用了乘法口算、笔算、估算。

师：那在计算时想让自己做得又对又快，你们有什么秘诀吗？

生：记熟口诀就是我们的一个秘诀。

师：你们可真善于总结！那我们把这些方法扎成一束美丽的鲜花，送给白雪公主和小矮人，祝他们永远快乐！

板书设计：

智救白雪公主

——乘数是整十数的乘法练习

先算乘除法　　再算加减法

口算　　笔算　　估算

（广东省姚冬梅教师工作室成员宋小敏老师在2007年执教此课例荣获广东省第五届小学数学优质课比赛二等奖，并于2013年、2017年的省级骨干教师展示课及新教师跟岗学习活动中展示）

《"重复"的奥妙》教学设计

执教教师：惠州市第十一小学方直分校　吴思嘉
评课教师：惠州市教育局教育科学研究院　陈远刚

【教材内容】

新北师大版二年级数学下册第七单元"数学好玩"之"'重复'的奥妙"。

【教材分析】

"'重复'的奥妙"属于综合实践活动课。本节课的主要内容是引导学生通过观察、思考、体会简单的重复现象，并用符号或者其他方式表示重复现象。这是北师大版教材为学生设置的第一节探索规律课，主情境图信息丰富，图中蕴含了多个简单重复的信息，如灯笼是按照一个大一个小的顺序排列的，两个柱子上的气球是按照两排黄色一排红色的顺序排列的，花的颜色是按照两盆红花两盆黄花的顺序排列的，花盆的颜色是按照两绿两红的顺序排列的。图中丰富的"重复"现象有助于学生体会数学与现实生活的联系，感受重复现象存在的广泛性。

【学情分析】

学生已有了一定的观察图画和用语言表达图画信息的能力，部分学生还能按照一定的顺序进行观察，为本节课的学习做好了铺垫。在本课的学习中用文字和图形来表示规律是比较直观的，但用符号和数字表示规律对学生来说比较抽象，学生学习时可能存在一定困难。我们可以先选取一组有规律的事物集合进行表示，如用文字、图形、数字、符号等表示男女生队伍的规律，再让学生用自己喜欢的方式表示主情境图中存在的重复现象。

【教学目标】

1. 知识与技能

在发现描述重复多次的现象或事物的过程中，初步体会简单的规律；初步体会、理解、运用符号化思想。

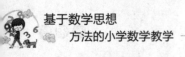
2. 过程与方法

通过对不同事物所具有的共同规律的思考和表达，初步发展概括能力，并能用合适的方法进行表达。

3. 情感态度与价值观

在观察、思考、表达的过程中，感受规律与现实生活的联系，体会规律的美和成功的喜悦，体会数学学习的乐趣。

【教学重难点】

重点：通过观察、思考发现事物的重复现象，能用不同的方式表示规律，并能用自己的语言描述规律。

难点：用合适的方法表示重复的规律，如图形、符号、数字、字母等。

【教具准备】

多媒体课件、照相机、不同颜色和形状的图形、学习卡等。

【教学过程】

（一）创设情境，导入新课

（1）猜图片游戏：先出示几张图片，让学生接着猜下面的图片，看谁最先猜中。

（2）观察比较：观察两组图片的特点。

（3）导入并板书课题：第二组图片是重复出现的。像这样不断重复出现的现象就是规律。今天我们一起来探究生活中重复现象的规律和其中的奥妙。（板书：重复的奥妙）

设计意图：通过学生熟悉的人物及游戏，引导学生初步感知重复现象，激发学生学习的兴趣。

（二）引导观察，感知规律

1. 出示有重复现象的图片

（1）黑白重复的条纹衣服。

（2）柱子在重复的建筑物。

（3）男女生在重复的队形。

总结并板书：我们可以说这列队伍是按照一个男生一个女生的顺序排列的。

设计意图：通过生活中有重复现象的事物及队形，让学生初步感知重复的奥妙，感受重复规律与现实生活的联系，体会重复的美，激发学生学习数学的兴趣。

2. 游戏：接着排一排

（1）接着排，队伍下一个是男生还是女生？（男生）哪一个男生都可以吗？

（2）再下一个是男生还是女生？（女生）哪一个女生都可以吗？

设计意图：初步感悟重复的本质属性。

3. 表示规律

（1）用喜欢的方式表示小朋友队伍的重复现象。

（2）展示、交流。

（3）总结、优化：符号、数字、图形、文字、字母等。

设计意图：引导学生用自己喜欢的方式表示客观存在的规律，并在观察、思考、表达和动手操作的过程中，培养学生的观察能力、思维能力和符号意识，使学生初步感受使用符号更简洁明了。

（三）自主探索，动手操作

（1）填一填。

设计意图：以故事引入激发学生的学习热情，学生先自主探究课本的主情境图，并用自己喜欢的方式表示重复的规律，然后展示交流。充分体现了学生自主探究、合作交流的新教学理念，提升学生的口头表达能力，让学生在练习中加深符号化的思想，体会一种符号可以表示多种不同的事物，提升学生的抽象概括能力。

（2）串一串。

设计意图：提高学生的逻辑思维能力和逆向思维能力。

（3）摆一摆。

设计意图：学生通过小组合作摆出具有重复规律的漂亮图案，培养动手操作能力和小组合作精神，体会创造的快乐，感受成功的喜悦。

（4）说一说生活中重复的现象。

（四）总结提升，感受规律之美

图片欣赏：一年四季春夏秋冬、十二生肖、每周有7天、公路斑马线等。

设计意图：通过展示生活中有关重复现象的图片，进一步让学生体会重复的奥妙：很美、很有趣、很有用，认识到数学来源于生活又服务于生活，生活中处处有数学。

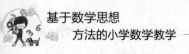
【教学点评】

1. 教学设计循序渐进、层层推进

"表示重复现象"是本节课的重点。以学生的学习经验为基础，设计了"感知重复—感悟'重复'的本质属性—表示'重复'现象—交流表达方式"三个环节，引导学生由浅入深、循序渐进地探究学习。特别是在"表示规律"环节，先选取了队伍的排列规律，让学生选择自己喜欢的方式尝试表示，展示交流，在了解了不同的表示方式后，再任选一种进行表示发现其他事物的规律。这样的设计有梯度，降低了探究活动的难度。

2. 通过"问题解决"，突出和深化符号化思想

在解决问题教学中，教师时常对学生进行从复杂的情节、关系叙述中，浓缩、提炼数量关系的训练。这不仅有利于问题的解决，而且，学生相应的能力也得到了培养和提高。在数学中各种量的关系、量的变化以及量与量之间进行推导和演算，都是用小小的图形、数字、字母、特殊符号等表示数，以符号的浓缩形式来表达大量的信息的。如在教学中重点引导"你能用你喜欢的方式表示队伍的重复现象吗"？二年级的学生解决这个问题可以用画简单的符号○、△分别表示男生、女生，则按照题意可以转化成如下符号形式：○△○△○△。从而可以直观地找出队伍的排列规律，并推出第5个应该排男生，第6个是女生。这样，为以后解决第20个应排男生还是女生或者第100个应排男生还是女生，甚至第 n 个等有梯度的问题和更深入的学习规律打下坚实的基础，并且在问题的解决中突出和深化了学生对符号化思想的理解。

3. 循序渐进、逐步深入地渗透符号化思想

数学符号是人们在研究现实世界的数学关系和空间形式的过程中产生的，它来源于生活，但并不是生活中真实的物质存在，而是一种抽象存在。符号化思想要根据小学生的年龄、思维特点按照一定顺序、符合一定的逻辑、有步骤地渗透。例如，数字1可以表示现实生活中任何数量是一个的物体个数，如一名男生、一根柱子、一个气球、一盏灯笼、一盆花等，是一种高度的抽象概括，具有一定的抽象性。这种符号化思想要从一点一滴进行渗透。数学符号化思想的形成需要经历一个逐步深入的过程。只有当学生将这一思想方法应用于新的情境并顺利解决问题时，才能肯定学生对这一数学方法有了深刻的认识。于是有了填写如下学习纸的练习设计，如图1所示。

当然，教学是有缺憾的艺术，本节课也有不足之处：在全班交流"你发现的生活中'重复'的现象"时，可以让全班学生一起评价学生举例是否属于本节课学习的内容，体现课堂小结的自主评价。还有在讲评"串珠子"这道练习时可以让学生先用符号表示这串珠子的规律，这样可以化难为易，可以让学生进一步体会符号表示的简洁性，强化符号意识。总之，系统地运用符号，可以简明地表达数学思想，从而简化数学运算或推理过程，加快数学思维的速度，促进数学思想的交流；同时，通过有意识、有目的的长期的教学工作，对增强学生学习数学观念，培养学生运用数学知识解决实际问题的意识，形成良好的思维品质等都具有很大作用。

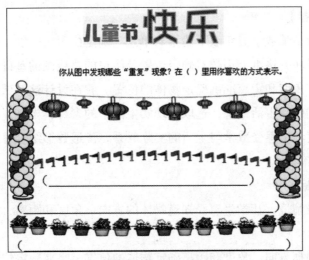

图1　数学符号练习设计图

（广东省姚冬梅教师工作室成员吴思嘉老师在2015年执教此课例荣获广东省第九届小学数学优质课比赛二等奖，并在惠州市乡村骨干教师跟岗学习活动中展示）

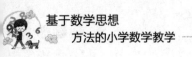
《确定位置》教学设计

执教教师：惠州市光彩小学　詹国娣
评课教师：惠州市光彩小学　姚冬梅

【教学内容】

北师大版小学数学五年级下册第六单元"确定位置（一）"。这节课是在四年级学习了在方格纸上用数对确定位置及简单的路线图的基础上，进一步学习根据方向、角度和距离准确确定物体的位置。我在设计这节课时，结合学生已有的知识基础和生活经验，选取了现实生活中的素材，丰富了学生对现实空间的认识，使学生感受数学与生活的实际联系，渗透数形结合思想，进一步提高学生的思维能力。

【教学目标】

（1）创设情境，让学生感受知道物体的方向、角度和距离，才能确定物体的位置。

（2）能根据方向、角度和距离确定物体的位置，掌握确定位置的方法；能描述简单的路线图

（3）通过有效的数学活动，使学生掌握确定物体位置的方法，同时培养和发展学生的空间观念。

（4）渗透数形结合思想，培养学生的画图能力和空间想象能力。

（5）让学生体验数学与生活的密切联系，进一步提高用数学眼光观察日常生活现象，解决生活问题的能力。

【教学重难点】

重点：根据物体的方向、角度和距离，确定物体的位置。

难点：能描述简单的路线图。

【教具准备】

教学课件、学生准备量角器、直尺。

【学情分析】

学生从一年级开始就接触"前后左右、上北下南"等正方向，这节课从正方向的射线定位到有角度的东北、西北、东南、西南的区域过渡，学生在五年级对用数对确定位置有了一定的认识，而本节课的学习则是进一步对确定位置更准确的把握，也是平面图中确定位置较为复杂的内容。本节课重在以生活中的日常现象——去动物园玩，找路线展开教学，让学生从数学的视角解决生活中的问题，渗透数形结合思想，让学生在动手画图的过程中感受用方向、角度和距离较为准确的确定物体位置，在小组交流活动中提高表达能力。

【教学过程】

（一）谈话引入，激活旧知

师：很高兴和同学们一起来上这堂课，在上数学课前老师想考考同学们，你们知道成语"四面八方"中"四面"是指哪四个方向吗？

生：东、南、西、北。

师：如果我们把这四个方向出示在屏幕上，（老师比手势，学生回答）上面应该是"北"，下面应该是"南"，左面是"西"，右面是"东"。习惯上说成上北下南左西右东。（师边说边点击课件，边出示方向标）

师："八方"指的是除了东南西北，还有哪四个方向？

生：东和南之间的是东南、东和北之间的是东北、西和南之间的是西南、西和北之间的是西北。（根据学生的回答，师点击课件，出示其余四个方向）

师：同学们，我们以前已经学过了一些确定位置和方向的方法，今天我们继续来学习确定位置。（板书课题：确定位置）

设计意图：用学生一年级时学习过的8个方向的知识以谈话的形式导入，让学生处于轻松的氛围中，简单的问题学生能马上回答，增强学生回答问题的积极性。

（二）探究新知

师：六一儿童节快到了，同学们想不想去动物园参观一下？我听说动物园里藏有宝箱哦，藏在动物园的一个动物馆内。

设计意图：从学生感兴趣的六一节去动物园游玩的情境开始，激起学生学习的兴趣，让学生感受数学与生活的密切联系。

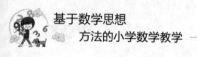
1. 确定观测点

师：老师这里有一张动物园的方向图，这里是以谁为出发点？（从哪里出发就以哪里为观测点）

师：如果我们要去某个动物馆参观，先要描述一下它大致的位置，这需要运用到什么数学知识？（方向，建立方向标……）

设计意图：描述位置时用这里、那里等词通常不能准确地表达位置，而渗透数形结合思想，利用"形"建立直角方向标，从而判断位置的方向，引导学生在实际生活中用数学思想解决具体问题。

2. 确定方向

（1）课件出示主题图。

师：宝箱在喷泉广场的东北方，你知道是哪儿吗？

生：熊猫馆，或者狮虎山。

（2）课件演示：用箭头指出多个东北方。

师：像这样属于东北方的箭头有多少条？你认为我们向东北方向走，能顺利地找到宝藏吗？看来"东北方"不是个准确的方向。

（3）问题引导：用什么方法可以区分这些"东北方"呢？

生：熊猫馆在喷泉广场的东北方，偏北近一点，狮虎山偏北偏得远一些。

师：到底偏离多少，能用什么工具测量出来吗？

生：可以用尺子和量角器，熊猫馆在喷泉广场的……，狮虎山在……

（4）自主探索：①找一找和熊猫馆有关的角在哪里？和狮虎山有关的角呢？②任选熊猫馆的一个角和狮虎山的一个角，量一量它们的度数，标在课本的插图上。

设计意图：从提问中引发学生的思考，并且从学生的质疑中引发认知冲突，仅仅只靠旧知识无法解决当下的问题，增强学生自主探究新知识的欲望和动力，从而自然得出：需要再增加角度才能准确地描述物体的方向。

师：同学们都商量好了吗？现在有哪个小组愿意说说你们的方法呢？

生：我们组利用尺子和量角器测量出熊猫馆离正北方向20°。

师：能说说你们的测量方法吗？

生：将量角器的中心点与喷泉广场这个中心点重合，把正北方向所在的线对准量角器的零刻度线，测量结果为20°。

师：我们可以说熊猫馆在喷泉广场的北偏东20°方向上。

师：还有其他方法吗？

生：将量角器的中心点与喷泉广场这个中心点重合，把正东方向所在的线对准量角器的零刻度线，测量结果为70°。

师：我们可以说熊猫馆在喷泉广场的东偏北70°方向上。这两种描述方向都可以，一般先说与物体所在方向离得较近（夹角较小）的方位。

师：我们已经得出了熊猫馆在喷泉广场的北偏东20°这一准确方向。根据刚才的方法我们还可以得出其他动物馆相对于喷泉广场的方向，你能根据图中给的信息说说吗？

生：狮虎山在喷泉广场的东偏北40°方向上，猴山在喷泉广场的东偏南40°方向上，长颈鹿馆在喷泉广场的北偏西60°方向上，大象馆在喷泉广场的北偏西60°方向上，斑马馆在喷泉广场的西偏南30°方向上。

设计意图：引导学生在合作交流中发现方法，通过与他人说一说，逐渐完整准确地描述物体方向，换了另一个方位同样能得出准确的描述，在巩固方法的同时提高表达能力。

师：这时我们发现长颈鹿馆和大象馆都在喷泉广场的北偏西60°的方向上，那我们该怎么区分这两个位置呢？

生：我们发现它们两个馆的距离不同，如果能测量出它们到喷泉广场的距离，就可以确定它们的位置。

师：那我们可以从图中看出哪些信息？

生：长颈鹿馆到喷泉广场的距离是500米，大象馆到喷泉广场的距离是1000米。

师：你能用我们刚才测量的准确方向和现在给出的距离，完整地描述出大象馆和长颈鹿馆的位置吗？

生：大象馆在喷泉广场的北偏西60°的方向上，距离喷泉广场1000米；长颈鹿馆在喷泉广场的北偏西60°方向上，距离喷泉广场500米。

设计意图：通过质疑让学生经历解决问题的过程，深入体会到要准确描述物体的位置除了方向和角度这两个因素外，还必须加上距离。

师：同学们讲得真好，都能清楚、准确地描述出大象馆和长颈鹿馆的位置，那其他动物馆的位置也一定难不倒你们。现在你们能说说怎样才能清楚准确地描述物体的位置吗？小组讨论交流后再填一填。

课件展示：知道了物体的（方向、度数和距离）就能准确地确定物体的

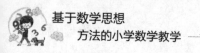

位置。

师：现在他们提出了要去斑马馆参观，谁能当当小导游，指指路线？

生：从喷泉广场出发向西偏南30°方向走800米到斑马馆。

师：其他人同意吗？

生：同意。

师：参观完斑马馆后，他们还想去猴山，该怎么走？能沿着刚才说的方向走吗？

生：不能，因为起点不一样了。

师：起点不同了，那该怎么确定这个方向呢？

生：在斑马馆的位置上做一个方向标，由此确定喷泉广场在斑马馆的东偏北30°方向。

师：那你能继续说说剩下的路线该怎么走吗？

生：由斑马馆出发先向东偏北30°方向走800米到达喷泉广场，再由喷泉广场向东偏南45°方向走1500米到达猴山。

设计意图：找准观测点是确定位置的关键和前提，通过小组合作对行走路线进行充分的交流和讨论，再进行汇报。正确的引导和多元的评价不断激发学生学习的热情。

师：你们说得真好，把整条路线都准确地描述出来了，在你们的带领下同学们去参观任意一个动物馆都不会迷路了。这些看似复杂的路线，只要我们认清四要素（观测点、方向、角度、距离）就能准确地描述出位置。接下来，我们通过练习再次加强下刚学的本领。

（三）巩固练习

学生们完成书本练一练的习题。

（四）课堂小结

学习完这节课，你有什么收获吗？还有什么疑惑吗？

板书设计：

观测点

方向　　（距离）

角度　　（线）

距离　　（点）

【教学反思】

数学源于生活，寓于生活，用于生活的理念，给学生一双"数学的眼睛"，使学生在实际生活中体会到数学的用途。《小学数学课程标准》（2011年版）指出：好的数学教学应从学习者的生活经验和已有的知识背景出发，提供给学生充分进行数学实践活动和交流的机会，使他们真正理解和掌握数学知识、思想和方法，同时获得广泛的数学活动经验。根据本节课的知识特点，为激发学生的求知欲，使学生学会解决相关问题，我在设计本节课时先以简单问题回顾复习8个方向的知识，调动学生回答问题的积极性，再创设六一节去动物园游玩的情境，让学生体会在日常生活中的问题同样需要用数学知识解决，从中渗透数形结合思想，使学生感受数学在生活中的密切联系。

确定物体的位置包括四个要素，分别是观测点、方向、角度和距离。学生在以前的学习中已经认识了上北下南左西右东以及东南、东北、西南和西北等方向，也会用相关的方位词描述简单的行走路线，也学了用数对表示具体情境中物体的位置以及有关角的知识，这些都是学生学习本节课的基础。在生活中，如需准确描述物体的位置，仅仅只有以上学过的基础仍不能很好地解决问题，此时渗透数形结合思想，让学生利用数学中的"形"来解决实际问题。在确定观测点的基础上，建立直角方向标，让学生充分理解"北偏东"或"北偏西"的含义后，要求学生会量角的度数，因有量角的基础，稍加提醒就行了，并尝试描述物体的准确位置，在组内交流分享并逐渐完善描述语言，接着通过让学生探究如何区分大象馆与长颈鹿馆的位置，让学生认识到确定物体的位置还有一个重要的要素，就是距离。借助逐渐递进的问题情境，使学生不断经历"已有知识不够用——需要新方法，再发现新知识"和"渗透数形结合思想"的过程，符合五年级学生的学习认知，使学生体验本节课知识的必要性的同时增加数学课堂的趣味性和探究性，感受用数学解决生活实际问题。

在上课的过程中，仍存在不足的地方，值得反思。第一，课堂语言不够精练。当学生回答不全面时，我会较为心急地想帮忙补充提示，没有把足够的时间留给学生。接下来的教学中应适当地等待，或者让其他学生进行补充提示，多让学生讲，教师倾听。第二，小组成员展示机会较少。在小组汇报时，应尽可能地给小组内每位学生展示的机会，充分调动每位学生的积极性，让他们参与其中并能展示自己的表达能力和思维能力。第三，没能充分评价学生的表现。当学生回答完或积极投入小组交流时，应该得到肯定的评价，教师的一

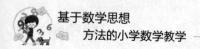
句鼓励性的评价能给学生带来更多的动力，从而使学生喜欢上课讨论交流。第四，更加注重数学思想的渗透。日常教学过程中，渗透数学思想，应在潜移默化中提高学生的思维能力和解决实际问题的能力。

在以后的教学中，只有不断及时地反思和调整教学方法，不断学习才能达到更高效的课堂！

（广东省姚冬梅教师工作室学员詹国娣老师执教本课获惠州市惠城区说课比赛二等奖，并在2018年新教师跟岗学习活动中展示）

《密铺》教学设计

执教教师：惠州市第十一小学　温治兵
评课教师：惠州市光彩小学　姚冬梅

【教学内容】

北师大版小学数学四年级下册"数学好玩"之"密铺"。

【教材分析】

密铺是根据有关平面图形特点进行观察、操作、思考和简单设计的综合实践活动课。教材分三部分：第一部分，通过观察生活中常见的用砖铺成的地面或墙面，初步理解什么是图形的密铺。第二部分，通过动手操作和思考，探索三角形和四边形能否进行密铺，并了解能够进行密铺的平面图形的特点，知道有些平面图形可以密铺，而有些则不能，从而在活动中进一步体会密铺的含义，更多地了解平面图形的特征。第三部分，通过欣赏和设计简单的密铺图案，进一步感受图形密铺的奇妙，获得美的体验，并能够对自己在活动中的表现进行自我评价和反思。

【学情分析】

四年级的学生已经学习了简单的平面图形和图形的平移、旋转及多边形的内角和等知识，具有了相关的知识经验，也具备一定的推理能力，具有较强的好奇心、表现欲，能初步运用猜想—验证—归纳的数学思想方法来探究问题，但学生的思维还是以形象直观经验为主，间接经验相对较少。对于密铺，学生已经有了较为直观的生活体验，只是还未形成系统的理论知识。

基于以上认识，本课的设计重点放在让学生动手操作、合作探究方面，充分发挥小组合作交流讨论学习的作用，让学生通过与组内同伴动手拼图以及演示分享等活动过程，结合现代信息技术——电子白板的直观形象演示功能，引导学生知道三角形、四边形、正六边形都可以密铺，有些图形是不能密铺的，

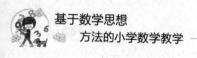
同时借助电子白板形象地理解密铺的特点，内化知识经验与知识体系，引导学生获得丰富的知识经验和积极的情感体验。

【教学目标】

1. 知识与技能

通过观察生活中常见的密铺现象，使学生初步理解图形的密铺；通过拼摆各种图形，探索并了解能够进行密铺的平面图形的特点。

2. 能力与目标

学生在探究多边形密铺条件的过程中，经历观察、猜测、推理、验证和交流等过程，进一步发展动手实践能力、合情推理能力。

3. 情感态度与价值观

感受数学知识与生活的密切联系，经历欣赏数学美、创造数学美的过程，从而激发学习数学的兴趣，体验学习数学的价值。

【教学重难点】

重点：知道什么是密铺，了解有一些图形（如三角形、四边形和正六边形）是可以密铺的。

难点：初步感受密铺的原理。

【教学策略】

本节课采用学生小组合作动手操作与电子白板相结合的教学手段，引导学生自主探究、讨论交流、互动展示、质疑评价、解决问题。

【教学过程】

多媒体课件、导学卡、量角器、铅笔、电子白板、磁性三角形、四边形等。

（一）教学流程设计

教学流程如图1所示。

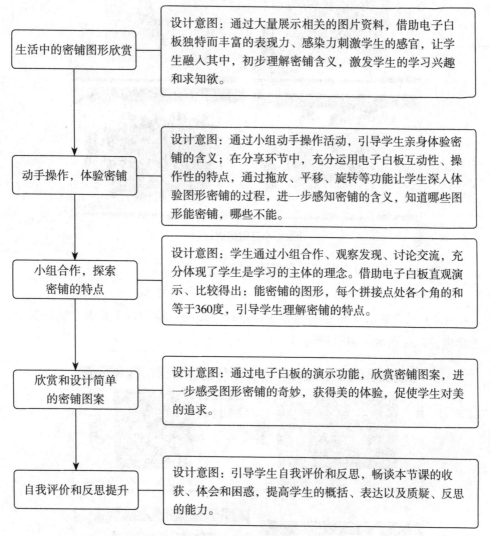

图1　教学流程图

（二）教学过程设计

1. 生活中密铺图形欣赏

初步理解密铺的含义，激发学生学习的兴趣，预计时间5分钟。

（1）同学们见过小丑图吗？（引入生活中的小丑）

（2）课件演示小丑图的形成过程（见图2）。

图2　小丑图形成过程

（3）说一说小丑图形成过程有什么特点。

设计意图：引导得出"没有空隙，也不重叠"的特点。

（4）说说生活中你还见过哪些像这样"没有空隙，也不重叠"的图案。

（学生说，并展示，如图3所示）

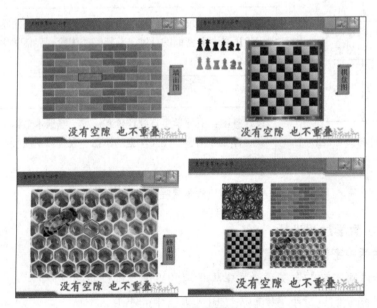

图3　生活中的图形

（5）明确含义：图形之间没有空隙，也不重叠的图形铺法称为图形的密铺。（引出课题：密铺）

教师活动：教师引导演示。

学生活动：学生观察思考。

教学评价：新课程标准提倡学生在生动具体的情境中学习数学。我通过电子白板强大的交互功能向学生展示大量不同类型、美丽的生活中密铺图案，充分利用现代信息技术的直观性、生动性吸引学生，刺激学生的感官，让学生融入其中，理解密铺的含义，激发他们的学习热情和学习兴趣及求知欲。

2. 动手操作，体验密铺

小组合作体验、分享操作过程及想法，预计时间15分钟。

（1）由引入可知长方形、正方形、正六边形都能密铺，老师还带来了一组大家熟悉的图形。（出示课件，如图4所示）

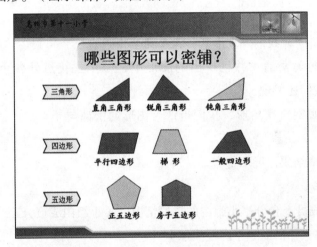

图4　密铺图形

问：如果只用一种图形，同学们，看一看，猜一猜，哪些图形可以进行密铺呢？（鼓励猜测、大胆想象）

（2）动手操作、实践验证。

出示活动要求：

① 小组合作，每组拼一种图形。

② 想一想，铺的过程中要注意什么？

③ 将密铺的结果在小组里交流并填好导学卡。

④ 把作品展示在黑板上。

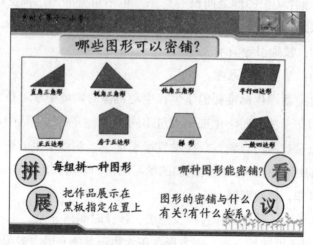

图5 《密铺》导学卡

我们小组拼的是（　　　）形。

① 通过拼摆，我们发现形状、大小完全相同的若干个（　　　）形（　　　）（填能或不能）密铺，并且拼出的图形中，每个拼接点处各个角的和等于（　　　）。我们还发现_____。

② 通过观察拼摆图形，我们组认为图形的密铺与（　　　　　）有关，因为_____。

（3）分享结果，展示交流。

学生分享步骤：

① 小组成员上台分享小组内的拼摆情况。（小组内成员分工合作，在黑板上边摆边讲解，并借助电子白板演示）

② 台下学生听分享，提出质疑。

③ 台上小组成员为台下成员解决疑问。

（4）小结：形状、大小完全相同的任意三角形或四边形都能密铺。房子五边形可以密铺，正五边形不能密铺。

教师活动：教师引导、巡视、演示。

学生活动：学生动手操作、观察思考、分享总结。

教学评价：在动手操作活动中，感受体验密铺的含义。在分享环节，电子白板改变了常见的展示讲解课件的教学过程，有利于把预设性课堂转变成生成性课堂，它本身具有互动性、操作性、集成性强的特点，极大地促进了教师与学生、学生与学生之间多种多样的交互活动，有效提高了自主课堂教学效率，特别是电子白板的图形拖放、平移、旋转等功能很适合在小学数学自主课堂上应用，让学生深入体会图形密铺的过程，形象准确地感知、体验图形密铺的含义，知道哪些图形能密铺，哪些不能。

课堂小结如图6所示。

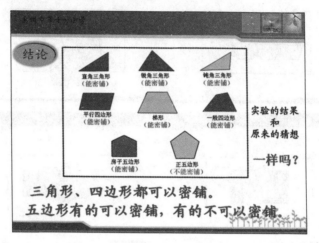

图6　小　结

3. 小组合作

探索密铺的特点，预计时间13分钟。

（1）观察能密铺的三角形、四边形、房子五边形，小组讨论它们有什么共同的特点。

（每个拼接点处各个角的和等于360度。）（学生回答的同时结合电子白板进行演示，如图7所示。）

图7　密铺特点1

（2）为什么正五边形不能密铺？（因为正五边形的五个角之和不等于360度，无论怎样拼，拼接处总是有缝隙或重叠。）（学生回答的同时结合电子白板进行演示，如图8所示。）

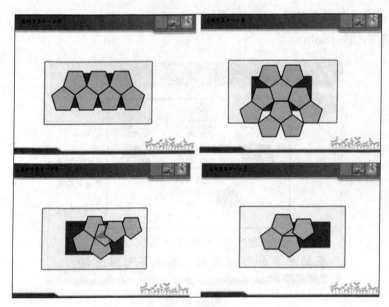

图8　密铺特点2

（3）密铺与什么有关？（与图形的角度有关，如图9所示）

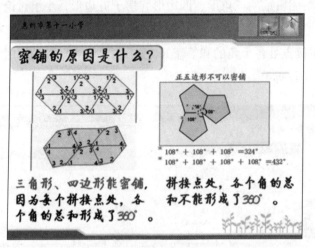

图9　密铺特点3

小结：用多边形进行密铺时，相拼接的边相等，每个拼接点处各个角的和等于360度。

教师活动：教师巡视、引导、提示、演示。

学生活动：小组合作、观察发现、讨论交流。

教学评价：电子白板的回放功能，让学生对上节分享的方法进行回顾，观察比较并总结能密铺的图形的共同点。

学生通过小组合作、观察发现、讨论交流，充分表达了自己的想法，同时听取组内同学的不同想法，在合作学习和讨论中相互学习，充分体现了学生是学习的主体和自主高效课堂的理念。

教师借助电子白板强大的演示功能，形象地引导学生理解了密铺的特点。

4.欣赏和设计简单的密铺图案

感受图形密铺的奇妙，获得美的体验，预计时间3分钟。

（1）学生在经过以上环节的讨论交流学习后，引导学生欣赏感受密铺的奇妙。（课件演示，如图10所示）

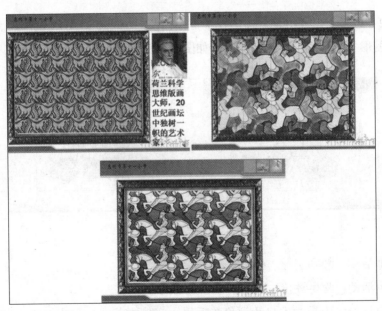

图10 图片欣赏

（2）要求学生课外自己设计一个美丽的密铺图案。

教师活动：教师演示、解说。

学生活动：学生观察、感受。

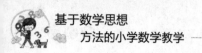

教学评价：通过电子白板的演示功能，欣赏密铺的图案，进一步感受图形密铺的奇妙，获得美的体验，促进学生对美的追求。

5. 自我评价和反思提升

对自己在活动中的表现进行自我评价和反思，预计时间4分钟。

（1）学生对自己在本节课活动中的表现进行自我评价和反思，如图11所示。

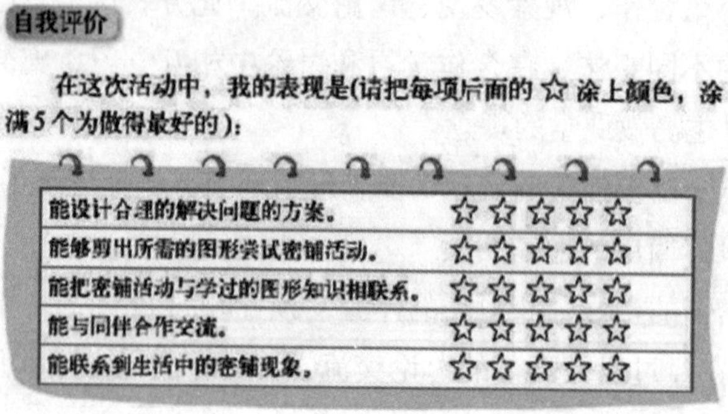

自我评价

在这次活动中，我的表现是(请把每项后面的 ☆ 涂上颜色，涂满5个为做得最好的)：

能设计合理的解决问题的方案。	☆ ☆ ☆ ☆ ☆
能够剪出所需的图形尝试密铺活动。	☆ ☆ ☆ ☆ ☆
能把密铺活动与学过的图形知识相联系。	☆ ☆ ☆ ☆ ☆
能与同伴合作交流。	☆ ☆ ☆ ☆ ☆
能联系到生活中的密铺现象。	☆ ☆ ☆ ☆ ☆

图11　评价表

（2）思考：怎样给正五边形找个搭档，使它也能密铺呢？（拓展思路：两种基本图形一起也能拼出密铺图案，如图12所示）

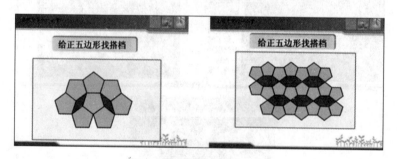

图12　思考题

教师活动：教师引导、提示。

学生活动：学生评价、反思、观察、思考。

教学评价：引导学生自我评价和反思，畅谈本节课的收获、体会和困惑，提高学生的概括、表达以及质疑反思的能力。

板书设计：

板书设计如图13所示。

密 铺

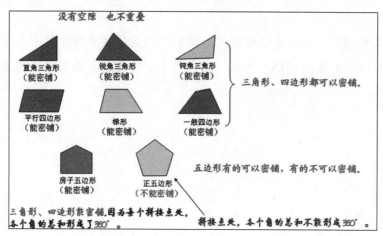

图13 "密铺"板书设计

【教学反思】

1. 本教学设计创新要点

（1）本设计充分利用了电子白板独特而丰富的表现力、感染力，通过对大量生活中的密铺图片的欣赏，激发学生的学习兴趣。

（2）本设计充分利用了电子白板的拖放、平移、旋转等变换功能对常见的基本图形进行能否密铺做了形象直观的演示，促进师生互动、生生互动的高效完成，提升了课堂效率和容量，使学生的体会、理解更加深入。

（3）在分享成果、展示交流中，学生直接利用电子白板直观、快捷地完成了图形拼接，形成密铺的图形，让全班学生直观明了地深入理解密铺的过程，实现了真正意义上的自主高效课堂。

（4）在探索密铺特点的环节，利用电子白板形象演示角度组合，并通过回放比较三角形、四边形与正五边形的角度组合，直观明了地理解密铺的特点。

2. 教学反思

密铺旨在引导学生经历一个欣赏密铺、体验密铺、探索密铺的特点，欣赏设计密铺图案这一过程，师生均借助现代信息技术——电子白板的拖放、平移、旋转等功能，直接、形象地了解密铺的形成过程、特点等，有利于学生建立数学模型，厘清密铺的构造特点。在此过程中，引导学生经历动手操作、合

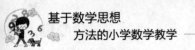

作交流、分享展示、全班质疑等过程，充分发挥学生的自主性，体现了自主高效课堂的理念。最后评价反思，让学生感受数学的魅力。整节课符合学生的认知水平，真正体现了学生的自主学习。

　　（本课例是广东省姚冬梅教师工作室成员温治兵老师在骨干教师送课下乡活动中的展示课，2018年荣获广东省中小学信息技术教育优秀教学设计评选二等奖）

《三角形的面积》说课稿

惠州市光彩小学　姚冬梅

一、教学内容

"三角形的面积"是九年义务教育小学数学（沿海版）第九册第73～74页中的教学内容。本课时是在学生掌握了三角形的图形特征以及长方形、平行四边形的面积计算公式的基础上学习的。这节课既是平行四边形面积的延续，也为进一步学习梯形、组合图形的面积做了铺垫，起到承前启后的作用。

根据教学大纲的要求，结合本课时教学内容，我制订了如下教学目标：

（1）让学生参与三角形面积公式的推导过程，理解公式的形成。

（2）会找出三角形相应的底和高，会运用三角形的面积公式计算三角形的面积。

（3）培养学生的思维能力和运用数学知识解决实际问题的能力，让学生体会转化的数学思想。

其中，掌握三角形面积计算公式并能正确运用是本课的教学重点，理解三角形面积公式的推导过程是本课的教学难点，引导学生通过观察、操作等活动，实现由感知到抽象的认识过程是本课教学的关键。

二、教学方法

根据心理学研究结果，要解决数学知识的抽象性和学生思维形象性之间的矛盾，关键是依靠学生动手操作。结合本单元教材特点以及学生学习的认知规律，并照顾到小学生在学习中表现出好奇、好动的心理特点，这节课我综合运用情境教学法、尝试教学法、实验操作教学法等进行教学，并设计了动画课件，增强了教学过程的趣味性和直观性，给学生创造动口、动手、动脑的机会，引导学生用多种感官参与学习的全过程。

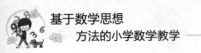
三、学习方法

教与学密不可分，教是为学服务的。常言道："授人以鱼，不如授人以渔。"根据学法指导的基本原则中的掌握数学知识与掌握学习方法相统一的原则、理论与实践相统一的原则和学法指导与学生发展相适应的规律，在教学过程中，主要指导学生掌握以下学习方法：转化、迁移的方法，动手操作的方法，直观观察的方法。这三种学习方法是几何初步知识教学中进行学习方法指导的基本内容和重要方法。通过本节课的学法指导，为学生以后学习有关几何图形的面积与体积计算公式积累学习经验。

此外，还指导学生掌握科学的思维方法。在教学过程中，训练学生掌握分析与综合、抽象与概括、比较、转化等思维方法和判断推理等思维形式。

四、教学过程

根据教学大纲的要求，结合学生的实际，在分析教材、合理选择教法和学法的基础上，本课教学过程的设计分如下四个环节。

1. 第一个环节是复习铺垫

根据小学平面几何图形面积计算公式，三角形的面积公式是以长方形、平行四边形的面积公式为基础推导出来的。所以，复习题紧扣长方形、平行四边形的面积以及三角形的图形特征进行设计，就近找到知识的发展点，密切联系新旧知识，有利于学生进行知识的正迁移，并有利于新知同化于已有的知识结构。

2. 第二个环节是导课激趣

为了增强课堂教学的趣味性，我创设了如下情境导入新课：同学们，你们看谁来了？他们在争论什么呢？原来他们遇到问题了。他们都认为自己做的三角形最大，看他们都争得面红耳赤了。你们能不能帮助他们解决问题呢？然后引导学生说：比三角形的大小用数学的方式就是比三角形面积的大小，从而导出课题并板书。

3. 第三个环节是探究新知，分四个层次进行

第一层：初步感知。出示课题后问学生可用什么方法比较他们做的三角形面积的大小。当有学生回答可用数方格的方法来比较时，投影出方格图，让学生数出它们的面积。然后问数方格的方法是不是很麻烦。如果不数方格，又怎样计算三角形的面积呢？引导学生回忆平行四边形面积公式的推导方法，学生回答后投影，再启发学生：那么三角形能否也像平行四边形那样，把它转化为已知图形，再求出它的面积呢？（投影，如图1所示）

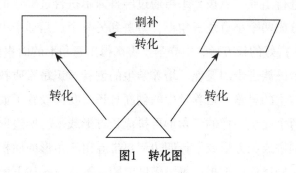

图1　转化图

这里通过提出问题，激发学生的求知欲望，并充分利用学生已有的知识，运用类比迁移的方法学习新知，有利于培养学生的学习能力，同时"渗透转化"的数学思想。

第二层：深入探究。推导三角形的面积计算公式是本节课的重点和难点。我通过认真分析教材，充分挖掘教材的潜能，在忠于教材的基础上，适当拓展教材内容，给学生留出足够的思维空间。我根据学生实际设计了如下教学过程：

让学生拿出准备好的两个完全一样的任意三角形。小组内讨论思考这两个完全一样的三角形可以拼成什么图形，放手让学生主动去探究，学生分组实验时投影出思考提纲并播放轻音乐，为学生营造一个轻松、愉快的学习氛围。

思考题：

（1）用两个完全一样的三角形可能拼成什么图形？

（2）拼成的图形面积怎样计算？

（3）拼成的图形面积与原三角形面积有什么关系？

（4）你们小组得到什么结论？

学生实验后汇报结果。然后我充分发挥计算机辅助教学的功能，通过动画课件，刺激学生的有意注意和无意注意：首先在屏幕上显示两个任意三角形，通过图形的移动、重叠，使学生明确这两个三角形是完全一样的。接着通过图形的旋转拼合，拼成一个平行四边形。让学生回答思考题，得出如下结论：三角形的面积是与它等底等高的平行四边形面积的一半，当学生得出这一结论

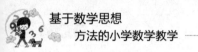
时，第一次在屏幕上显示三角形的面积=底×高÷2的计算公式。

教材只编排了这种推导方法。为了发展学生的思维，我启发学生思考两个完全一样的三角形还能拼成什么图形。（学生小组内动手操作时教师巡视，对有困难的学生进行引导、点拨。）再通过屏幕演示拼合过程：把其中一个三角形沿高剪开，分成两个小直角三角形，再拼到另一个三角形中去拼成一个长方形，让学生观察拼好的长方形，引导学生再次得出三角形的面积计算公式。

创新是一个民族进步的灵魂，培养学生的创新意识是素质教育的核心。为了进一步开拓学生的思路，培养学生的创新意识，我又设置了如下问题情境让学生讨论：用两个完全一样的三角形可拼成长方形或平行四边形，那么用一个三角形能不能割拼成长方形或平行四边形再推导出三角形的面积计算公式呢？让学生小组内充分讨论后汇报结果。借助电脑，屏幕显示如下图形变换：过三角形一边的中点作底边的平行线，通过图形的割补转换成平行四边形或长方形，让学生观察拼好的图形，说出这些图形的底和高（长与宽）与原三角形底和高之间的关系，得出下列公式：

$$三角形的面积=底×（高÷2）=底×高÷2$$

通过上述图形变换，加深学生对公式中底乘以高为什么要除以2的理解，强化学生图形变换和公式变换的能力，蕴含了组合图形割补的方法。

第三层：验证公式。推导出三角形面积公式后，让学生明确应用公式的条件。再投影出刚才三个小动物做的三角形，从方格图中得出三角形底和高的数据，让学生应用公式计算面积，验证与数方格法得数的一致性，并比较出谁做的三角形面积最大。

第四层：运用公式。教材中的例题是直接应用公式进行计算的，通过屏幕投影例题安排学生尝试练习，并指名学生板演，讲评后让学生看书质疑。

4. 第四个环节是练习

练习是使学生掌握知识、形成技能、发展智力的重要手段。因此，我在设计练习时尽量做到科学、合理，体现一定的层次性、针对性，有坡度、难易适度，既要能够巩固学生所学的基础知识，又要发展学生的思维。为此，首先安排了一组判断题，目的是让学生掌握"完全一样""等底等高"和强化"除以2"，使学生真正理解三角形面积公式的推导过程并掌握公式，同时教师也能及时反馈学生的信息，当堂指导。

第2题是填空题，目的是让学生再次明确三角形面积是与它等底等高的平行四边形面积的一半，加深学生对公式的理解和掌握。

第3题是计算，让学生学会运用公式进行计算。学生练习时教师可以加强对学困生的辅导。

第4题是发展性练习。首先投影出一个画阴影的三角形，让学生计算面积。然后在原三角形的底边上再投影出一个直角三角形和一个钝角三角形，让学生观察图形后回答：这三个三角形的底和高有什么关系？面积呢？得出结论：等底等高的三角形面积相等。

第5题是实际应用题：怎样计算红领巾的用料？

引导学生从以下方面解决问题：

（1）红领巾是什么形状的？

（2）求红领巾用料是一个什么数学问题？

（3）要解决这个问题需要知道哪些数据？

（4）没有现成的数据怎么办？

分小组讨论，学生测量后各自计算，然后汇报、评价。

最后是课堂小结和布置作业。

【教学反思】

1. 渗透转化的数学思想

把三角形面积的计算与已学过的平行四边形面积的计算及以后要学习的梯形面积的计算联系起来，渗透转化的数学思想，让学生懂得事物是普遍联系并可以相互转化的道理，让学生知其然，更知其所以然。

2. 体会数学来源于生活并应用于生活

通过实物（红领巾）面积的计算，使学生在运用所学知识解决问题这一数学活动中体会数学在生活中的应用，培养学生运用所学知识解决问题的能力。

3. 体现教师主导、学生主体的教育思想

教师的主导作用体现在情境的创设，问题的提出等方面。本课创设符合学生年龄特点且与实际生活相符的情境，使学生感到亲切，知识由学生通过小组合作讨论、思考、动手操作总结出来。整节课的教学时间由学生自己支配，体现学生是主体的教育思想。

（2000年姚冬梅老师在广东省首届小学数学说课（优质课）比赛活动中执教此课例荣获二等奖）

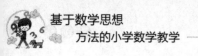
《圆的面积》说课稿

——教研活动案例

执教教师：惠州市第十一小学　温治兵
评课教师：惠州市光彩小学　姚冬梅

一、活动背景与目的

为了进一步推动小学数学课堂教学改革和迎接广东省第六届小学数学说课比赛，我校数学教研组以北师大版小学数学六年级上册"圆的面积"的为例，开展共同探讨"如何进行说课"的教研活动，以此加强教师对新教材使用与教学的研究，努力提高我校数学教师教学理论水平和教学素养，提高课堂教学质量。

二、教研活动概况

（1）活动主题：如何进行说课（以"圆的面积"为例）。

（2）活动程序：说课、科组评议、修改、再次说课。

（3）活动人员：本校全体数学教师及城区小学数学学科委员会成员等。

（4）执教教师：温治兵。

（5）活动时间：2011年11月—2012年4月。

三、活动过程

（一）温老师说课

11月15日，我们数学组进行了一次教研活动，本次教研活动的主题是说课，内容是"圆的面积"，说课设计过程如下。

1. 说教材

（1）教材分析。圆是小学数学平面图形中唯一的曲线图形。本节课是在学生掌握了圆的特征、圆的周长以及平面图形面积计算公式的基础上进行教学的，同时，这个内容又为以后学生学习圆柱、圆锥的表面积及体积奠定了基础。

在教材编排上，编者根据学生的认知规律将教材分成了四个部分，首先让学生感知圆面积的含义，接着是初步估算圆面积的大小，最后着重引导学生探究和推导圆面积的计算公式以及它的应用。

（2）教学目标

知识目标：了解圆面积的含义，理解圆面积计算公式的推导过程，掌握圆的面积计算公式及其应用。

能力目标：培养学生动手操作、分析概括和进行旧知迁移的能力。

情感目标：让学生体会化曲为直和化圆为方的数学思想，初步感受"极限"思想。

（3）教学重难点

重点：正确掌握圆的面积计算方法。

难点：圆面积计算公式的推导过程。

（4）教具准备。多媒体课件、剪刀、尺子、卡纸和圆规等。

2. 说教法、学法

教法：创设情境、设疑诱导、直观演示。

学法：动手操作、观察发现、合作交流。

3. 说教学流程

创设情境，激发兴趣。

尝试估算，探索新知。

走进校园，应用新知。

总结收获，激励结束。

第一个环节：创设情境，激发兴趣

引导学生思考"你能求出这个运动场的面积吗"，并演示运动场这个组合图形的分解，引出课题。（板书课题：圆的面积）让学生感受数学问题就在我们身边，感知圆面积的含义，激发了学生探求新知的欲望和兴趣。

第二个环节：尝试估算，探索新知

第一步：估一估

引导学生估一估"运动场两侧合成的圆的面积有多大"，让学生初步感知运动场两侧合成的圆的面积大约有多大，但没能得到精确的数值，以进一步引发学生思考和探究的欲望。

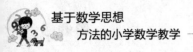
第二步：想一想

引导学生回忆"我们学过的平行四边形面积公式是怎样推导的"并演示，以引导学生利用旧知进行类比迁移，渗透转化的数学思想，使学生对化曲为直有初步的感知。

第三步：拼一拼

（1）引导学生思考"圆能转化为我们学过的图形吗？"

（2）引导学生小组合作剪一剪，拼一拼。

（3）挑选出学生作品在黑板上展示。

（4）多媒体进行演示。（圆4等分、8等分、16等分、32等分的剪拼过程）

让学生通过动手操作、动眼观察和动脑思考，深深体会圆等分的份数越多，拼出来的图形就越接近于平行四边形或长方形，使学生初步感受数学中的极限思想和化圆为方的思想。

第四步：推一推

（1）引导学生小组讨论"拼成的平行四边形与原来的圆之间有什么联系"。

（拼成的平行四边形面积与圆的面积相等，平行四边形的底相当于圆的周长的一半，高相当于圆的半径。）

（2）演示推导圆的面积公式，并引导学生分辨$2r$与r^2的区别。

（r^2表示$r \times r$，读作r的平方）

（3）让学生算一算学校运动场的面积，指名学生板演。

（4）拓展学生的思维，引导学生思考"怎样把我们生活中的圆形草绳茶杯垫转化为我们学过的图形来推导圆的面积公式"，并用多媒体进行演示。

这样的设计既与生活相联系，又开阔了学生的视野，留给了学生更广阔的思考空间。

通过这四步层层递进的实验操作，让学生经历公式的推导过程，不但使学生加深了对公式的理解，而且还能培养学生的动手操作能力和逻辑思维能力，使学生体会到数形结合的内在美，体验到成功的快乐。

第三个环节：走进校园，应用新知

（1）已知学校圆形花池的半径，让学生求出它的面积。

（2）已知学校楼层指示牌的直径，让学生求出它的面积。

（3）已知学校圆形下水道盖的周长，让学生求它的面积。

通过这三道练习，让学生巩固所学知识，感受在生活中学数学，用数学，体会圆形"美"。

第四个环节：总结收获，激励结束

学生先在小组内谈收获，然后选出代表谈收获，评得失。鼓励学生课后继续探讨圆如何转化成长方形、梯形等来推导公式。

板书设计：

"圆的面积"板书设计如图1所示。

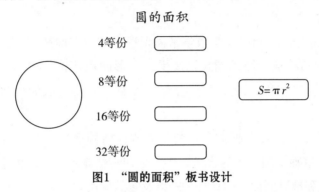

图1 "圆的面积"板书设计

（二）城区学科委员会成员集体备课

听了温老师的说课，各位教师一致认为温老师教学功底深厚，体现了较高的学科素养，这节课教学设计思路清晰，课件制作生动、形象。另外，针对教学设计也提出了一些建议。

1. 关于导入环节的建议

杜主任提出导入过于陈旧、复杂，没有新颖性，务必进行修改。于是各位教师提出了各种导入方案，如日本大地震情境、手机信号塔等，最后经过多方讨论确定用日本大地震的画面情境作为导入。

2. 关于第三步：拼一拼的建议

杜主任认为这一过程不够细，没有把教学难点讲透，没有更好地体现"极限"思想，要求进一步修改并细化。

3. 关于练习和作业布置部分的建议

教师们提出没有作业和拓展练习。

4. 关于推导拓展部分的建议

做成动画更加直观。

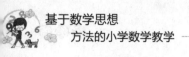
（三）提出建议

温老师针对杜主任和教师们提出的建议，结合本节课的教学重难点，对说课的过程和语言进行了修改。

（四）温老师再次说课

11月30日，数学组再次进行教研活动，本次教研活动的主题依旧是温老师说课，内容是"圆的面积"，说课设计过程如下。

1. 说教材

（1）教材分析。圆是小学数学平面图形中唯一的曲线图形。本节课是在学生掌握了圆的特征、圆的周长以及平面图形面积计算公式的基础上进行教学的，同时，这个内容又为以后学生学习圆柱、圆锥的表面积和体积奠定了基础。

在教材编排上，编者根据学生的认知规律将圆面积的教学分成了四个部分，首先让学生感知圆面积的含义，接着是初步估算圆面积的大小，最后着重引导学生探究和推导圆面积的计算公式以及它的应用。

（2）教学目标

通过以上分析，结合学生的年龄特点和新课标的要求，我确定如下教学目标。

知识目标：感知圆面积的含义，理解圆面积计算公式的推导过程，掌握圆的面积计算公式及其应用。

能力目标：培养学生动手操作、分析概括和进行旧知迁移的能力。

情感目标：让学生体会化曲为直和化圆为方的数学思想，初步感受"极限"思想。

（3）教学重难点

重点：正确掌握圆的面积的计算方法。

难点：圆面积计算公式的推导过程。

（4）教具准备。多媒体课件、剪刀、尺子、卡纸和圆规等。

2. 说教法、学法

新课程标准指出：教师是学生学习活动的组织者、引导者、合作者。根据这一理念和学生现有的知识水平，这节课我主要采用创设情境、设疑诱导、媒体演示等教学方法，引导学生通过动手操作、观察发现、合作交流等活动探讨出圆的面积计算公式，并鼓励学生应用公式解决生活中的实际问题。

3. 说教学流程

这节课为了体现"数学来源于生活，并应用于生活"这一理念，结合我班学生的实际和学生的认知规律，我设计了如下教学流程：

创设情境，激发兴趣。

尝试估算，探索新知。

巩固新知，拓展延伸。

总结收获，深化提高。

第一个环节：创设情境，激发兴趣

我以日本大地震为题材设计了这样的情境：2010年3月11日，在日本三陆冲附近发生了9级大地震，并引发海啸，汹涌的海水冲毁了大量的民房、汽车等，巨大的海浪冲上了福岛核电站，以致第一核电站机组发生爆炸，造成核泄漏。随后日本政府宣布，以第一核电站为中心，疏散撤离方圆20千米以内的居民，以免受到核辐射。那么，同学们，你们知道方圆20千米的区域面积有多大吗？是求什么图形的面积呢？自然的引出课题。（板书课题：圆的面积）

设计意图： 这样的设计既让学生了解了大地震给人类造成的巨大危害，又让学生感知了圆面积的含义，同时激发了学生探求新知的欲望和兴趣。

第二个环节：尝试估算，探索新知

这个环节我设计了四步。

第一步：估一估

首先，我引导学生估一估"方圆20千米的区域面积有多大"（多媒体展示），学生通过观察得出方圆20千米的区域面积大于圆内正方形的面积，小于圆外正方形的面积，也就是这个区域的面积大于800平方千米，小于1600平方千米。

设计意图： 这样设计的目的是为了让学生初步感知方圆20千米的区域面积大约有多大，但没能得到精确的数值，以进一步引发学生思考和探究的欲望。

第二步：想一想

引导学生想一想"平行四边形面积公式是怎样推导的"并演示。

设计意图： 通过这一步引导学生对旧知进行类比迁移，渗透转化的数学思想，打开学生的思路，使学生我到继续往下探究的方向。

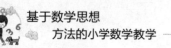
第三步：拼一拼

通过前面的想一想，我引导学生思考"圆能转化为我们学过的图形吗？"然后大胆放手让学生拿出预先准备好的圆，小组合作剪一剪，拼一拼。有的学生剪拼出近似的平行四边形，也有的学生剪拼出近似的三角形或梯形等，我从中挑选出学生作品进行展示，并以此为例继续探究，而对于拼成其他图形的推导方法则留给学生课后去思考。由于学生的剪拼过程误差较大，为了帮助学生更好地理解这一剪拼过程，我借助多媒体进行演示（把一个圆分别分成4等份、8等份、16等份、32等份进行拼接），然后引导学生观察、比较。学生通过观察、交流得出：圆等分的份数越多，所拼成的近似的平行四边形的底越趋于直线，我再引导学生想象，当把圆分成无限多等份时，所拼成的图形的底就变成了直线，所拼成的图形就变成了平行四边形。

设计意图：让学生体会化曲为直和化圆为方的数学思想，初步感受"极限"思想，帮助学生建立完整的空间观念。

第四步：推一推

经过前面观察想象后，我引导学生小组讨论"拼成的平行四边形与原来的圆之间有什么联系"。学生通过观察、交流得出：拼成的平行四边形面积与圆的面积相等，平行四边形的底相当于圆的周长的一半，高相当于圆的半径。再根据平行四边形的面积等于底乘高，从而推导出圆的面积公式 $S = \pi r^2$。同时引导学生明确"要计算圆的面积，通常要先知道圆的半径"，以及 r^2 与 $2r$ 的区别（r^2 表示 $r \times r$，读作 r 的平方，而 $2r$ 表示 $r+r$）。

设计意图：通过以上两步，让学生经历操作、观察、想象、分析、概括的过程，推导出圆的面积计算公式，充分调动了学生各种感官参与学习，不仅有助于学生理解圆的面积计算公式及其推导过程，而且还能培养学生的动手操作能力、观察想象能力和逻辑思维能力，让学生体会到数形结合的内在美，体验到成功的快乐，从而突破了本节课的难点。

接着，我向学生提出问题："现在你能算出方圆20千米的区域面积有多大了吗？"让学生独立完成，指名学生板演，并说一说算理。

为了拓展学生的思维，我再次引导学生思考：我们生活中常见的圆形草绳茶杯垫，你能用其他剪拼方法把它转化为我们学过的图形来推导其面积公式吗？学生观察、交流后我用多媒体进行演示（沿半径剪开，拉直后，拼成一个近似的三角形。当圆弧线无限细时，三角形的底相当于圆的直径，三角形的高相当于圆的半径，进而推导出圆的面积公式）。

设计意图：这样的设计既与生活相联系，又培养了学生的发散思维，留给了学生更广阔的思考空间。

第三个环节：巩固新知，拓展延伸

练习是学生掌握知识，形成技能，发展智力的重要手段。为了更好地体现"数学来源于生活，并应用于生活"这一理念，我以校园里各种圆形物体为题材，设计了以下练习。

（1）已知圆形花池的半径，让学生求出它的面积。

（2）已知楼层指示牌的直径，让学生求出它的面积。

（3）已知圆形下水道盖的周长，让学生求出它的面积。

通过这三道由易到难的练习，既让学生巩固了所学知识，又让学生感受到在生活中学数学，用数学。

同时，为了开拓学生的视野，我利用网络资源，向学生展示了与圆的面积计算有关的问题。

房子装修时计算圆形吊顶材料的面积，定做圆形床垫时计算它的面积，建造圆形水池时计算它的占地面积，安装喷灌装置时计算喷灌区域的面积，军事雷达扫描的截面区域，科学家设计神舟八号时要精确计算各种圆形零件的面积，等等。

设计意图：通过图片展示，使学生了解到圆的面积的计算在生活、生产、科技等方面的作用，既开阔了学生的眼界，又增长了学生的知识，使学生体会了圆形美。

第四个环节：总结收获，深化提高

为了体现"人人学有价值的数学"这一理念，我让学生先在小组内畅谈收获，反思不足，然后选出代表谈收获，评得失。通过师生的相互总结，我鼓励学生课后继续思考将圆转化为三角形、梯形等来推导圆的面积公式的方法，并完成教材26页第5题。将学生学习的知识从课堂延伸到课外，从而体现了"课堂小天地，天地大课堂"的崭新教学理念。

板书设计：

如图2所示，这就是我本节课的板书设计，我采用直观、形象、简洁的板书设计，既展示了学生作品，突出了重点，突破了难点，又概括全面，使人印象深刻，从而达到令人满意的教学效果。

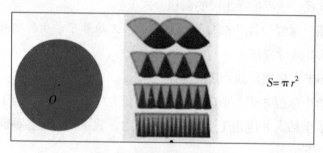

图2 "圆的面积"板书设计

我的说课到此结束，谢谢大家！

（五）科组集体评温老师的说课

1. 优点

（1）说课设计思路新颖，情境引入令人震撼。

（2）教学重点突出，难点有突破，课件制作得生动形象。

（3）剪拼过程的拓展题联系生活，动画生动、形象、直观，体现了生活中处处有数学。

（4）练习的拓展让人增长见识，有新意。

（5）整节课的设计高潮迭起，有新意，有创新，有突破。

2. 建议

（1）说课过程中，教师要充满自信，投入到说课的情境中。

（2）说课的过程应多与听课者进行交流。

（六）获得的荣誉

在评课的基础上，温老师对说课稿、课件做了一定的修改，对说课的语言和动作进行了练习。该说课获得了广东省第六届小学数学说课比赛一等奖。

四、活动成效与反思

本次教研活动在学校的精心组织和城区教研室杜主任的细心指导下取得了显著的成效。

第一，全体数学科组的教师经过本次活动，水平更上一个层次，体会到该如何去设计一节课，如何理论联系实际把握课的重难点。

第二，本次教研活动充分体现了集体智慧的力量，一节课需要集体进行反复研讨才能真正成为有价值的课。

第三，本次教研活动，说与评相结合，共同提高。说课者与听课者双边活动，说课者用清晰、准确的语言，有条理地述说课堂教学的过程、教法选择和教学理论，努力说出高水平。听课者目睹了述说者的现身说法，从中受到启发，另一方面又给说者做出恰当的评价。

第四，通过本次教研活动，我们总结出说课应注意以下几点：

（1）说课的设计过程应条理清晰。

（2）课程引入应新颖，有创新，符合课题内容。

（3）教学过程应突出重难点，分析应透彻。

（4）练习拓展应有新意，联系实际。

（广东省姚冬梅教师工作室成员温治兵老师在2012年执教此课例荣获广东省第六届小学数学说课比赛一等奖，并在广东省姚冬梅教师工作室跟岗学习活动中展示）

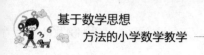
《点阵中的规律》说课稿

执教教师：惠州市第十一小学 曾 韵
评课教师：惠州市光彩小学 姚冬梅

一、说教材

点阵中的规律是一节相对独立的活动课程，是渗透数形结合思想，建立数学模型的重要一课。学生早在一年级的时候就已经学习"找规律填数""按规律接着画"，甚至已经探究过部分图形的规律。在此基础上进一步学习本课内容，又为以后探究"数与形的规律""看图找关系"等奠定了基础。

在内容编排上，教材以2000多年前古希腊数学家借助点阵来研究数为切入点，首先向学生直观展示了一组正方形点阵；然后引导学生通过观察、探索活动，归纳、概括出点阵中隐藏的数字规律；最后要求学生将发现的规律用算式表示出来。

1. 教学目标

知识目标：发现点阵中的规律，能推理得出后续图形中点的数量。

能力目标：经历观察—分析—归纳的探索过程，渗透"数形结合"思想、化归思想。

情感目标：感受数形结合的神奇之美，并获得我能发现之成功经验。

2. 教学重难点

重点：引导学生发现和概括点阵中的规律。

难点：从不同的角度进行观察，发现点阵不同的排列规律，并用算式表示出来。

二、说教法、学法

教法：创设情境、引导发现、动画演示。
学法：直观感知、自主探究、合作交流。

三、说教学流程

创设情境，直观感知。

自主探究，合作交流。

巩固新知，拓展延伸。

感受点阵，发现数美。

第一个环节：创设情境，直观感知

我以学生们喜闻乐见的手机游戏"植物大战僵尸"为题材设置情境。

设计意图：该环节我以学生熟悉的游戏创设情境，有助于激发学生探求新知的欲望和兴趣。

第二个环节：自主探究，合作交流

一探：

根据图形的特点，大部分学生首先会采用横着看的观察方式。这时，学生自然就会联想到正方形的面积公式边长×边长，通过对旧知识的主动迁移，便可顺利地抽象出该规律所对应的算式表达。

设计意图：这一探索过程，其实就是由数学图形抽象到数学算式的过程，实现了本课形—数的第一次思想转换。

让学生动手画一画第五个点阵图。

设计意图：这个画点阵的过程虽然简单，但实现了数—形的又一次转换，渗透了数形结合思想，培养了学生主动进行数形转换的意识。

二探：

"斜着看"有规律吗？

配合学生的回答将辅助斜线画出，让学生直观感知，这样观察，每个点阵里点的个数都是先增加再减少的。怎样用算式将这个规律表示出来呢？以第五个点阵图为例，最长的斜线上应该有5个点，仔细观察，我们会发现每个点阵图里最短的斜线上都只有一个点，所以算式应该是：1+2+3+4+5+4+3+2+1，紧接着我让学生将其他四个算式补充完整。

设计意图：整个教学过程其实也是一次从形—数到数—形的转换过程。

三探：

"折线看"有规律吗？

按折线观察，点阵就被分层了，每一层里点的个数分别是1、3、5、7，原来是一组连续的奇数。所以下一层里点的个数应该是9。只看第一层，这便是第一个点阵图形，点的个数是1；只看前两层，这便是第二个点阵图形，点的个数是"1+3"；只看前三层，这便是第三个点阵图形，点的个数是"1+3+5"；以此类推，便可得到第四、第五个点阵图的算式。

四回味：

在三种算式之间画上了等号，引导学生思考：16可以写成4×4，可以写成1+2+3+4+3+2+1，还可以是四个连续奇数的和。也就是说，这里的每一个完全平方数，都有三种不同的算式表达。

设计意图：重视数学知识之间的内部联系，充分挖掘教材背后的数学思想，拓展知识的深度和广度，使原本简单的教学变得厚重而饱满。

第三个环节：巩固新知，拓展延伸

1. 基础练习

研究长方形点阵。

研究三角形点阵。

研究梯形点阵。

设计意图：通过这三个有梯度的练习，让学生在巩固新知的基础上，进一步体会到点阵形状的多样化。

2. 拓展延伸

在拓展延伸部分，我向学生介绍了点阵的发展历史，其中三角形点阵中点的个数"1、3、6、10"被称为三角形数，正方形点阵中点的个数"1、4、9、16"被称为正方形数。

设计意图：借助点阵的发展历史引发感性认识，既拓宽了学生的视野，又激发了学生的学习热情。

第四个环节：感受点阵，发现数美

本环节主要以展示生活中的点阵为主，让学生在欣赏图片的过程中，感受到点阵的艺术之美，进而体会到，生活中其实处处都有点阵，生活中其实处处都有数学。（国庆阅兵、草坪、红绿灯、围棋）

作业布置：让学生自创点阵图形，并说出点阵的排列规律，最好能用算式表示出来。

板书设计：

"点阵中的规律"板书设计如图1所示。

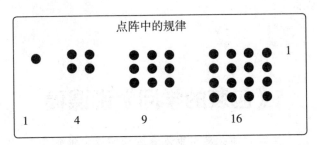

图1 "点阵中的规律"板书设计

1=1×1	1	1
4=2×2	1+2+1	1+3
9=3×3	1+2+3+2+1	1+3+5
16=4×4	1+2+3+4+3+2+1	1+3+5+7

（广东省姚冬梅教师工作室成员曾韵老师在2014年执教此课例荣获广东省第七届小学数学说课比赛一等奖，并在广东省姚冬梅教师工作室跟岗学习活动中展示）

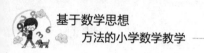
《包装的学问》说课稿

执教教师：惠州市体育运动学校　张兆良

评课教师：惠州市光彩小学　姚冬梅

教材内容：北师大版义务教育教科书数学五年级下册"综合与实践"中的"包装的学问"。

一、说教材

1. 教学内容

"包装的学问"是一节借助模型动手操作、科学计算、认真比对来体验策略多样化，发展、优化学生思维的综合实践课程。

之前学生已经熟练掌握了正方体、长方体的表面积计算，学习了合并、分割正方体、长方体等相关知识。本课的学习又为以后认识圆柱、圆锥，探究圆柱的表面积奠定了基础。

在内容编排上，编者根据学生的认知规律将其分成了三个部分，首先通过情境引入激发学生的学习兴趣，让学生初步建立包装与表面积的联系。接着依次给出了三个问题：说一说，你是怎么想的？有几种不同方案？哪一种方案最节约包装纸？引导学生进行思考、动手操作、合作交流，积累解决问题的经验。最后要求学生合作探究将4个相同长方体包成一包的最优策略，促进学生有序思考，体现数学的优化思想。

2. 教学目标

知识与技能：利用表面积等有关知识，探索多个相同长方体叠放后使其表面积最小的最优策略。

过程与方法：通过活动，体验解决问题的基本过程和方法，提高解决问题的能力，促进有序思考。

情感态度与价值观：通过解决包装问题，体验策略的多样化，感受数学

"优化"思想，体会数学与生活的联系，提高学习数学的兴趣。

3. 教学重难点

重点：探索多个相同长方体的最优包装策略。

难点：灵活、有序地找出最优的包装策略。

4. 教具准备

多媒体课件、牛奶盒等。

二、说教法、学法

教法：创设情境、实践探究、动画演示。

学法：自主探究、操作观察、合作交流。

三、说教学流程

（1）情境导入，激发兴趣。

（2）合作探究，优化思想（包装两个相同的长方体）。

（3）拓展提高，有序思考（包装四个相同的长方体）。

（4）回顾积累，总结反思。

第一个环节：情境导入，激发兴趣

兴趣是最好的老师。学生对学习有浓厚的兴趣，将是学习数学的最大动力，为此我以中国物流为题材进行导入。

中国经济飞速发展，2011年经济总量超过日本，成了世界第二大经济体，2015年我国快递业务量达140亿件，居世界第一，我国每天产生的快递包裹数量约4800万个，预计5年后每天2亿件。其中有些包裹包装不科学、不节约。中国又是世界上资源浪费最严重的国家之一，如果每个包装能节约0.1元，每天将会节约480万元，每年将会节约17.5亿元人民币，这是一个多么惊人的数字！

提出数学问题：怎样使包装更科学、更节约呢？

今天我们一起来探究一下包装的学问，自然引入课题。

设计意图：这样设计，渗透节约意识的同时，也让学生意识到研究包装学问的重要性，激发了学生探求新知的兴趣。

第二个环节：合作探究，优化思想

本节课我将采用学生熟悉的牛奶盒（见图1）作为学具，方便学生动手操作、合作交流。

问题一：将两盒相同的牛奶包成一包，怎样包才能节约包装纸呢？

引导学生先独立思考，然后全班交流。有的学生这样说："要节约包装纸就要使包装后的表面积最小。"也有学生这样认为："我要想办法把所有的包装方法都找到，计算一下比较得出。"

图1　牛奶包装盒

问题二：将两盒相同的牛奶包成一包，有几种不同方案呢？

该环节，我组织学生合作探究，学生先独立思考，然后小组交流。在探究过程中我会关注学生不同的拼摆方案，同时对学习困难的学生给予指导。

最后全班交流，总结得出三种包装方案（见图2）。

图2　牛奶包装方案

问题三：哪一种方案最节约包装纸呢？

我再次引导学生进行小组合作学习，然后让学生上台讲解，展示成果。

方法一：计算比较，得出最优方案。

方法二：操作观察，得出最优方案。

为了帮助其他学生更好地理解，我用动画直观演示，并引导学生注意观察发现，两个长方体的表面积和不变，重叠面积在改变。（见图3）

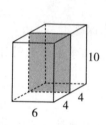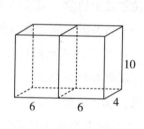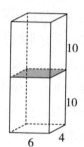

图3　包装盒设计图

归纳结论：包装时两个长方体重叠的面积越大，包装后的表面积越小。

设计意图：本环节学生通过合作探究、计算比较、操作观察，从而逐渐总结出包装的最优策略。学生积累解决问题经验的同时，也学会了探究问题的方法，体现了数学优化思想，突出了教学重点。

第三个环节：拓展提高，有序思考

问题一：将4盒牛奶包成一包，你能想出几种不同的包装方法呢？

学生通过知识迁移容易找出这3种方案（见图4），还有学生经过深入思考、小组交流，又找出了另外3种不同的方案。

图4　学生的包装方案

问题二：哪一种方案最节约包装纸呢?

学生观察、猜想，有些学生选择方案3，也有些学生选择方案4。

方法一：计算验证，得出最优方案。

方法二：操作观察，得出最优方案。

教师活动：通过动画演示、实物演示帮助学生加深理解。

学生活动：引导学生用自带的学具，摆一摆、看一看、想一想，在实践操作中理解新知。

设计意图：本环节我给予学生自由的交流时间和空间，学生通过多次合作探究，运用学会的两种方法得出包装的最优策略，通过动画演示、动手操作，学生都能有序思考并灵活快速地找出最优包装策略，从而突破了本节课的教学难点。

作业设计：

小调查：到超市中调查，看看哪种商品的包装不够节约，并思考厂家为什么要这么包装?

设计意图： 此设计把课内学习引向课外生活，提高学生实践能力的同时，也让学生认识到包装除了要考虑节约，也还要考虑美观、便于携带等诸多因素，为学生更深层次地探究包装的学问留下了广阔的思维空间。

第四个环节：回顾积累，总结反思

课堂小结：这节课你有什么收获和感受？

引导学生回顾积累、畅谈收获、总结反思，将经历升华为经验。经历只是一种曾经拥有，经验才是智慧的结晶。

四、教学反思

本课三个"注重"贯穿始终：

（1）注重学生参与，自主探究。

（2）注重生生合作，师生互动。

（3）注重知能统一，学以致用。

板书设计：

"包装的学问"板书设计如图5所示。

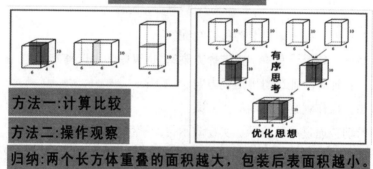

图5 "包装的学问"板书设计

板书说明：简洁明了，思路清晰，重点突出，便于学生理解和记忆，从而实现了教学效果的最大化。

我的说课完毕，谢谢各位评委的耐心聆听。

【教学反思】

"包装的学问"是一节借助模型进行动手操作、科学计算、认真比对来体验策略多样化，发展、优化学生思维的综合实践课程。本说课设计充分考虑了综合实践课程设计意图，充分发挥了教师的组织者、引导者、合作者作用，突出了学生的学习主体地位，以实践操作为中心引导学生自主探究、操作观察、合作交流，探索出包装的最优策略，实现从"我学会"向"我会学"的转变。

指导教师对学生实践学习的全过程进行有针对性的指导，不包揽学生的活动，以学生直接体验整个过程为主要习得方式，以促进学生情感、行为、认知的统一协调发展为主要目标，以重过程为主、终端结果为辅为评价方式。

（广东省姚冬梅教师工作室成员张兆良老师在2016年执教此课例荣获广东省第八届小学数学说课比赛一等奖，并在广东省姚冬梅教师工作室跟岗学习活动中展示）

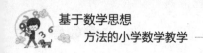

《分数乘整数》说课稿

执教教师：惠州市第十一小学　张　萍
评课教师：惠州市教育局教育科学研究院　陈远刚

尊敬的各位评委、老师：

大家好！我今天说课的内容是北师大版小学数学五年级下册第三单元的第一课时"分数乘整数"。

下面我将从以下四个方面对本课的教学展开具体的阐述。（说教材，说教法、学法，说教学过程，说目标达成）

一、说教材

1. 教学内容

教材的编排上，编者根据学生的认知发展规律，呈现了三个问题。首先通过探究3个 $\dfrac{1}{5}$ 的和为多少，初步感知分数单位乘整数的意义及计算方法；然后通过求2个 $\dfrac{3}{7}$ 的和是多少，进一步理解分数乘整数的意义及计算方法；最后在交流算法的过程中，总结归纳出分数乘整数的计算方法。

本节课学习内容的前后联系如下。已学过的相关内容：分数的初步认识，分数的再认识，通分、约分，分数加减法及应用。后续学习的相关内容：分数除法及应用、分数混合运算及应用、百分数的应用。

2. 教学目标

基于对教材的上述理解，根据新课标的要求，我将从知识与技能、过程与方法、情感态度与价值观这三个维度制订本课的教学目标。

（1）知识与技能：理解分数乘整数的意义，体验直观模型与"转化"思想的运用，掌握分数乘整数的计算方法。

（2）过程与方法：经历分数乘整数的计算方法的探究过程，提高解决问题的能力。

（3）情感态度与价值观：会解决有关的应用问题，体会分数乘整数在生活中的应用。

3. 教学重难点

重点：理解分数乘整数的意义和掌握分数乘整数的计算方法。

难点：探究归纳分数乘整数的计算方法。

理解意义和掌握计算方法为本节课的教学重点，而探究归纳出计算方法是本节课的教学难点。

二、说教法、学法

根据新课程标准，本课将采用创设情境、动画演示、引导观察等教学方法，引导学生通过自主合作、直观模型、观察发现等活动理解分数乘整数的意义，掌握分数乘整数的计算方法。

三、说教学流程

为了体现"数学来源于生活，并应用于生活"这一理念，我设计了如下的教学流程：

（1）创设情境，激发兴趣。

（2）自主合作，探究新知。

（3）巩固新知，拓展延伸。

（4）总结收获，深化提高。

第一个环节：创设情境，激发兴趣

课的开始，我先播放了一段视频，然后，顺势提出问题：像这样，每1联占整幅画的 $\frac{1}{5}$，3联占整幅画的几分之几呢？

设计意图：本环节的设计旨在让学生在欣赏装饰画的过程中，感受艺术的美，提高学生对美的追求，进而激发学生学习的兴趣和欲望。

第二个环节：自主合作，探究新知

活动一：每1联 占整幅画的 $\frac{1}{5}$，3联 占整幅画的几分之几？

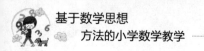

活动一解决情境中的问题。首先，引导学生独立完成活动卡，然后小组交流汇报。

有的学生借助画图法，得到3个 $\dfrac{1}{5}$ 的和就是 $\dfrac{3}{5}$。

也有的学生根据已有的知识经验，列出了加法算式并计算出结果。

还有的学生经过思考，联想到求几个相同加数的和是多少可以转化为乘法，列出算式 $\dfrac{1}{5} \times 3$。对于这种列式我给予学生充分的肯定和表扬。通过对知识的主动迁移把相同分数的连加用分数乘法算式来表示，通过类比，使学生初步感知分数乘整数的意义与整数乘法的意义相同，也就是求几个相同分数的和是多少可以用分数乘法来表示。

接着，引导学生明确我们是将3个 $\dfrac{1}{5}$ 相加写成了 $\dfrac{1}{5} \times 3$，那么 $\dfrac{1}{5} \times 3$ 表示3个 $\dfrac{1}{5}$ 的和是多少。计算的过程中写成3个 $\dfrac{1}{5}$ 相加，分母不变，3个相同的分子相加可简写成1×3，计算结果也是 $\dfrac{3}{5}$。

也可以省略中间的这一过程，借助学生画图的过程呈现，在涂的过程中总份数还是5份，即分母不变，每次涂1份表示 $\dfrac{1}{5}$，涂了3次，总共涂了3份，所以1与3相乘。让学生直观地感知 $\dfrac{1}{5} \times 3$ 的计算方法是分母不变，分子与整数相乘的积做分子，从而顺势引出本课的课题"分数乘整数"。

设计意图： 回顾这一过程，学生运用几何和已有知识的迁移、转化，经历了从"形"到"数"的过程，初步感知分数乘整数的意义及计算方法。

活动二：2个 $\dfrac{3}{7}$ 的和是多少？

大部分学生列出了 $\dfrac{3}{7} \times 2$ 并计算出结果（贴板书）。紧接着，我向学生提出 $\dfrac{3}{7} \times 2$ 表示什么意思？引导学生明确 $\dfrac{3}{7} \times 2$ 表示2个 $\dfrac{3}{7}$ 的和是多

少，让学生进一步理解分数乘整数的意义，从而突出本节课的教学重点。（贴板书）

接着我组织学生小组讨论：怎样借助方格图验证这一计算过程？之后我借助多媒体演示，1个 $\dfrac{3}{7}$ 里面有3个 $\dfrac{1}{7}$，由此可知2个 $\dfrac{3}{7}$ 是6个 $\dfrac{1}{7}$，也就是 3×2个 $\dfrac{1}{7}$，所以 $\dfrac{3}{7}\times2=\dfrac{3\times2}{7}=\dfrac{6}{7}$，让学生进一步理解分数乘整数的计算方法是：分母不变，分子与整数相乘的积做分子。

设计意图： 此环节学生经历从"数"到"形"的过程，让学生体会到用几何可以形象地明晰算理，从而突破本节课的教学难点。

活动三：归纳总结分数乘整数的计算方法。

经过上面的两个活动，我引导学生自主尝试计算这两道题（$\dfrac{5}{16}\times3$ 和 $2\times\dfrac{5}{9}$），然后进行交流汇报。在展示学生答案时，引导学生观察哪一位同学的计算过程更简便，得出学生2的计算过程比较简便。

接着我引导学生观察这4个算式，说一说分数与整数相乘如何计算。学生通过观察、交流，最后总结归纳出分数乘整数的计算方法是：分母不变，分子与整数相乘的积做分子。

设计意图： 通过以上三个活动，学生经历了直观感知、知识迁移、观察发现、总结归纳等过程，体会到用数形结合的方法有助于理解意义及算理，体会到转化思想，体验到成功的快乐，从而达到本节课的教学目标。

第三个环节：巩固新知，拓展延伸

（1）在巩固新知方面，我设计了如下三道有梯度的练习题。

①涂一涂；②填一填；③口算游戏。

设计意图： 让学生在涂一涂的过程中，理解分数乘整数的意义；在填一填的过程中，明晰分数乘整数的计算方法；通过口算游戏，让学生熟练掌握分数乘整数的计算方法。

（2）在拓展延伸方面，我首先播放两会上瓶装水"实名制"的相关报道。接着向学生提出问题：今年全国人大代表共有2980人，如果平均每人每天节约

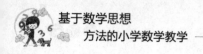

$\dfrac{1}{10}$ 瓶矿泉水，那么每天大约节约多少瓶矿泉水呢？并让学生独立解决得出结果。

设计意图：此环节既开阔了学生的视野，渗透了节约意识，又让学生体会到生活中处处有数学。

第四个环节：总结收获，深化提高

为了体现"人人学有价值的数学"这一理念，通过生生互动、师生相互的总结，谈谈本节课你有什么收获。

四、说目标达成

纵观整个教学过程，从生活情境入手，借助数形结合的方法，让学生经历了分数乘整数的探究过程，理解了分数乘整数的意义及算理。从口算游戏中，让学生熟练掌握分数乘整数的计算方法。从解决两会节水问题中，让学生体会到分数乘整数在生活中的应用，从而达到令人满意的教学效果。

以上就是我的说课，谢谢您的倾听！

（广东省姚冬梅教师工作室成员张萍老师在2018年执教此课例荣获广东省第九届小学数学说课比赛一等奖，并在骨干教师送课下乡活动中展示）

论文篇

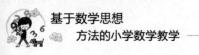
对"情境热"的冷思考

惠州市光彩小学　姚冬梅

课程实施教学建议中明确指出："数学教学，要紧密联系学生的生活实际，从学生的生活经验和已有知识出发，创设生动有趣的情境。"新教材对重要的教学内容按照"问题情境—建立模型—解释与应用"的基本叙述方式编排，即创设一个学生熟悉的问题情境，帮助学生通过观察、实践、探索、思考、交流逐步建立问题的数学模型，然后运用这一模型去解释一些现象或解决一些问题。自新课程实施以来，情境创设几乎成为数学教师关注和探讨的热点，几乎所有的公开课、示范课、观摩课，都是从情境引入，教师对情境创设是"爱你没商量"。事实证明，恰当的教学情境不仅能为学生学习数学拉开成功的序幕，也将是促进和引导学生积极置身于自主探究学习中的有效途径，使原来枯燥的、抽象的数学知识变得生动形象、有趣。然而，个别教师把握新课标理念有所偏颇，为了设置引人入胜的情境而绞尽脑汁地捏造，片面追求情境的趣味性，只注重表面的热闹，导致情境创设"过度"，显然背离了课改理念，也远离了数学的本质，更导致了课堂的低效。有些新教材提供的情境图也有些不妥。下面选择几个典型案例谈谈个人看法，以期能抛砖引玉。

一、情境创设应符合生活实际

案例1：脱离现实的情境

北师大版教材四年级的内容"小数点搬家"（小数点的位置移动引起小数大小的变化），为激发学生学习兴趣，提供了如下情境图（三幅主题图，如图1所示）。对主题图的作用，教学用书上这样说：教材利用学生喜爱的卡通人物开餐馆的情境，呈现了"山羊快餐"通过价格的变化吸引顾客的故事，生动地说明小数点移动引起小数大小变化的规律。教师一看就犯糊涂：难道有4角、4

分的快餐？而且从4元降低到4角，再到4分，现实中有这样降价的吗？教材主题图中店门口三块价格牌上的小数分别是：4.00、0.40、0.04，粗看的感觉是3个数字的位置在变，而小数点的位置却没有变，而从4.00到0.04是小数点在搬家，还是"4"在搬家，或是"0"在搬家，如果放开让学生去探究还真是说不清理不明。其实教师都觉得教材创设的这个情境不仅内容虚假，严重脱离生活实际，而且不利于学生的探究。小动物和童话世界固然是学生的最爱，学生也喜欢卡通形象，但并不因此一定能使知识的学习更轻松，更容易。相反，这样的编写荒谬、牵强、脱离实际，还容易误导教师或学生。在教学实践中我参考了李毓佩教授写的《小数点大闹整数王国》，教学本课时我把学生喜爱的童话故事做成课件，化静为动，收到了很好的教学效果。

图1 小数点搬家插图

思考：

新课标强调：让学生在现实情境中体验和理解数学。数学源于生活，数学教学需要与学生的生活紧密联系在一起，要让学生感受到数学在生活中无处不在，激发学生探索问题的兴趣。因此，在教学中，教师创设情境时要针对学生的年龄进行设计，低年级偏于游戏化的富有童趣的情境，高年级偏于实践。要针对生活实际进行设计，尽量使数学知识生活化，生活知识数学化。因为教材内容与学生生活经历之间总是会存在一定的时空差距，所以教师对教材提供的情境图有时要进行适当改变。应该允许教师在教学实践中改造情境图、重构情境图、不用情境图。教师应因地、因时、因情、因学生独立处理教材，不把情境图当教条。如教材呈现的春种秋收等内容，农村学生耳熟能详，城市学生则知之甚少；同样，公园超市等场面，城市学生习以为常，农村学生则一知半解。这样就加大了学生数学学习活动的陌生感。教师在创设情境时可以改变内容呈现的情境，选择生活气息浓厚、学生喜闻乐见的熟悉素材，激发学生的兴趣。一般来说，创设生活情境的素材，学生经历过的比听说的有效，发生过的比未发生的有效，今天发生的比昨天、前天的有效，新奇的比普通的有效。有效的生活情境应突出它的时代感、典型性、新颖性和冲击力等特点。同时在创设教学情境时应注重它的现实性、针对性、趣味性、思考性和挑战性，还要注重它的简约性。复杂、冗长的教学情境不仅会模糊要解决的问题，使学生的思考游离于数学问题之外，而且无形中会挤占探讨重点问题的黄金时间，降低课堂教学的效益。

二、情境创设应突出教学重点

案例2：喧宾夺主的情境

在"轴对称图形"的教学中，有位教师一开始运用课件展示由各种图形组合成的精美图案：天安门城楼、房子、小汽车、飞机、树等，然后展示我国剪纸艺术作品，很快又投影出本地几个标志性建筑，接着教师问："你们知道这是哪里吗？"接着全力渲染所在市的旅游胜地，带领学生观看本市旅游景点的录像，镜头所及全是山清水秀、花红叶绿、寺塔辉映……在学生禁不住赞美与感叹时，录像定格在景点中的宝塔、寺庙、蝴蝶等具有对称特征的物体图像上，教师让学生观察、思考：这些物体美在哪里？有什么共同特点？而大部分学生还没有回过神儿来，仍旧沉浸在美的享受中，流连于旅游美景中……

思考：

教师精心制作的课件，换来的却是学生纷飞缭乱的思绪，本来只需寥寥数语就能概括出的情境，却因掺杂了过多的美丽画面使学生一直沉浸于情境中的非数学信息。非数学信息干扰和弱化了数学问题的呈现，学生被一些无关因素吸引过去了。教师的意图是通过情境的创设让学生感受生活中的对称美，但仅仅为了揭示课题就用去了大量的时间。本课例教师大费周章地播放录像，既浪费了宝贵的课堂教学时间，使新知教学的探究时间无法保证，而且使一些本来就容易分心的学生的注意力转移，长时间去思考一些与本课无关的内容、话题。这样的情境不仅冲淡了学生的数学学习，而且也浪费了大量的时间和精力，教学效率自然就降低了。在教学中创设有效的数学情境能激发学生的学习兴趣，提高学生的学习积极性，但绝不能为创设情境而创设情境。

案例3：冗长烦琐的情境

五年级"购物策略"中有一道这样的习题：

十一国庆长假期间，小林和爸爸妈妈去逛街，发现有两个超市里同一品牌商品原来的销售价都相同，但现在各自推出优惠措施：

甲超市：本超市购物100元，送购物券25元。

乙超市：本超市所有商品一律八五折。

小林应该建议爸爸妈妈去哪个超市购物？为什么？

这道习题煞费苦心地创设了一个购物情境，冗长的叙述，表达了让学生在日常购物中要利用所学数学知识去计算的目的。但归结到问题的解决，学生开始糊涂了：到底去哪家超市购物好呢？这其中的规律以学生现有的知识水平根本无法解决。（本题要分类分析购物的钱数与优惠钱数，再得出去哪家超市实惠）

思考：

情境创设的呈现要与课堂实际相符，为数学知识学习服务，力求简洁明了，切勿繁杂缤纷。审视反思，课本以及配套练习上的习题存在一些片面追求"生活化"的时尚误区。

三、情境创设应紧扣教学内容

案例4：生成过泛的情境

有位教师教学"圆柱的体积"一课时，以"乌鸦喝水"的故事进行导入，并配合多媒体课件鼓励学生声情并茂地讲完故事后，问：你觉得这是一只怎样的乌鸦？于是学生争先恐后地发表自己的想法，气氛异常热烈，学生热情高涨、观点异彩纷呈……我们看到，有些教师的课堂上经常出现一种怪现象：教师把课件一展示，教室里像沸腾的油锅，学生一个个小手举得高高的，都争着要回答。教师忙得团团转，喊这个学生，叫那个学生，还要点评学生的发言，学生无边无际地说些想法，转来转去不能切入主题，出现"千呼万唤不出来"的尴尬场面。

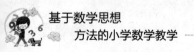

案例5：游离目标的情境

有位教师在教学一年级"认识钟表"一课时，让学生观察小组内自带的钟表，学生各自拿出各式各样的钟表，有的形状像小猫，有的像小兔，有的像小熊，有的一按按钮开关就发出悦耳的声音，有的放在桌面上会不停地点头或摇动，等等，学生看到这么多奇异的钟表非常兴奋。然而，当汇报交流时，学生由于刚才的兴奋点都集中在钟面外形和功能上，竟然没有一个学生能把钟面指针、数字、大格、小格说全面的。这样的课堂看起来是热闹的，但学生主体的"数学思考"却被亮丽的形式所淹没，本末倒置，游离目标。此类情境所能给学生的，除了肤浅的视觉刺激，就是浮躁的学习心态。

思考：

新教材将教学内容置身于有趣的、与学生生活背景相关的情境之中，教师在教学中也挖空心思地创设各种新颖有趣的情境，以期吸引学生的注意力、激发学生的学习兴趣。但创设情境不能只图表面的热闹，不能让过多的非数学信息干扰和弱化数学问题的呈现。有些教师过于重视情境激趣，在教学情境上大做文章，造成学生往往只对教师创设的情境感兴趣，却很难从情境中抽象出数学模型，影响数学课的实效。

综上所述，我认为课堂教学的情境创设应当遵循以下三条原则：

（1）以激发数学问题意识为导向。

（2）以促进数学教学目标的有效达成为目的。

（3）以情境素材的合理选取为前提。

创设的情境运用到数学之中是为数学学习服务，因而要做到：现实性、趣味性、新颖性、简洁性。

（此文在惠州市2011年优秀论文评比活动中荣获一等奖，经过整理后发表在《师道》杂志2012年第5期）

教学反思该如何反思

惠州市光彩小学　姚冬梅

《礼记·学记》中说："学，然后知不足；教，然后知困。""困"说的就是对教学的反思。外国学者波斯纳也提出了一个教师成长的公式"经验+反思=成长"。该公式恰如其分地表达和彰显了"教学需要反思"的重要性和必要性。教学反思是以当前的视点对过去的教学设计、教学过程和教学行为进行重新思考。教学反思被认为是教师专业发展和自我成长的核心。我区新课程改革已经进行了10年，教学反思作为新课改的教学理念之一也被广大教师认同，教育局也要求每位教师每学期写教学反思的数量不少于10篇。但在实际教学中，很多教师把教案写得非常详细，教学反思却不过寥寥数语，而且还套话、空话连篇，如"这节课的效果不错，达到了教学目标""本节课学生比较活跃，教学效果良好"，等等。有部分教师认为写教学反思不过是为了应付学校的检查，他们为完成任务突击一两个晚上写出几份教学反思，因而写得既无实用价值，又无参考作用。由此观之，广大教师教学反思的广度、深度以及养成习惯方面尚未达到理想的程度，水平还有待进一步提高。

那么，如何写教学反思才能有效促进教师专业化水平的提高呢？

一、写精彩之处

数学课的精彩之处可以是教师对先进教学理念的灵活、创新运用，可以是学生思维火花的可贵闪现；既可以是教学设计的奇思妙想、灵机一动，临场发挥的得意之作，也可以是教学方法的精心安排、巧妙之举，更可以是师生交流的精彩发言、学生出现问题后的有效处理、课堂小结的别具匠心、精当合理的板书以及学生在作业中有创意的见解……教师可对这些成功的经验进行详细的记录，供以后教学借鉴和参考。如有位六年级数学教师上组合图形的面积一课时，对一道题运用了6种解法，学生兴趣盎然。进行小结时教师说了一句广告用语："不求件件中君意，但愿人人有所得。"（学生都笑了）接着教师又问："你们有所得吗？"学生不约而同地说："有！"这时，这位教师话锋一转："不过方法一、二不管你们'中意'与否，我还得'强卖'给你们，因为这是通法，是基本的方法，必须牢牢掌握。"这位教师借用广告语做小结，恰到好处，别具一格。学生在生动有趣、愉悦活泼的课堂氛围中回忆课上所学内容，特别是对教师所推荐的两种基本解法，印象深刻，回味无穷。这种精彩的课堂小结就很值得总结、借鉴。又如有位特级教师教学"时、分、秒"时，在下课前让学生计算：一节课40分钟，如果是8点55分上课，下课的时刻应是几时几分？当学生算出应是9点35分时，教师指着教室里的时钟说："你们看现在就是9点35分，我们下课。"教师将教学内容及时巧妙地与当时的环境氛围相联系，形成情景交融之势。

二、写不足之处

"教学永远是一门遗憾的艺术。"教师对教学中疏漏之处的深刻剖析，比经验更珍贵。在教学中，教师每上完一节课总会有这样或那样不尽如人意之处，有时是教材内容处理不妥，有时是教学方法运用不恰当，有时是师生活动不够协调等。如果不及时查漏，就无助于教学水平的提高。每次课后都应该仔细查找教学中的不足和失误，多积累"病例"，同时有的放矢地寻找"治疗"的方法。对不理想的课认真反思，并从学生的角度进行换位思考："如果我是学生会怎样？""这位学生为什么会有这样的想法？"或让学生对作业和考试中的错误进行反思（如我校有部分教师改完试卷或作业，发还给学生后没有急于评讲，而是给学生一定的时间，让学生针对自己做错的题目进行反思：写出当时解决问题的方法，找到错误的根源；然后变换角度重新审视问题与方法，写出经过反思后的答案），这样既可以了解学生的思维脉络，对症下药，教师还可透过学生的反思，反思自己的教学行为，找出弥补不足的有效途径，记录后使自己在今后上同类课时不再出现类似的问题，以提高自己的教学水平。教师经常进行这样的换位反思，对形成独特的教学风格是大有裨益的。俗话说："当局者迷，旁观者清。"作为教师还要善于向他人学习。如经常请他人听听自己的课，请他人评议自己的教学，指导教学设计，或者经常听同行的课，特别是名师的课，并以此为镜子来对照自己的教学，找出自己的不足之处，反思自己的行为。这样的反思活动对提高反思能力和教学水平有很大帮助。例如，我在教学"倒数的认识"时，忽略了对求一个数的倒数的正确书写格式的教学，只重点强调求倒数的思考过程：$\frac{3}{5}$（<u>分子与分母调换位置</u>）$\frac{5}{3}$，结果大部分学生在练习时也就按此思考过程将 $\frac{4}{11}$ 的倒数写成 "$\frac{4}{11}$—$\frac{11}{4}$" 或 "$\frac{4}{11}=\frac{1}{4}$"。我把这深刻的"一失"记下来，进行认真的反思，将这部分内容进行合理的调整，写出再教设计。再上此课时，学生不仅掌握了所学知识，而且更深刻地理解了倒数的意义。记所失既是对学生高度负责的表现，也是不断提高教学水平的客观需要。

三、写教学机智

教学机智是指教学过程中，教师对学生各种表现，特别是对意外情况和偶发事件，能够及时做出灵敏的反应，并采取恰当措施以解决问题的特殊能力。苏霍姆林斯基说："教育的技巧并不在于能预见到课的所有细节，而在于根据当时的具体情况，巧妙地在学生不知不觉中做出相应的变动。"教师在教育教学中善于运用自己的智慧，灵活机智地处理一些事情，幽默含蓄地扭转尴尬局面，形成自己独特的教学风格。课堂教学中，随着教学内容的展开，师生的思维发展及情感交流的融洽，往往会因为一些偶发事件而产生瞬间灵感，这些智慧的火花常常是不由自主、突然而至，若不及时利用课后反思去捕捉，便会因时过境迁而烟消云散，令人遗憾不已。在课堂上，学生时常会提出一些稀奇古怪的问题，或有些错误的想法，教师可以抓住有利时机将错就错，让失误生成精彩。如有位老师教学"平行四边形的面积计算"时，先出示一个可以活动的长方形框架让学生说出面积计算的方法：长×宽（$A×B$），接着，用手轻轻一拉成了平行四边形，让学生思考这个平行四边形的面积怎样算？在提出问题后教师先让学生猜想，然后动手验证（课前学生自己剪的平行四边形纸片）。学生汇报时有三种回答：一是用数方格的方法来计算面积，二是底乘高，三是相邻两边相乘（$A×B$）。显然第三种想法是错误的，但教师没有马上评判对错，去讲平行四边形面积公式的推导，而是先肯定这种想法的学生运用了"类推"的数学思想方法，

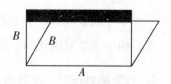

图1　平行四边形图

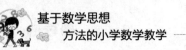
然后，从这种错误想法出发，师生共同探讨。教师运用课件巧妙地将平行四边形左移至长方形图上，引导学生比较：两个图形的面积一样大吗？（不一样大）哪个大？大多少？（见图1）

经过仔细观察比较，学生发现图中的阴影部分就是长方形面积比平行四边形面积大的部分，进而得出相邻两边相乘的想法是错误的。教师对在教学中学生出现的差错不是简单地改正，而是因势利导，让错误引发精彩。这种独具匠心的处理，不但保护了学生的自尊心，让学生在学习过程中产生的错误变成了宝贵的教学资源，让学生在错误中反思，更重要的是使课堂在辨错、改错中，引燃了学生的思维，激励学生更好地将学习热情与创造精神施展到教学活动中去。

四、写再教设计

《小学数学课程标准》（2011年版）指出：数学教师不再只是习题"研究者"和考试"指导者"，而是拥有先进教育理念、懂得现代教育技术、善于学习、善于合作的探究者。一节课下来，静心沉思：组织教学方面有何新招？教法上有哪些创新？知识点上有什么新发现？教师的启迪是否得当？练习是否到位？解题的诸多误区有无突破，摸索出哪些教学规律？等等。及时记下这些得失，进行必要的归类与取舍，考虑再教这部分内容时应该如何做，并将其记录下来，这样可以做到扬长避短，特别是可以为自己下一轮的同期教学提供极好的帮助，避免再走弯路，从而提高自身的教学能力和教研水平。

如我在教学"分数除法"时，反思前后的两种教学设计：

反思前：

先出示复习题：（1）一项工程8天完成，平均每天完成几分之几？（2）一项工程每天完成 $\frac{1}{5}$，几天完成这项工程？

总结此类问题的数量关系式，首先是把工作总量看作单位"1"，再出示例题：一条公路长30千米，甲队单独修要10天，乙队单独修要15天，两队合修几天完成？

学生列式计算，然后教师把题中的"30千米"改成"45千米"再让学生练习，引导学生发现规律：题中可以用单位"1"代替工作总量，最后让学生用单位"1"解答例题，引导学生回答 $\frac{1}{10}$、$\frac{1}{15}$ 分别表示什么，它们的和又表示什么，总结工程问题应用题的特征。

反思后：

出示例题：一条公路长30千米，甲队单独修要10天，乙队单独修要15天，两队合修几天完成？

学生小组讨论并说明算理，然后猜猜：如果要将修的路程由30千米延长到60千米，其余条件不变，两队合修几天可以完成任务？如果将公路长分别改为300千米、45千米、1千米，所需的天数又会是什么？学生分小组计算并汇报结果（结果都是6天），引导学生观察所列算式后发现无论这条公路有多长，最后合修的天数都是6天，既然如此，可以去掉多余条件"一条公路长30千米"，把它看作单位"1"来解答。

显然，经过反思后的教法二理念较新，策略较高，能依新课标理念和学生实际对教材资源进行合理的利用和开发，注重对学生能力的培养，把多个问题计算完全"放"给学生，让学生在独立思考、亲身体验、主动探索过程中寻找问题的答案。实践证明这样的教学效果好。

叶澜教授曾说，一个教师写一辈子教案不一定成为名师，如果一个教师坚持写三年的教学反思，就有可能成为名师。教学反思是教学实践中一个过程的结束，同时又是新的教学实践的开始。一位哲人也说过："开始是我们创造习惯，后来是习惯创造我们。"养成每课必反思的习惯，有利于教师从整体上调整自己的教学方法和技巧，提升教师分析问题和解决问题的能力，促进教师的专业化发展。写教学反思一定要有感而发，不必拘泥于什么样的形式，可以发议论、谈感想、画表格、摘要点、提措施，等等，关键是内容充实、实用性强，有利于指导今后的教学，切忌只求形式不讲内容而造出空洞无物、毫无价值的教学反思。

参考文献

［1］教育部.义务教育数学课程标准（2011年版）.［M］.北京：北京师范大学出版社，2012.

［2］叶澜.教育概论［M］.北京：人民教育出版社，2006.

［3］黄爱华.黄爱华与智慧课堂［M］.北京：北京师范大学出版社，2015.

（此文在惠州市2006年优秀论文评比活动中荣获一等奖，经过整理后发表在《小学数学教育》杂志2012年第6期）

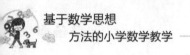
小学生数学课外阅读缺失的成因分析及策略

惠州市光彩小学　姚冬梅

一、问题的提出

《小学数学课程标准》（2011年版）强调："要注重学生诸多能力的培养，其中包括数学阅读能力、数学应用能力和数学探究能力培养。"如何实现这一课程培养要求是值得小学数学教师研究的课题。在日常生活中，数学阅读无处不在，人们越来越多的需要包括数学阅读在内的综合阅读能力。浓厚的阅读兴趣、良好的阅读习惯和基本的阅读能力不仅是小学生学习知识的需要，也是他们将来适应社会发展必备的素质。大量有益的课外阅读，可以培养学生学习数学的兴趣，使学生萌发一种"数学真有趣，我要学数学"的心理，让学生把数学课外阅读作为一种重要的数学学习方式，让数学阅读真正成为学生的一种习惯，达到享受数学的目的，也使学生开阔视野、陶冶情操、促进文化积累、发展数学素养。

基于此，2009年我校数学科组开展了"依托数学课外阅读提升学生综合素养"的课题研究，顺利结题并获得结题组专家的高度评价。课题实施3年来，我校数学科组全体教师依托丰富多彩的活动，结合每年学校开展的读书节主题活动（我读书，我快乐；读经典之书，与圣贤为友；让读书成为习惯，让书香伴我成长）。全校数学课外阅读活动有序而热烈地开展，活动中的比赛项目开展得有声有色，如数学手抄报比赛、创意故事改编、数学在生活中的应用等，学生参与积极性高，作品数量多且质量高，很多学生成了"课外阅读小博士""阅读进步之星""快乐阅读之星"，不少班级被评为"书香班级"。每年读书节的作品展都获得其他兄弟学校的教师和学生家长的好评。本文拟从小学生数学课外阅读缺失的成因和策略两个方面谈谈我们的看法和做法。

二、小学生数学课外阅读的现状

谈起课外阅读，大家一般都会想到语文课外阅读或科普阅读，很少有人会想到数学阅读，或者认为数学课外阅读就是多买几本《教学同步练习》《奥数课程》等，认为数学课外阅读就是多做题，提高成绩。许多学生存在的各种数学学习障碍，往往都是由阅读能力低下引发的。通过对小学生数学课外阅读现状的调查发现，目前学生数学课外阅读严重不足，传统应试教育分数至上的观念依然严重。学生的数学课外阅读主要有以下几方面的问题：

（1）阅读兴趣比较单一，漫画书等休闲性阅读占据学生课外阅读的大部分时间。

（2）学生的阅读习惯和阅读量受老师、家长的影响较大。

（3）在上网玩游戏、看电视等冲击下，学生课外阅读的时间变得越来越少，学生变得不愿独立思考，遇到数学问题容易依赖其他人。

（4）学生阅读能力、独立思考能力正在退化。

学生缺乏阅读数学课外读物的习惯，缺乏独立思考、独立阅读的能力。看数学课外书不同于看小说，不能读得太快，要边阅读边思考。阅读数学课外读物时，当把一个问题的题意弄清后，需要学生独立思考，必要时准备笔和纸，写写算算画画，进行一些必要的计算和推导，这样边读边想边算，比单纯的阅读更考验学生良好的阅读意志品质。不少学生在阅读中遇到问题就逃避，无法保证阅读的功效。

三、对学生数学课外阅读缺失的成因分析

（一）学生自身的因素

1. 心理因素

受分数至上的影响，绝大多数学生数学课外阅读令人担忧，并且出现年级越高阅读量越小的怪现状。不少学生课外阅读的功利性较强，"提高学习成绩"成为学生阅读的重要原因之一。

2. 能力因素

数学阅读往往要求较高。数学阅读一般是建立在思维基础之上的逻辑性阅读、符号化阅读、图表化阅读，如产品说明书、股票信息图、手机话费的明细账等。由于小学生年龄小，生活阅历和知识储备相对不足，加大了数学课外阅读的难度，有学生遇到问题逃避，缺乏阅读的自信心，阅读兴趣不浓，导致不会读和不想读数学课外书。

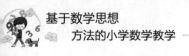
（二）教师因素

1. 理念滞后

部分教师受传统教学思想和方式的影响，教育理念滞后，对数学课外阅读认识不足，忽视对学生数学阅读能力的培养。有的教师认为阅读培养是语文学科的事，没有为学生提供阅读数学课外读物的时间和空间。有的教师自己不读书导致课外阅读指导能力缺失，借口没有时间和精力对学生进行课外阅读指导。还有的教师习惯于照章办事，存在求稳怕乱，规避风险的思想，认为数学就是多做题。这些都成为学生进行数学课外阅读的阻力。

2. 怕影响成绩

目前对教师的评价往往是根据教学成绩的好坏，于是在教学中就易形成重成绩轻能力的倾向。有部分教师害怕学生多看数学课外书会影响学习成绩，宁愿布置习题让学生练习而不愿让学生阅读数学课外读物。

（三）家庭因素

随着社会竞争的日趋激烈，家长对孩子的要求和目标是极其明确的，那就是考高分上名牌大学。因此对与孩子升学无直接作用的爱好和特长强制割舍。由于学习带有太强的功利性，目的又太单一，除了学校布置的作业外，家长又选购了大量的学习参考资料给孩子。那些被他们称为杂书的数学课外读物当然不在学习之列，认为数学课外阅读分散孩子精力，耽误学习。这使得学生在学习上依赖、被动、盲从的状况更加严重。

四、小学生数学课外阅读缺失的策略

数学的抽象和枯燥是不言自明的，如果提供给学生的数学知识是没有任何历史背景，毫无生命活力的、不知来自何方也不知去向何处的，那么数学就只是一堆枯燥乏味的符号，学生对数学就很难产生兴趣。让学生在课外阅读一些数学书籍，对于培养学生良好的品德、巩固课内所学知识、拓宽知识面、激发学习兴趣及提高自学能力等都是大有裨益的。好的数学课外书以通俗的语言、流畅的文笔讲述古今中外的数学名题、趣题和智力游戏，展示出数学的神奇智慧和艺术般的魅力，激发学生学习数学的兴趣和探索求知的欲望，在不知不觉中将学生引进深奥有趣的数学世界。如何有效地开展数学课外阅读呢？在教学实践中我们做了如下几方面的探究。

1. 创设氛围，激发阅读兴趣

传统的数学教学让学生适应以本为本，习惯数学就是解决问题。因此，要让学生的视角转向课外阅读的领域，必须从培养学生的阅读兴趣入手。孔子说："知之者不如好之者，好之者不如乐之者。"对小学生来说，教师尤其应该激发他们的阅读兴趣，使他们在头脑中将阅读和乐趣相联系，用"兴趣""乐趣"这两把金钥匙去开启学生的心扉，学生有了阅读的兴趣，就会从内心深处对阅读产生主动需要，变"被动读"为"主动读"，变"要我读"为"我要读"，树立"我阅读，是因为我喜欢这么做"的理念。

如何激发学生的阅读兴趣？我们认为营造良好的数学阅读氛围，可以让阅读的意识渗入学生的心底。例如，我们在教室里开创了一块数学墙报，墙报内容丰富多彩，有"知识园""趣味园""故事园""思考""想一想""智慧的火炬""数学园地""数学之窗""数学苗圃"等，把这些板块分小组承包给学生，让学生把阅读中认为重要的，需要注意的知识点，或者是一些学习的小经验都记在小卡片上，再贴在这里；或者轮流制作一些小卡片贴在这里，每张小卡片上都写上一道趣味数学题，让大家一起来动动脑筋，几天后卡片小主人再公布正确答案；或者把阅读中搜集到的有趣的数学故事，都放到这里和大家一起来分享。这无疑给学生提供了互相学习、互相督促的平台，起到互相欣赏、互相鞭策、互相激励的作用。在这样的氛围下，学生的课外阅读会慢慢内化为个人的自觉行动。

2. 与生共读，让阅读成为习惯

《第56号教室的奇迹》的作者雷夫·艾斯奎斯提出要"培养终身阅读的孩子"，他说："我要我的学生爱上阅读，阅读不是一门科目，它是生活的基石，是所有和世界接轨的人们乐此不疲的一项活动。"为了做好学生走进书籍世界的引路人，我校数学教师经常在教室里和学生们一起认真地阅读。买新书了，教师会兴致勃勃地告诉学生们——我的书橱里又多了几个新朋友……经过一段时间，在潜移默化、耳濡目染中，学生课桌上的书渐渐丰富起来。学生的转变也深深地影响了父母。不少家长也参与到读书活动中来，在师生共读的基础上又增加了另一种阅读方式——亲子共读。经过努力，我校的学生基本上都喜欢上了阅读数学课外书，不少学生养成了每日必读的习惯。班级图书角是学生课外阅读最方便、快捷的图书源。我在班里建立班级图书角，图书角可向学生征集图书，让学生将自己心爱的读物带到教室。班级图书角的书是动态的,新书被不断地带来,而学生阅读过的旧书则被定时清理出来,由学生带回去或者捐给希望小学。学生在早读课背完一定的内容就拿出课外书读,做完作业也拿出书看,每天下午的自习课,更是学生徜徉书海最快乐的时光。

3. 结合课堂,体验阅读乐趣

数学课外阅读不同于课堂的讲授和课外的练习,它不存在固定的形式和内容,不存在应试的压力。学生在阅读的时候,可以采用自己读的方式,也可以听他人读;可以看这样的故事,也可以读那样的内容。对学生来说,这种轻松的学习方式是他们所喜欢的。教师在教学中要重视挖掘教材与课外读物有联系的因素,许多生动有趣的课外阅读材料,经过教师有选择地引入课堂,使之与课内教学有机结合。教师在数学课堂教学中,把一些与教学内容有联系的数学阅读材料呈现在课堂上:讲一点开头、讲一个小故事、讲一点精彩的内容等,然后介绍阅读的材料,让学生课外阅读。在教学实践中我通过开展讲数学故事、趣味题竞赛、演讲比赛等系列活动,激励学生以更饱满的热情投入课外书的阅读活动中。对于故事性强的作品,可以介绍一个有趣的开头,引起学生的兴趣。如在分数乘法应用题学完后,我给学生讲了阿拉伯民间故事《分羊遗嘱》的故事开头,面对学生急切求知的心情,向学生推荐了《数学趣味故事》。要讲一些学生前所未闻的知识,激发学生兴趣。如在学习了质数知识后,我向学生介绍了数学皇冠上的明珠"哥德巴赫猜想",许多学生觉得不过瘾,又在课后通过查阅资料、上网获取更多信息。榜样能使学生产生向上的心理,我向学生介绍陈景润、华罗庚、祖冲之等数学名人故事,以这些名家的实际行动来激励学生的行为。又如学习了比例,可以走近金字塔,用数学去解释古埃及人花样百出的测量方法;学习了圆周率,可以翻阅《九章算术》,去感受古代数学家用各种数学方法与圆周率所做的一次次亲密接触……教学"年、月、日"后,学生产生了很多疑团:为什么会有平年、闰年之分?为什么会有大小月之分……带着这些问题,引导他们去查找《少儿百科全书》等书籍,让他们自己去发现,让每个学生都有机会与古今中外的数学名人进行对话,与数学智慧进行碰撞,与伟大心灵进行交流,真正让学生多读书、好读书、读好书,努力打造学生的人生底色,塑造文化学生,促进学生数学综合素养的整体提高。

4. 介绍方法，提高阅读能力

目前，学生课外阅读有两个比较突出的问题：一是有相当一部分学生根本不进行数学课外阅读，二是消遣性、休闲性阅读比较普遍。在教学实践中我发现学生阅读中存在的最大问题就是读得不细、读过就忘。较多学生未养成细细读书的习惯，只是把阅读当作一种消遣。这给我们进行数学课外阅读带来了一定的困难。正确的阅读方法、阅读习惯的形成，将使学生终身受益。因此，教师应该掌握一定的阅读指导策略，指导学生进行有效的阅读：

（1）指导学生合理利用工具书或网络查检资料。

（2）指导掌握学生精读、略读、浏览、速读等几种常用的阅读方法。

（3）指导学生养成不动笔墨不读书的习惯，培养学生在阅读过程中随机圈、画、点、注、评、摘等能力。

5. 整合资源，在阅读中飞扬

数学课外读物是一道丰盛的数学大餐，让学生在阅读数学故事的过程中思考，了解数学的发展历史，了解数学在生活中的广泛应用，了解数学家的成长故事。教师指导学生在课外阅读数学书籍和浏览数学网站，不但能丰富扩大学生的知识面，更重要的是能够培养他们的自学能力，使学生学会通过阅读来探求数学奥秘。应鼓励学生课外多到图书馆、书店、科技馆等学习参观。我将学生在数学阅读中做的数学读书笔记、数学日记、数学问题中的思路、错题集萃等作为阅读材料组织学生先在班级中阅读，然后在同年级中阅读漂流，学生不仅感到亲切自然，而且从中学会了关注、理解、整理他人的学习思路，为己所用。为了提高班级图书角的使用效率，我们组织学生准备图书登记表和学生借阅登记表，及时做好相关记录，确保班级图书角正常有序运转。

附：

我校推荐学生数学课外读物

我校数学教学课外读物不断更新，下面只是其中的一部分：

《书架上aoe数学故事》《马小跳玩数学》《李毓佩数学学习故事》《数学城历险记》《开发思维的趣味游戏》《拍脑袋趣味数学》《阅读新视窗：贝贝妮奇奇卡的数学之旅》《奇妙的数王国》《小学生数学知识快乐测试》《小学生数学成长日记》《荒岛历险》《神奇数学》《好玩的数学——谈祥柏教授献给少儿的礼物》《小学生提高学习成绩的500个数学故事》《科学发

现纵横谈》《全世界优等生都在做的1000个思维游戏》《数学的故事》《玩
转数学：轻松提高学生成绩的数学游戏》《数学动物园》《数学神探006》
《数学西游记》《数学小眼睛》《数学智斗记》《数学花园漫游记》《登上
智力快车》《数学营养菜》《帮你学数学》《算得快》《故事中的数学》
《漫话数学》。

6. 检查评价，品尝阅读成功

如何激发学生阅读的兴趣，使学生乐此不疲并持之以恒？由于学生具有
差异性，因此，要激发学生的阅读兴趣，让多数学生获得成功的体验。实践证
明：获得成功体验是学生阅读兴趣持久的稳定剂。因此，在评价上可以实行分
层评价，注重丰富性、多元性和全面性。评价的目的在于给学生树立榜样，激
励他们学习先进，让兴趣这把钥匙更好地开启学生的心扉，引导学生走进知识
的大门。我们结合学校每年的科技艺术节，在学生中开展各种生动有趣的数学
课外阅读评比活动：数学手抄报展评、数学日记评比、班级数学园地评比、数
学阅读知识竞赛，评出"课外阅读小博士""阅读进步之星""快乐阅读之
星"，给予学生全面的激励性评价，让学生获得成功体验。我们利用评选数学
日记和数学报的机会，充分调动学生的竞争意识和读书兴趣。读他人的日记，
看他人的数学报，对学生是个勉励和提高，同时，对部分阅读能力差的学生是
一种鞭策和激励。

数学课外阅读关键在于坚持。教师要尊重学生的个性特点，全面激发和
调动学生的多元智能，让学生拥有良好的阅读习惯和独特的个性思维方法，为
学生的终身学习及让阅读成为学生的一种习惯打好扎实的基础。只要持之以恒
地激发学生读书的兴趣，培养学生良好的阅读习惯，使学生掌握正确的阅读方
法，数学课外阅读就会逐渐成为学生的自觉行为。随着课外阅读的深入开展，
学生的理解能力、分析能力也会得到显著提高，深入地促进学生学习方式的有
效转变，使学生对数学感兴趣，并且爱上数学课。

参考文献

［1］刘京友.六年级数学活动课［M］.北京：北京师范大学出版社，1998.

［2］刘京友.数学宝库［M］.北京师范大学出版社，2000.

［3］施伟.强势推进数学阅读计划全面提升学生数学综合素养［J］.中小学
数学（小学版），2007（10）.

［4］杨红樱.马小跳玩数学［M］.长春：吉林美术出版社，2007.

［5］王光明，范文贵.新版课程标准解析与教学指导小学数学［M］.北京：北京师范大学出版社，2012.

（此文在惠州市2011年优秀论文评比活动中荣获一等奖，经过整理后发表于《师道》2012年第5期）

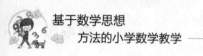
提高学生计算能力之我见

惠州市光彩小学　姚冬梅

数与计算是人们在日常生活中应用最多的数学知识，因此它历来是小学数学教学的基本内容，培养小学生的计算能力也一直是小学数学教学的主要目的之一。谈起计算，小学数学教师基本都重视，很多家长也很重视，但不少教师和家长有心、有行动，很多却是茫动、莽动，搞的是题海战术，认为熟能生巧，其实也有可能会"熟能生厌"。在多年的教学中，我发现教材在计算方面的变化趋势是：教学内容逐渐精简，运算数目逐渐变小，运算步数逐渐减少，计算难度逐渐降低，学生负担逐渐减轻。

通过分析教材，可以发现"数与代数"内容编写的特点如下：

（1）丰富数的概念的教学内容，培养学生的数感。

（2）计算教学与解决问题有机结合，使学生在学习计算的同时经历解决问题的过程。

（3）加强估算，重视估算与口算、笔算相结合。

（4）体现算法多样性，鼓励学生自己探索计算的具体方法。

提高小学生的计算能力是小学数学教学的主要任务之一，教师应有计划有步骤地提高学生的计算能力。小学的计算应该要求学生算得正确、迅速，同时应该注意计算方法合理、灵活，结合在教学实践中的体会，我认为要做好如下几点。

一、加强基础知识的教学

学好数学基础知识是提高学生计算能力的前提，只有使学生正确理解和牢固掌握计算中所需要的数学概念、性质、公式和法则，才谈得上培养学生的计算能力。例如，教学"三角形面积公式"时，要通过教具的演示，抓住底和高相乘为什么要除以2这个关键，让学生理解三角形面积公式的算理，否则，学生在实际计算中往往出现忘记除以2。

二、重视基本的口算训练

口算、估算、笔算、简算是小学学习数学的重要方法，要想提高小学生的数学计算能力，教师就要重视学生口算、估算、笔算、简算能力的培养。口算既是笔算、估算和简算的基础，也是计算能力的重要组成部分，要引导学生在理解的基础上掌握基本的口算方法，坚持经常练习，逐步熟练。在日常的数学计算中，教师可要求学生在进行计算前先进行估算，接着再进行口算，最后再进行笔算，看看这三种方法所得出的结果是否一样。这不仅可以提高学生的估算能力，也可以显著提高学生的口算和笔算能力。例如，掌握了能被2、3、5整除的数的特征后，多让学生练习，使他们看到100以内的数能正确、迅速地判断能被几整除。又如学完"分数和小数的互化"后，对于一些常用的分子、分母较小的分数化成小数的数值，如 $\frac{1}{2}=0.5$、$\frac{1}{4}=0.25$、$\frac{1}{5}=0.2$、$\frac{3}{5}=0.6$、$\frac{1}{8}=0.125$、$\frac{1}{20}=0.05$、$\frac{1}{25}=0.04$等，应经常练习，逐步记住，这对提高计算速度有好处。

三、加强基本技能技巧的训练

要培养学生准确、迅速的计算能力，必须让他们掌握一定的技能技巧。对小学生来说，就是灵活运用学过的简便算法进行计算。因此，应引导学生观察分析具体问题的特点，逐步养成善于观察的习惯。例如运用加法运算定律算出1+2+3+…+98+99+100的结果，如果用凑十凑百的方法进行计算，会很烦琐。若能认真观察题目特点，发现下面这些关系1+100=101，2+99=101，3+98=101，…100个数，每两个数配成一对，共有50个101：101×50=5050，显然，这个方法要简便得多。

四、注意典型示范

课堂教学中典型示范是指导学生提高计算能力的重要手段，示范时应注意：

（1）例题要典型，题意要明确，步骤完整，书写格式规范。

（2）要教学生掌握解题规律，遇到什么类型的题目，能采用相应的解题方

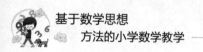

法，例如在"分数、小数加减混合"运算教学时，什么情况下分数化小数计算，什么情况下小数化分数计算，可安排如下4道题，让学生辨别用何种方法计算。

$$\frac{3}{8}+\frac{4}{25}-1.9$$

（两个分数都可以化为有限小数，用化小数方法做）

$$\frac{1}{3}+\frac{5}{12}-0.5$$

（两个分数都不能化为有限小数，用化分数的方法做）

$$13+\frac{1}{4}+\frac{2}{5}-\frac{51}{100}$$

（虽有三个分数，但均可化为有限小数，用化小数方法做）

$$\frac{1}{7}-0.6+\frac{1}{2}$$

（只要有一个分数不能化为有限小数，就要用化分数方法做）

这样，学生就会基本掌握解这类题的规律。

五、加强练习

加强练习是提高计算能力的有效途径，练习时要抓住重点，要讲究习题的质量和练习的方法，注重效果，所以教师要精心设计和选择具有针对性和代表性的练习题，同时采用能调动学生学习积极性的练习方式，如限时练习、看谁算得又对又准等方法，提高学生的计算能力。

六、培养学生良好的计算习惯

在小学数学阶段，要提高学生的数学计算能力，使其养成良好的计算习惯十分重要。在数学课堂上，教师一定要严格要求学生，让学生养成认真听课与思考的好习惯，做好课堂数学计算练习题，对于课后作业要独立完成，并养成仔细检查的良好行为习惯。教师布置作业也要有一定的针对性，并对书写要有严格的要求。

［此文1996年曾获全国"红烛辉煌"征文比赛二等奖并入编《教改科研新成果》一书（成都科技大学出版社）］

用赏识拨动孩子成长的琴弦

惠州市光彩小学　姚冬梅

一、叙事

教师的职业特点就是：你做对了没有人会记得，你做错了没有人会忘记。但是当你对学生表示欣赏时，他们是会记得的。

——摘自博客

曾经中央电视台李咏主持的《非常6+1》节目的标志图——翘起的大拇指给我很深的印象。不管舞台上的表演如何，它都为你伸出这根拇指来表示对你的赏识，这让我想起了教师那应该竖起的大拇指。但多数人的大拇指竖得太少，在现实生活中，为了孩子聪明，老说孩子笨；为了孩子快，老说孩子慢；为了孩子仔细，老说孩子粗心……总是揪住孩子的缺点不放。我过去也是带有这种抱怨教育恶习的教师之一。过去我教育学生的第一句话往往是：虽然你的优点还是有一点点的，但是……一个"但是"后面全是缺点。我过去一直不敢表扬学生，生怕表扬会滋长学生的骄傲情绪，正如大多数人以为教育的主要任务就是提出被教育者的不是，就是不断地敲打。所谓"优点不说跑不掉，缺点不说不得了"，而赏识教育观点恰恰相反：优点不说不得了，缺点少说逐渐少。希望孩子朝哪方面发展，就在哪方面抓住孩子的优点不放，"小题大做""无限夸张"，用赏识拨动孩子进步的琴弦。

2005年秋，我新接一个班。坦率地说，这个班不管是学生基础还是学生能力都是令我满意的，大部分学生学习自觉性高，学生与教师的配合也很默契，每个学生在我眼里都很优秀。但我没有放过任何一个找学生缺点的机会：每天作业做得好的学生我让小组长先发下去，粗心或错误多的留下来我当着全班学生的面给他们找缺点："××同学与××同学计算太粗心……""××同学与××同学审题不认真，答题时思路混乱……"结果一个星期下来差不多每个学生都被我当面批过，在我看来缺点当面指出了，收效应该是很好的，学生按老师的要求改正缺点是顺理成章的事情了。可是事与愿违，因为我每天这样当面分析，被找到缺点的学生上课总是提不起精神，耷拉着脑袋，失去了先前的活力与进取的劲头。更让我难过的是，不少学生看见我都躲得远远的，生怕遇到我。我心里那个着急难受劲就别提了。几天后我终于忍不住悄悄拉住科代表询问："同学们这段时间是怎么了，上课怎么这么没精打采的？"科代表欲言又止，在我一再要求并表示不会告诉其他同学时她才吞吞吐吐地说："姚老师，我们上你的课好紧张，感觉好累，很怕又受到你批评，就像你说的，我总是计算粗心、审题不认真……我也想改啊，可是每次越担心越是改不掉。"我呆住了，想了好久才终于明白，他们是把我找出的他们的缺点铭记于心了。其实他们在我心目中个个都很优秀，缺点就那么一点，或者在其他老师眼里根本不值一提。痛定思痛，我利用班会课先自我检讨，再让几个班干部带头说说自己的感受（事先布置他们准备好），最后全班动手写"老师，我想和你说……"，接下来又开展"找找自身的闪光点""夸夸我的好同桌（好朋友）"等活动，让学生在班里"说优点找同学""我知道我具有这些优点，愿意与你分享""我不知道我还有这些优点，谢谢你告诉了我"，我用欣赏的话语细数全班学生的优点，向他们竖起我以前很少竖起的大拇指。我还把学生之间互相发现的优点通过短信告知家长。我在网上搜集最让学生感动的教师用语，细细品味每句话的作用及用途。我充分发挥课堂语言评价的激励功能，针对不同学生的表现在课堂上采取"放大式"鼓励："我很欣赏你的回答！""我就知道你一定能回答出来，老师真为你高兴！""也许你在别人眼里有很多不足，但在我眼里，你是最棒的！""你不是最聪明的，却是最有灵气的，相信你将来一定有所成就！""你是一个很有想法的孩子，你的见解很有创意！"还真有效，学生恢复了往日的朝气与自信，上课更认真了，学习劲头十足。

我去年接的班里有个小朱同学，四年级从北师大附小转入我班，成绩在班里比较靠后，偏科严重，尤其是数学，经常是班里倒数，他有一些自卑，但骨子里透出的认真劲让人感动。他的学习基础不好，每次当他看到自己的成绩脸上滑过失望的表情时，我就会鼓励他："这次计算题才扣了两分，下次争取只扣一分，最好不扣分。""再努力一把，有很大机会赶上其他同学的。"我了解到他在转学前数学没有经过太多的相关训练，基础较弱，尽管他的数学成绩不理想，但他解题的思路与众不同，经常让人眼前一亮，为此我还专门发信息给他家长说他是块学数学的料，我相信他一定能成为优秀的学生。后来他家长告诉我,小朱看到这条短信时激动不已,把短信声情并茂读了好几遍。家长说他在家能主动学数学了。我发现他需要的除了学习方法的引导,更重要的是自信心的提升。一次他来办公室答疑时,我刚刚给他讲解了一道应用题,恰巧另一位学生也来问同一道题目,我顺势把题目交给他:"能不能当一回我的助教,帮我解答这道题目呢?"他很惊讶,满脸不相信:"我?!"我肯定地点点头,用鼓励和信任的目光看着他。他开始讲解,为了不给他造成压力,我故意做其他事情没有关注他们。过了一会儿,我听到一声感慨:"噢,原来是这样啊!"我抬起头看到一张恍然大悟的脸和一张自豪的笑脸。我冲他竖起了大拇指:"你真棒!"慢慢地,他成了我办公室的常客,来问问题,来帮忙当"小助教",来聊天。终于,他的成绩逐渐步入了优秀的行列。

二、反思

美国心理学家威廉·詹姆斯曾指出:"人性最深层的需要就是渴望得到别人的欣赏和赞美。"欣赏、赞美和鼓励是助学生飞向成功彼岸的翅膀。心理学上有一个有名的"南风效应":北风和南风打赌,看谁能把行人的大衣脱掉。北风使劲刮,可越刮,行人把大衣裹得越紧;南风徐徐,轻柔温和,使行人感觉到温暖如春,于是行人自觉地把大衣脱下。南风之所以赢了北风,正是因为它顺应了人的内在需要,使人的行为变为自觉。毫无疑问,老师的鼓励、肯定就是帮助学生成长进步的"南风"。教师应当用赏识的眼光看学生,发现学生的需要,肯定他们的发光点,引导他们将这些发光点迁移到学习等方面。赏识学生是赏识学生的优点、长处和进步,而不是忽视学生的缺点和错误。要指出的问题应当及时指出,该批评的应当及时批评,所以赏识也应当恰如其分,有多少说多少,更要注意到,在肯定学生的每一个进步的同时,让他看到新的目标,产生征服的愿望,让他们来不及骄傲。

"良言一句三冬暖",每个人都喜欢听肯定的话语,成人如此,学生更是如此。一句鼓励的话,可以让人燃起奋斗的热情。老师爱学生,得向学生表示出你的欣赏,让学生感觉到你对他们的爱。你竖起的是你的大拇指,而学生获得的是前进的动力和自信。让我们给学生一个灿烂的微笑、一次疼爱的抚摸、一声亲切的鼓励吧!

(此文在惠州市惠城区 2012 年优秀德育论文评比活动中荣获二等奖)

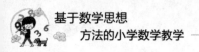
小学数学估算教学现状与对策

惠州市教育局教研室　陈远刚

一、估算的必要性

加强估算是新课程小学数学计算教学改革提出的一项要求，"能结合具体情境进行估算，并能解释估算的过程""在解决具体问题的过程中，能选择合适的估算方法，养成估算的习惯"，分别是第一、二学段要实现的具体目标。我们在教原来的老教材时，在计算当中也教过学生估算，但是没有具体目标，没有长远计划，更谈不上循序渐进地培养学生的估算能力。有些学生的估算能力较强，但是估算意识薄弱，很多学生没有估算的习惯。新课程认为估算既然是人们在日常生活中运用相当广泛的数学运用方式和行为，相对于与应用割裂的机械、繁杂的运算，估算有着广泛的应用价值和数学价值。

估算教学有助于提高学生对运算和测量结果形成概括性的认识，在计算题目之前对结果进行估算，可以使学生合理、灵活地用多种方法去思考问题；在计算后对结果进行估算，可以使学生获得一种有价值的检验结果的方法。

二、估算教学现状

估算在教师的心中到底有多重，学生的估算能力又如何呢？在与教师的交流研讨中，我们发现，目前小学估算教学的现状不容乐观，即使有教师认识到了估算的重要性，但在教学实施中，教师重视不够，理解欠缺，学生估算意识淡薄，方法单一等现象仍普遍存在。这里有教师方面的原因，也有学生方面的原因。

（一）教师对估算知识的定位及研究缺失，造成估算教学低效

1. 教师直接告知估算方法，学生体验不到估算是一种简化的计算

在估算教学中，有的教师直接告诉学生估算的方法（把其中的两个数看成整十数、整百数），但为什么要看成整十数、整百数呢？学生却知其然而不知其所以然，没有感受到其中的简化思想，只是机械地照着前面的样子完成习

题。其实估算，学生也是在进行计算，只是相对于原有的数据计算而言，对其中的数据进行了简化。然而，这里学生虽然经历了数据的简化过程，却体验不到其中的简化思想，触及不到估算的灵魂所在。

2. 注重学生的估算结果的统一，轻视估算多种策略的探讨

在实际教学过程中，教师在学生根据问题想出多种估算方法后，并不请他们谈谈是出于什么样的想法选择了这些估算策略，并不是引导他们比较选择不同策略的不同结果，领会选择不同估算策略的优劣性，而是希望他们采用同一、无误的方法，得到统一的结果。学生学了估算却并未感受到估算这种方法的优越性。久而久之，学生头脑中的估算方法从多种多样到只剩下唯一的一种"四舍五入"，学生头脑中的估算也就只能成为简单的近似计算了。

3. 教师轻视对学生估算意识的培养

在进行教学的时候，教师总是先要求学生按照题目的要求"估计一下……"。在进行了大量的练习后，学生形成了非常熟练的估算方法。整个学习过程中，学生只是按照教师的指令在进行估算，估算过程只是一个执行指令的过程，没有感受为什么要进行估算。我听了一节四年级上册的三位数乘两位数的乘法计算课，从学生课堂上对估算的态度来看，很大一部分学生对估算的认识仍不够，好几位回答问题的学生都是直接说出计算的结果。我认为这是因为"估算"这一知识点往往不被列入单元检测内容中，因而任课教师只是在日常的教学中走过场似的完成教学任务而不注重对估算教学的分析，不注重在平时的教学过程中对学生估算意识的培养。

（二）学生估算意识淡薄，估算能力不足

学生的估算意识及能力如何呢？我曾随机抽取了二至四年级的小学生做过调查。基本情况如下：

（1）你在平时的数学课中学过估算的方法吗？（23.4%的学生回答没有）

（2）上数学课时，老师经常让你们进行估算吗？（73.7%的学生回答没有）

（3）在做计算题时，你会先估算一下得数吗？（85.1%的学生回答不会）

（4）题目做完后，你会用估算的方法检验答案吗？（97.4%的学生回答不会）

在一份有关估算的测试卷中，34.1%的学生不能回答出一个教室的面积大约有多大；苹果5.8元1千克，买5千克大约要多少元等一些并不复杂的问题。而对于判断几个计算题的对错，几乎所有的学生都要用笔算。

以上调查反映出了大多数学校学生的估算意识较差，估算能力不强。这种情况在平时的教学中也屡见不鲜，如计算题目时出现了很明显的错误，计算结果与正确答案相比有很大的差距，但学生就是觉察不出，这可从学生的作业中反映出来；又如日常生活中，需要进行估算时，学生束手无策，不知从何入手；等等。这种现状束缚了学生数学素质的和谐发展。

三、估算教学策略探寻

估算能力是一种比较特殊的能力，有着重要的意义，但是在现实教学环境的压力下，大多数教师有意无意地忽略了估算而过分强调计算的正确与快速。而大部分小学生对估算的理解也不够深刻，估算方法有限，估算意识薄弱。针对以上这些问题，我对估算的课堂教学提出如下建议。

1. 更新教育观念，增强估算意识

教师为了培养学生严谨的作风，处处要求学生按部就班，不准越雷池一步，抑制了学生的学习兴趣，同时淡化了估算训练。这里的思想认识不是说教师不觉得估算重要，而是没有把估算训练与口算、笔算摆到同等重要的位置。教师往往把估算训练搁在一边，慢慢来，等到有空再来安排。因此我认为要想培养学生的估算能力，教师首先要从思想上转变对估算的认识，将估算充分运用到实际教学中，并在教学中做出示范。教师要提高估算教学对于促进学生形成良好数感重要性的认识，明确学生应用数学的意识。良好的数感和量化能力的形成，不是对数量的简单识别，而是要把抽象的数据符号经过比较、分析、综合、归纳，不断通过内化形成一种认知能力，从而在实际行动上加强估算教学。

2. 挖掘教材资源，体验估算的重要地位

翻开新教材，我们不难发现，估算已在数学教材的许多领域留下深深的足迹，只要我们创造性地处理教材，估算无处不在。如在数与代数领域：结合加减乘除的计算教学，每节课都可以进行估算意识和能力的培养。如 $4812 \div 12$，学生在计算时容易漏掉商中间的0，如果先估算一下，$4800 \div 12 = 400$，所以4812除以12的商肯定是400多，这样既避免了计算的错误，又培养了学生在计算前自觉进行估算的意识。在空间与图形领域，《小学数学课程标准》（2011年版）明确指出：能估算一些物体的长度，估算出给定的长方形和正方形的面积，估算出给定的立体图形的表面积和体积，等等。在统计与概率领域，结合

数据的收集与整理，认识统计图表、估算可能性的大小，等等。

教师要改变估算可有可无的现状，创造性地使用教材，在原来教材中没有要求估算的地方也要创造机会让学生进行估算，使其渗透在教学的方方面面。

3. 重视交流，鼓励估算方法的多样

由于每个学生独特的生理遗传、不同的文化环境、家庭背景和生活经历，对相关数学知识和技能的掌握情况及思维方式、水平的不同，估算时，必然会有各种各样不同的方法。教师要尊重每一个学生的个性特征，鼓励学生估算方法多样化，同时组织学生积极地开展交流，让学生表达自己的想法，解释估算的过程，同时了解他人的算法，使学生体会到同一个问题可以有不同的解决方法，促使学生进行比较和优化。

如估算47+38一题，不同的学生有不同的估算方法，有的学生认为"47+38≈50+40=90"；有的学生采用的估算方法是："47+38≈45+40=85"；有的学生说"47+38≈45+35=80"；又有另外的学生说："47+38≈47+40=87"；还有学生说："47+38≈50+38=88"……

交流，便于学生相互补充，相互吸收。学生在交流中不断完善自己的方法，这样不仅可以帮助教师了解不同学生的学习特点，而且有助于促进学生个性的发展。交流时，有的学生的估算方法对其他学生而言，具有一定的启发性；而有的学生在其他学生的启发下，又能得到新的估算方法。交流可以让大家取长补短，认识到另一种视角的观点和策略。交流时，学生各抒己见，畅所欲言，思维得到了碰撞，能力得到了提高。

4. 联系生活，使学生感悟估算价值

我们要结合教学让估算贴近生活，让学生体会估算的价值，提高他们学习估算的自觉性和积极性，让学生在潜移默化中自觉形成估算的意识。美国心理学家布鲁纳说得好："学习的最好刺激乃是对所学材料的兴趣。"兴趣是学生学习的驱动力，是学生主动参与思维、主动探索的重要前提。学生探索学习的积极性、主动性往往来自充满诱惑和问题的情境。如让学生估计一碗黄豆有多少粒。可以先让学生讨论，再合作解决这个问题。学生讨论解决后，抽查学生的结果，再让学生回答他们是怎样估算的。

生1：我们组是先用手抓出一把黄豆，数出它的数量，再抓一抓这碗黄豆一共有多少把，就可以估算出这碗黄豆的数量了。

生2：我们准备了一个杯子，先数出一个杯子装多少粒黄豆，再看一碗黄豆

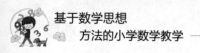
要装多少个杯子，就可以估算一碗黄豆的数量了。

这个现实的估算背景，使学生初步感受到估算的价值，以及估算与精算的差别，为新课的展开做好充分的知识准备，也激发学生学习新课的浓厚兴趣。又如在教学两位数乘两位数时，首先引入实例：某商店运来啤酒36箱，每箱里装有24瓶，问共有多少瓶？我认为不用直接让学生去笔算，而是可以让他们先猜测一下有多少瓶，并说说是怎么猜的。相信课堂气氛一下子会变得活跃起来，学生也都会纷纷说出自己的猜想。我们不必在意学生估算的答案是多少，而要看到的是在浓厚的兴趣中学生思维火花的绽放。通过这种潜移默化地渗透，学生尝到了估算的甜头，从而将估算内化为一种自觉意识，一种习惯，那么他们学习起来才更有意义、有价值、有兴趣！

四、结语

总之，学生估算意识和能力的提高绝不是一蹴而就的事，它是一个长期训练积累的过程。这就需要教师成为教学的有心人，努力去挖掘教材中隐含的估算题材，为学生积极搭建估算的平台，不失时机地让学生进行估算，让学生自觉形成估算的一种习惯，有力地促进估算意识和估算能力的培养。学生掌握了科学的估算方法，并能够灵活地运用它，对提高学生的分析判断能力，构建学生良好的认知结构，培养学生思维的深刻性、灵活性和独创性都将起到积极的促进作用。

参考文献

［1］常汝吉.数学课程标准实验稿［M］.北京：北京师范大学出版社，2001.

［2］陈书霞.估算教学中存在的问题与对策［N］.江苏教育报，2011-01-20.

（陈远刚老师是广东省姚冬梅教师工作室指导专家，本文发表于《小学数学教育》2012年11期）

数学教学课例研究的若干形态

惠州学院数学与大数据学院　沈　威

华东师范大学数学科学学院　陆　珺

一、引言

数学教学课例研究是数学教师专业发展的有效途径，是国际上一种非常流行的数学教育教学研究方式，在国内国际上多个数学教育期刊（或教育期刊）均能见到有关研究文献。基于不同的研究目的，形成了多种数学教学课例研究形态。经过文献梳理，数学教学课例研究在使用语境、课例来源、课例数量规模、课例完整性、课例研究方法以及课例研究的理论运用与形成等方面各有侧重。

二、数学教学课例研究的语境名称

数学教学课例研究在不同语境下有不同的名称，主要是研课、课例点评、评课，这三种名称的使用语境折射出中国数学教学课例研究的群体分布、研究目标、研究依据、深入程度以及对中小学数学教师专业发展促进价值等。

1. 研课

研课一般使用在科学研究的语境中，研究群体主要是高校从事数学教学研究的教师，其核心是科学研究，他们扎根于数学教学课例（教学视频+教学过程文本），运用多种科学研究视角、研究工具、研究方法、研究策略等，不断与课例中的数学教学过程对话与互动，对教学过程中的教学目标、教学手段、教学行为、教学内容等做出理性思考，发现教学规律、原理，检验教学假设等，建构数学教学理论或指导数学教学实践。

研课作为一种科学研究，研究者对数学教学课例做全面、深入、细致的分析，对教学过程综合运用归纳与演绎思维，由外到内、由内到外做通透的理解，研究成果客观全面。研课的全面与深刻决定了研究过程必然占用大量时间，且在遵循研究伦理的要求下，发表研究成果不能公开课例执教教师的单位、姓名等信息，导致如果执教教师不主动向研究者获取研究结果，对数学研课过程与结果就未必知情，造成研究成果无法直接促进执教教师改进数学教学和教师专业发展。

2. 课例点评

课例点评一般使用在基础教育类数学教育期刊栏目设置的语境中，研究群体主要是中小学数学教研员、教师等，他们综合运用数学教学知识，结合自身教学经验对数学教学课例（教学视频+教学过程文本）做出经验性的理解，其核心主要是经验性理解。目前设置"课例点评"栏目的期刊主要有《中学数学教学参考》《中国数学教育》等。这些期刊发表的文献主要有两类课例点评形式：一类是期刊先在全国征集数学教学课例，再把征集到的数学教学课例的誊录稿或简案刊登，且把课例的录像通过其网站对外公开，面向全国公开征集对这些数学教学课例的点评稿，择优刊发；第二类是中小学教师或教研员在教学实践、教学比赛、教学评优、公开课等教学活动中发现一些优秀课例值得研究与推广，自发对这些课例做出自己的理解与研究，把数学教学课例及其点评稿同时投向期刊社，只要被录用，就被同时刊发。

课例点评作为中小学数学教师或教研员交流数学教学经验、改进数学教学方法等的交流平台，对数学教学的发展起着重要推动作用。在数学教育期刊的引领下，中小学数学教师与教研员积极参与数学教学课例研究，"课例点评"已经成为上述期刊的金牌栏目。从点评的内容看，其主要目的不是发现教学规律、原理，检验教学假设等，而是对课例中的教学过程做出全面分析与理解，对改进数学教学实践做出自己的推动。有的研究者不但研究数学教学课例，还把课例的教学过程"搬"到自己的课堂上，对其进行检验与实验，在此基础上形成新的数学教学课例点评，在这些期刊上跟踪刊发。这些点评文章对执教教师完全公开，文章中提出的各种理解与改进意见必然会对执教教师有所触动，因此数学课例点评直接促进了执教教师的数学教学实践及其教师专业发展。

3. 评课

评课一般使用在中小学数学教研活动语境下，中小学数学教研活动主要有校级、区级（县级）、市级、省级或全国性的，从而形成各类数学教研活动的群体。评课教师的群体主要由高校从事数学教学研究的教师、数学教材编写者、中小学数学教研员、名特优教师等组成。中小学数学教研活动的一般过程为执教教师向观摩课现场的教师和评委展示其教学过程，并在结束后对其教学过程做出说明，评委或评课教师对刚刚完成的教学过程做出评价。因为教研活动的现场性，无法对教学过程做誊录稿，人短时记忆存储的教学过程有限且有部分遗忘，导致评委老师不能对教学过程做出细致全面的分析，只能依据其研究和教学经验进行概要的点评，点评的主要目的是揭示其教学过程的亮点及如何更好教好这节课，其核心是概要性评价。教研活动的现场性对评课教师的评课有限制作用，但是其现场性具有的优点也是数学研课和数学课例点评无法企及的。例如，评课教师现场感受真实的教学过程，能对教学过程的诸多细节敏锐捕捉，且执教教师直接面对评课教师的点评，对点评的所有内容全部知情，直接推动了执教教师教学实践的优化。

从上述讨论可以看出，三类语境下的数学教学课例研究对数学教育教学理论发展、教学实践改进、教师专业发展的促进作用和价值各不相同，但又从多个角度相互弥补不足。用表1可以直观表征研课、课例点评和评课三类语境下的数学教学课例研究的内涵。

表1　三类语境下的数学教学课例研究

研究内容	研课	课例点评	评课
使用语境	科学研究	中小学期刊	教研活动
主要群体	高校教师	教研员、中小学教师	高校教师、教材编写者、教研员、名特优教师
研究目标	发现教学规律、检验教学假设	发现教学规律，如何教好这节课	如何教好这节课
研究思维	理性思维	经验思维	经验思维
研究依据	科学研究方法	教学经验	教学经验
研究对象	教学视频+教学过程文本	教学视频+教学过程文本	现场教学过程
执教教师的知情权	未必知情	知情	知情
深入程度	全面细致	全面细致	局部细致
研究结论	理论性	实践性	实践性
教师发展	间接促进	直接促进	直接促进

三、数学教学课例研究的课例来源

1. 命题式数学教学课例研究

命题式数学教学课例研究是指主办方要求研究者或课例点评者面对指定的

数学教学课例做出相应的研究或点评。例如，各级教学比赛、优质课、公开课等，以及数学教育期刊的课例点评征稿等。如果是在各级教学比赛、优质课、公开课等语境下进行的数学课例研究则是数学评课。如果是在数学教育期刊的课例点评征稿等语境下进行的数学课例研究则是数学课例点评。例如，《中学数学教学参考》（中旬）期刊发布的相关课例点评征文，课例点评者对该期刊发布的相关教学课例进行研究分析，并把研究成果投向该刊物。

2. 自觉式数学教学课例研究

自觉指自己有所认识而主动去做，自己感觉到，自己有所察觉。自觉即内在自我发现、外在创新的自我解放意识。自觉式数学教学课例研究指研究者或课例点评者基于一定的社会使命感或根据自己的兴趣爱好有目的地选择课例开展研究。有的直接去中小学数学课堂录像，有的把教学比赛、优质课、公开课、期刊课例作为研究对象开展研究。例如，《中学数学教学案例研究》中的教学案例都是研究者根据需要到中学录像而获得。自觉式研究的课例获得会受到各种条件的限制，并不一定能够在自己需要的时候易于获得这些课例，需要研究者根据实际情况有目的、有计划地获取相关数学教学课例。

在课例研究过程中，兴趣和认识深刻性这两个因素对命题式和自觉式数学教学课例研究具有重要影响，它们从不同维度影响课例研究者观点的形成。研究表明，人们很难对自己不感兴趣的研究对象有深刻的认识。表2从感兴趣且认识深刻、感兴趣且认识不深刻和不感兴趣且认识不深刻三个维度对命题式和自觉式数学教学课例研究的影响做出揭示。

表2　兴趣和认识深刻性对课例研究者的影响

兴趣和认识深刻性	命题式数学教学课例研究		自觉式数学教学课例研究
	评课	课例点评	研课
感兴趣且认识深刻	评课深刻，对执教者帮助大	点评深刻，成果能够发表，对读者帮助大	形成深刻、全面的理论，推动数学教育教学理论发展
感兴趣且认识不深刻	评课片面、平淡，对执教者帮助小	点评片面、平淡，成果不能发表，有可能进一步研究	形成的理论片面、平淡，驱动进一步研究
不感兴趣且认识不深刻	评课乏味，对执教者无帮助	可能放弃研究	—

通过多维度组合，可以发现，不管是命题式还是自觉式数学教学课例研究，只有对课例感兴趣且认识深刻，才能对执教者、读者和数学教育理论的发展均有益处。从发展的视角看，研究者应该对感兴趣且认识不深刻、不感兴趣且认识不深刻的数学教学课例开展深入研究。相关研究表明，面对一个研究对象，有的是在研究之前对研究对象感兴趣，有的是在研究过程中对研究对象感兴趣，而时间投入直接影响研究者对研究对象的感兴趣程度。因此，只要研究者对认识不深刻的数学教学课例投入一定的时间，结合自己的研究经验、相关文献，在研究过程中对研究对象逐渐产生浓厚的兴趣，促进研究者对相关数学教学课例产生深刻的认识。

四、数学教学课例研究的数量规模

依据数学教学课例的数量规模，数学教学课例研究可以分为数学教学多课例研究和数学教学单课例研究两种。

1. 数学教学多课例研究

把多个数学教学课例作为研究对象称为数学教学多课例研究。数学教学多课例研究可以从更大的研究视野，对课例中的教学过程做横向、纵向或交叉研究。由于课例多，研究可以获得更一般的结论，具有更强的推广性。例如，笔者对14个初中数学复习课例进行了归纳研究，得到这些课例的教学过程均包括四个基本过程：复习相关概念、样例教学、阶段总结和分层作业，以及复习相关概念，主要有三种策略：一是直接展示或提问相关内容的定义、性质与定理等；二是通过概念性的问题间接考查学生对相关概念本质的理解程度；三是通过改变概念非本质属性，保留概念本质属性的变式题，考查学生对概念本质的把握。叶立军对6节数学课中新老教师教学语言使用的异同进行了比较研究。研究发现，教师课堂教学语言有以下特点：

（1）新老教师都较注重教学语言的使用，总体上以询问语言、肯定式语言和表情式语言为主。

（2）新教师使用较多教学语言，但不敢对学生放手，老教师善于使用教学语言引导学生思考。

（3）新老教师在新授课和应用课各教学环节中教学语言的使用分布存在差异。Rossella Santagata对30个意大利和30个美国八年级数学教师纠错行为进行了研究。研究发现，意大利和美国学生在某些方面具有类似的错误经验，这些差

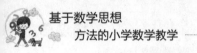

异被解释为复杂的信仰和习俗系统的表现。

2. 数学教学单课例研究

把一个教学课例作为研究对象称为数学教学单课例研究。数学教学单课例研究能够使研究者从微观层面对教学过程做出深入、细致的理解，追踪教学的变化过程，揭示相应的教学规律、教学理念、数学思想等。例如，徐伯华以"数学归纳法"一课为例，展示了教师个体研课的模式，从学科知识、教学目标、教学路线、课题引入、师生交互、例题选用等六个方面对"数学归纳法"一课进行研究。《中学数学教学参考》刊出的课例点评文章主要以单课例研究为主。

五、数学教学课例研究的完整性

依据数学教学课例的完整性，数学教学课例研究可以分为数学教学整案例研究与数学教学片断式研究。从绝对意义上说，所有的课例研究都是片断式的，但是对课例研究的完整性做出分类依然是有意义的。这能够启发或提示研究者从更多视角、更多部分、更多细节、更多理论基础等把数学教学课例视为完整的教学系统，对数学教学课例做出全面的研究。

1. 数学教学整案例研究

对整个数学教学课例以系统性的视角多层次、多方面、多形式、多序列等全面研究课例的各个部分以获得深刻认识的过程称为数学教学整案例课例研究。整案例研究是相对的，不管研究者如何穷尽教学课例的教学过程，也必然因为研究视角、研究基础、研究方法、研究思路、研究兴趣等局限，使得客观上并没有穷尽教学课例的所有教学过程。数学教学整案例式研究能促进研究者对数学教学的系统性思考，把各个参与对象都纳入教学系统中。任何对象发生扰动性的变化，都会对教学过程产生很大影响，甚至根本性的影响。例如，徐伯华对"数学归纳法"教学的研究，即是从整案例的视角对数学归纳法的历史、学生对数学归纳法的认知、课堂教学路线图、课堂教学局部特征等五个方面审视之；涂荣豹主编的《中学数学教学案例研究》《中学数学教学参考》刊出的课例研究论文亦都是从整案例的视角对课堂教学做出分析。

2. 数学教学片断式研究

对数学教学课例的局部或者某一主题做出考查，深入洞察局部教学过程发生的各种细节，揭示局部教学过程蕴含的教学规律、教学思想、数学思想等的过程称为数学教学片断式课例研究。一般来说，这种研究更多运用于横向比较研究，从中获得局部教学过程的一般规律。例如，Rossella Santagata仅对30个意大利和30个美国八年级数学教师纠错行为的教学片断进行研究。叶立军对课堂教学研究的主要研究方式是片断式研究，他分别对教师的提问策略、教师的课堂教学语言、优秀数学教师的课堂提问能力等进行了专题的编码定量分析。陆珺对两节课的教学结束阶段概括总结进行了专题定量研究。斯海霞等对初中数学课堂学生参与度进行了定量统计研究。把数学教学课例研究的数量规模和完整性相结合，可得到如下四种数学教学课例研究范式，见表3。

表3　不同数量规模与完整性视角下数学教学课例研究范式

数学教学课例研究的类型	多课例	单课例
整案例	多课例—整案例	单课例—整案例
片断式	多课例—片断式	单课例—片断式

六、数学教学课例的研究方法

数学教学课例研究有的是在丰富、复杂、流动的自然情境下展开的，研究者和教学课例中的教学过程互动，深入洞察教学发生过程，根据自己的亲身感悟、理解等进行研究；有的是对数学教学过程的相关变量进行控制的，设定控制组与对照组，检验相关研究假设的教学实验研究。

1. 质的研究方法

陈向明把质的研究方法定义为"质的研究是以研究者本人作为研究工具，在自然情境下采用多种资料收集方法对社会现象进行整体性探究，使用归纳法分析资料和形成理论，通过与研究对象互动，对其行为和意义建构获得解释性理解的一种活动"。以此为基础，数学教学案例质的研究方法可初步定义为"研究者以本人作为研究工具，把自然情境下的数学教学课例'掰开'，不断与课例中的教学过程互动，交替使用归纳与演绎思维，以描述的方式深入揭示数学教学过程蕴含的教学理念、教学理论、数学思想等，对教学过程做出自己解释性理解的一种活动"。

从已有文献看，数学教学课例研究主要采用质的研究方法，主要包含两个研究方向：一是运用数学教学理论对数学教学过程进行就事论事的分析，挖掘教学过程的优点和缺点，对数学教学课例的执教者和读者有直接的促进作用，课例点评和评课语境下的数学教学案例研究即是如此；二是以数学教学案例为基础，建构数学教育教学理论，数学研课就是这种形式。虽然数学教学课例研究主要采用质的研究方法，但尚未形成一套可操作性强的质性研究程序，还需要进一步发展与深化这种研究方法。例如，研究者如何开启他面对一个数学教学课例的分析历程，如何描述数学教学课例的历程，如何对数学教学过程进行质性编码，如何建立编码之间的关系形成概念框架，如何解释所建构的概念框架等都还没有可以直接借鉴的研究成果。

此处讨论的数学教学课例质的研究方法不包括哲学思辨的研究方法，但在质的研究过程中却需要这种哲学思辨的思维模式，而且这种思维模式对质的研究起着至关重要的作用。质的研究之所以不包括哲学思辨研究的方法，是因为教学课例的质的研究方法属于实证研究，是行动研究，而哲学思辨的研究方法不是行动研究。

如果把质的研究方法与数学教学课例的数量规模、完整性相结合，可得到如下四种数学教学课例研究范式，见表4。

表4 质的研究方法视角下数学教学课例研究范式

数学教学课例研究类型	单课例	多课例
片断式	质的方法—片断式—单课例	质的方法—片断式—单课例
整案例	质的方法—整案例—单课例	质的方法—整案例—单课例

2. 量的研究方法

量的研究是一种对事物可以量化的部分进行测量和分析，以检验研究者自己对于某些理论假设的研究方法。数学教学课例量的研究方法可以初步定义为"研究者基于某种理论假设，或者不进行理论假设，根据是否需要教学实验，依靠某些研究工具，比如量表、统计表等，对数学教学课例中的教学过程做出数据统计与分析，以此做出自己解释性理解的一种活动"。例如，鲍红梅、喻平提出中学生CPFS结构生长的四种教学策略：生长策略、变式策略、反思策略和结构策略，在此基础上，通过等组实验的方法，开展一学年的教学实验后，采用两个函数问题对学生进行测试，并对学生答题情况进行统计学的计分与分析，结论为实验班学生的总体成绩呈上升趋势，检验了四种CPFS结构生长的教学策略有效性。叶立军等对初中统计课堂教学提问进行了统计分析，主要获得了如下结论：

（1）教师提问的数量相对比较少，提示类和理解类的提问类型所占比例较高。

（2）学生无答的情况较少，但在问题回答中，学生机械性回答占了较大的比例，教师创新性问题较少。

（3）教师提问难度与学生回答水平有直接的关系。

如果把量的研究方法与数学教学课例的数量规模、完整性相结合，得到如下四种数学教学课例研究范式，见表5。

表5　量的研究方法视角下数学教学课例研究范式

数学教学课例研究类型	单案例	多案例
片断式	量的方法—片断式—单案例	量的方法—片断式—多案例
整案例	量的方法—整案例—单案例	量的方法—整案例—多案例

七、数学教学课例研究的理论运用与形成

根据理论形成与应用的方向，可以把数学教学课例研究分为自上而下的理论应用研究，和自下而上的理论建构研究。

1. 自上而下的理论应用式研究

所谓的自上而下理论应用式研究，是指研究者运用已有的教学理论对教学做出自己理解性的研究。这种研究既可以是质的研究，也可以是量的研究。如果是质的研究，即是研究者以分析性、解释性的方式对教学过程进行研究，重点考查教学过程是否符合某些教学理论、教学规律、教学思想、数学思想、学生心理发展规律等。如果是量的研究，即是研究者运用已有的理论做出研究假设，制订研究量表或测量工具，通过数据的形式刻画教学过程中的细节，检验教学过程是否符合研究假设。例如，黄毅英、许世红先建构了MPCK理论框架，而后运用MPCK理论对相关教学案例进行分析；鲍红梅、喻平对完善中学生CPFS结构生长策略提出理论假设，通过实验班和对照班教学实验的结果进行统计分析，以此对研究假设进行检验。

2. 自下而上理论建构式研究

所谓的自下而上理论建构式研究，是指研究者在研究之前不带有研究假设，扎根于数学教学课例的教学过程，通过对教学过程的分析、编码、概括、总结等思维操作，归纳出一定数学教学理论的研究过程。例如，涂荣豹基于数学课堂教学研究提出数学教学原理："教学生学会思考"的原理、"运用研究问题一般方法教学"的原理、"问题结构推进教学"的原理、"创设情境，提

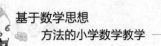
出问题"的原理、"从无到有探究"的原理、"用启发性提示语引导"的原理、"学生积极参与数学活动"的原理、"反思性教学"的原理、"归纳先导，演绎跟进"的原理、"以寻找思路为核心"的原理。

八、结语

开展数学教学课例研究，常出现一项研究包含两种或两种以上的形态。例如，徐伯华对"数学归纳法"一课的研究表现出自上而下的研课框架理论运用、单案例、整案例研究的特点，Rossella Santagata对30个意大利和30个美国八年级数学教师纠错行为的研究表现出多案例、片断式、自下而上理论建构式的特点。这些均由研究需要而决定。

虽然数学教学课例研究文献颇多，研究者对研究数学教学课例亦颇感兴趣，但如何开展相关研究的方法论研究却少之又少。为使数学教学课例研究便于入手，使得研究过程可视化或可操作化，有必要对数学教学课例研究的方法论或与之相关的研究策略、研究路径等做深入分析，促进数学教学课例研究方法论的深入发展。

从事数学教学课例研究，也不宜过分强调形式化的研究方法，而应该紧紧抓住所研究课例中的数学思想、大观点、大概念及其蕴含的数学价值、科学价值等，从学生可持续发展的角度，考查数学教学在多大程度上引导学生学会发现问题、分析问题，培养数学直觉与思辨能力，促进学生数学思维能力的发展等，进而检验理论假设或建构数学教学理论。研究者既要智慧地运用与发展数学教学课例研究方法，更要牢牢把握课例中的数学本质及其教育功能，否则，研究数学教学课例获得的结论对促进与改善数学教学实践意义不大。

参考文献

［1］涂荣豹."教与数学对应"原理的实践——对"函数单调性"教学设计的思考［J］.数学教育学报，2004，13（4）.

［2］鲍红梅，喻平.完善中学生CPFS结构的生长教学策略研究［J］.数学教育学报，2006，15（1）：45-49.

［3］荀峰.微课课例展示与评析［J］.中学数学教学参考（中旬），2015（1）.

［4］涂荣豹.中学数学教学案例研究［M］.北京：北京师范大学出版社，2011.

［5］方世南.论兴趣在认识中的作用［J］.江汉论坛，1989（5）：39-42.

［6］何旭明，陈向明.学生的学习投入对学习兴趣的影响研究［J］.全球教育展望，2008（3）：46-51.

［7］沈威.透视设计过程　研讨复习规律［J］.中学数学教学参考（中旬），2012（6）.

［8］叶立军，李燕，斯海霞.初中数学新老教师课堂教学语言比较研究［J］.数学教育学报，2015，24（4）：40-43.

［9］Santagata，R.. Practices and beliefs in mistake-handling activities: a video study of Italian and US mathematics lessons［J］.Teaching and Teacher Education，2005（21）.

［10］徐伯华.教师个体的研课模式：以"数学归纳法"一课为例［J］.数学教育学报，2010，19（4）.

［11］叶立军，周芳丽.基于录像分析背景下的教师提问方式研究［J］.教育理论与实践，2012，32（5）：52-54.

［12］叶立军，周芳丽.基于录像分析背景下的优秀数学教师课堂提问能力的研究［J］.数学教育学报，2014，23（3）：53-56.

［13］陆珺，涂荣豹.课堂教学结束阶段概括总结的研析——从两个教学案例出发［J］.中学数学教学参考，2009（1）.

［14］斯海霞，叶立军.基于视频案例下初中数学课堂学生参与度分析［J］.数学教育学报，2011，20（4）.

［15］陈向明.质的研究方法与社会科学研究［M］.北京：教育科学出版社，2000.

［16］涂荣豹.谈提高对数学教学的认识［J］.中学数学教学参考，2016.

［17］徐伯华.数学研课的内容框架研究［D］.南京：南京师范大学，2012：5.

［18］叶立军，李燕.基于录像分析背景下的初中统计课堂教学提问研究［J］.数学教育学报，2011，20（5）：52-54.

［19］黄毅英，许世红.数学教学内容知识［J］.数学教育学报，2009，18（1）.

（沈威老师是广东省姚冬梅教师工作室指导专家，本文发表于《数学教育学报》2018年6月，并被人大复印报刊资料全文转载）

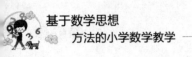
浅谈小学数学课堂教学中如何渗透核心素养

惠州市第十一小学　温治兵

为了全面深化课程改革，2014年3月，教育部印发《关于全面深化课程改革落实立德树人根本任务的意见》，明确提出了核心素养的概念。2016年9月14日《中国学生发展核心素养》总体框架正式发布。学生发展核心素养主要指学生应具备的，能够适应终身发展和社会发展需要的必备品格和关键能力。中国学生发展核心素养，以科学性、时代性和民族性为基本原则，以培养"全面发展的人"为核心，分为文化基础、自主发展、社会参与三个方面，综合表现为人文底蕴、科学精神、学会学习、健康生活、责任担当、实践创新六大素养，具体细化为国家认同的十八个基本要点。研究学生发展核心素养是落实立德树人根本任务的一项重要举措，也是适应世界教育改革发展趋势，提升我国教育国际竞争力的迫切需要。新课标也指出"基础性，普及性和发展性"，要求"人人学有价值的数学，人人都获得必要的数学"，并且强调"不同的人在数学上得到不同的发展"的理念。这无疑为小学阶段发展人的数学素养指明了方向。那么，小学数学课堂教学中如何渗透核心素养呢？下面结给我的教学谈几点浅解。

一、主动发现问题，抓住问题本质，渗透核心素养

"不会提问题的学生不是一个好学生。"学生能够独立思考，也有提出问题的能力。无论学生提什么样的问题，也不管学生提的问题是否有价值，只要是学生自己真实的想法，教师都应该给予充分的肯定，然后对问题采取有效的方法进行引导和解决。对于有创新意识的问题和见解，不仅要给予鼓励，而且要表扬学生能够善于发现问题并提出问题，进而引导大家一起去深层次地思考交流。例如，教学"加法交换律"这节课主要是探究和发现规律，在探索新知的环节，采用竞赛的形式进行教学。在讲清竞赛的内容和规则后出示题目：

25+48、48+25、68+27、27+68…两小组轮流答题，答到第4题时，先答题的小组马上提出了问题："老师，其他组的同学做的是我们小组做过的题目，不公平！"这时老师问："为什么不公平，你来说说。"接着学生就顺其自然地说到问题的本质："虽然加数的位置相反，但是加数是相同的，所以结果也是相同的。"通过让学生主动发现问题，提出问题，抓住本质，进一步让学生明确加法交换律的内涵。又如，"生活中的比"，导入时提出问题：你在生活中有遇到过哪些比？从学生的回答中可以将"糖水中的糖和水的比"与"篮球比赛中的比"提出来，并问："这两个比相同吗？如果不同，不同之处在哪里？"学生通过交流和讨论给出了不同的想法：比赛中的比主要是要比大小比输赢，而糖水中糖和水的比虽然也有可能发生变化但是更注重糖和水之间的关系。从而抓住问题的本质，突破难点。

二、敢于提出猜想，培养创新精神，渗透核心素养

杜威曾说："科学的每一项巨大成就，都是以大胆的幻想为出发点的。"对数学问题的猜想，实际是一种数学想象，是一种创新精神的体现。在数学教学中，要鼓励学生大胆提出猜想，创新地学习数学，让学生经历观察、猜想、验证等数学活动，分享自己的想法，锻炼自己的数学思维。例如，教学"圆的周长"时，在探究圆的周长和什么有关的环节，先引导学生提出猜想：正方形的周长与它的边长有关，猜一猜圆的周长与什么有关？接着结合学生的回答，演示3个大小不同的圆，滚动一周，并让学生指出哪个圆的直径最长？哪个圆的直径最短？哪个圆的周长最长？哪个圆的周长最短？最后总结：圆的直径的长短，决定了圆的周长的长短。又如，在教学"3的倍数的特征"时，大部分学生受前面学习的2和5的倍数的特征的影响，在出现百数表时大多数学生会有个位是3的倍数的数就是3的倍数的猜想。这时，教师可引导学生观察百数表中13、16、19、23、26、29、43、46、49等数字进行验证，"这些数的个位都是3的倍数，它们能否被3整除？"通过验证，学生发现先前的猜想是错误的，于是就会产生疑惑，并有了探求新知的欲望，这时教师利用错误，引导学生圈出百数表中能被3整除的数，然后提问：你想到什么？接着指出：看来一个数能否被3整除不能只看个位，也与数的排列顺序无关。那么，究竟与什么有关，这些数有什么特征呢？在教师的启发下，学生又能重新做出如下猜想：

（1）可能与各个位数的乘积有关。

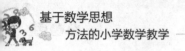
（2）可能与各个位数的差有关。

（3）可能与各个位数的和有关。

这时教师放手让学生自主探究验证，得出结果。

三、注重知识提炼，建立数学模型，渗透核心素养

数学模型不仅可以为数学的语言表达和交流提供桥梁，而且是解决现实问题的重要工具，是数学学习中不可或缺的思想指引，在数学学习中可以帮助学生理解数学学习的意义并解决问题。例如，在教学"平行四边形的面积"时，在构建面积公式这个数学模型时，首先应用数格子的方法来探究图形面积，学生能够轻松地理解。在这个过程中学生对长方形和平行四边形相对应的量进行分析，并初步得出：当长方形的长等于平行四边形的底，长方形的宽等于平行四边形的高时，这两个的图形的面积相等。于是猜想平行四边形的面积可能等于底乘高。接着提出：如果要去测量现实生活中一块很大的平行四边形的田地，你认为数格子的方法合适吗？从而引导学生把平行四边形转化成长方形进行计算。又如，教学"加法交换律"时，当学生已经初步感知规律后，教师提问：你能用自己喜欢的方式表示加法交换律吗？学生纷纷用自己喜欢的符号来表示，并重点提出 $a+b=b+a$ 这种形式，引导学生讨论 a 和 b 可以是哪些数，这样不仅关注了学生运算定律的形式化表达，还培养了学生的抽象能力和模型思想。

四、运用数学知识，解决实际问题，渗透核心素养

学数学就是为了能在实际生活中应用，数学知识是人们用来解决实际问题的，数学问题就产生在生活中，所以课堂教学中应加强数学知识与生活实际的联系。例如，估算在日常生活中是一种常见的计算方法，许多问题有的只需要得到大致的结果，有的很难算出准确的数据，这就需要用估算的方法来帮我们解决问题。因此，增强学生的估算意识，让学生掌握一些简单的估算方法，对于学生解决日常生活中的实际问题，以及培养他们的数感及数学应用意识都有着积极意义。比如估算到超市买东西大概需要带多少钱，估算一个房间的面积大约是多少，估算一个操场大约可以容纳多少人……学生估算意识和能力的形成需要教师在平时的课堂教学中坚持不懈的培养，这样学生才能将估算内化，学生的估算能力也才能真正提高。又如，教学"欣赏与设计"这一课时，从学

生的已有的知识基础出发，让学生感受到对称图案的美，并体验到复杂美丽的图案其实可以用一个简单图形经过平移、旋转或对称得到。在欣赏了各种漂亮图案的基础上让学生自己设计，学生创造出的图形丰富多彩，让学生感受到我们的现实生活离不开数学，数学给我们带来了美的感受。

五、学会数学思考，培养数学意识，渗透核心素养

所谓数学思考，是指运用数学方式进行的思考，是在面临各种现实的问题情境，尤其是非数学问题时，能够从数学的角度去思考，自觉应用数学的知识、方法、思想和观念去发现其中所存在的数学现象和数学规律，并运用数学的知识和思想方法去解决问题。它培养学生从数学角度去思考的素养，而无论他们将来从事什么职业，都会使学生终身受益。数学思考作为一种过程性目标，实际上是让学生经历做数学的过程，也就是让学生经历发现和提出问题、分析和解决问题的过程。例如，教学"商的变化规律"时，教师先出示3个算式（14÷2　　140÷20　　280÷40），并要求学生口算，引导学生观察、思考、总结商不变的规律，接着教师再启发组织学生运用刚发现的规律解决下面的问题（①72÷9　　720÷90　　7200÷900　　②8000÷400　800÷40　　80÷4）。这一过程为学生提供已经学过的除法运算这一数学问题情境，让学生观察、思考和总结商不变的规律，进而让学生利用自己发现的规律解决一组具体问题，深化学生对规律的理解。

总之，在小学数学课堂教学中渗透核心素养，教师要特别注意培养学生根据题中具体条件主动发现问题，敢于提出猜想，自觉、灵活地运用数学方法解决实际问题的能力；同时教会学生注重知识提炼，通过变换角度思考问题，发现新方法，制订新策略，学会数学思考。长期坚持这样的训练，学生定能对学习数学、运用数学产生浓厚的兴趣，使学生乐学、会学、善学，让他们的数学思维能力得到充分的发展，从而真正提高学生的核心素养。

参考文献

［1］胡继芳.在课堂教学中培养学生的数学思考能力［J］.求知导刊，2014（6）.

［2］许克城."问题"是提升数学思考力的金钥匙［J］.福建基础教育研究，2013（3）：97-98.

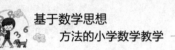
［3］教育部.小学数学新课程标准（2011年版）［M］.北京：北京师范大学

出版社，2011.

［4］曹莉萍.落实"数学思考"课程目标的实践与思考［J］.读写算（教研

版），2015（12）.

［5］薛忠玲.数学猜想——课堂教学的宝藏［D］.北京：北京电力高等专科

学校学报，2009.

（温治兵老师是广东省姚冬梅教师工作室成员，此文在惠州市2016年优秀
论文评比活动中荣获一等奖）

用心找寻生活中的数学

——小学低年级学生数学日记初探

惠州市第十一小学　秦晓燕

　　新课程标准实施之后，关于减负的呼声此起彼伏。如何减轻学生学习负担，又如何在减轻负担后仍能保持良好的教学效果，是广大一线教师面临的重大课题。其实对于小学低年级阶段的学生，我们能不能换一种角度来设计家庭作业，让学生轻松地在课余生活中将所学的知识消化、融会贯通？我认为，适当地让学生在课后写写数学日记，将他们学到的一些知识运用到生活中去，将他们对于数学的想法和想象写到日记里，这要比传统的机械练习更能吸引学生，取得的效果也要比传统作业更好。

　　写数学日记是一种将数学学习与生活融合在一起的良好的学习手段。让学生用心去体验生活，寻找生活中隐藏着的数学，惊喜便会不断迸射。数学的美是千变万化的，数学的美是内涵丰富的，数学的美是可以体会得到的。学生只要努力探寻，勤于思考，就会体验到一个不一样的数学世界。而这正是我们教育工作者所希冀与追求的。如何在小学低年级阶段让学生初步探索数学日记的写法，从而开启一个不一样的空间呢？结合多年实践经验，我有如下几点想法。

一、生活点滴，融合数学，开启兴趣之旅

　　传统的数学作业过于枯燥，重复的机械练习使学生对数学学习失去兴趣，学习效果事倍功半。结合改版后的数学教材，教师可深入挖掘更多的学习素材，让学生用自己稚嫩的笔触去观察生活，去发现数学问题，去描写对数学美的感受，去体会自身的成长。

　　案例1：（二年级上学期）在学习了"人民币的认识"以及简单的运算知识后，我安排学生周末到附近的小超市去买文具，回家后写写自己买文具的过程

以及自己的感受，目的是让学生复习人民币的换算，学会合理地使用自己的零用钱，提倡勤俭节约的传统美德。学生将任务完成得很好，如奥莉小朋友是这样写的（见图1）：

二(3) 朱奥莉

9月 18日 星期五 天气晴

今天，我自己去买可乐，因为家里要做菜。一瓶3元，我付给shòu huò员阿姨10元，阿姨找回我7元，我能帮家里做事我很开心！

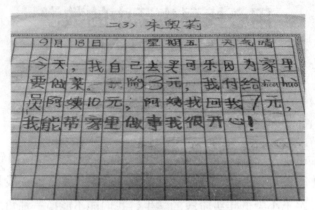

图1 奥莉的日记

案例2：（二年级下学期）此前学生学习了长度单位“米”“厘米”，这个学期又学习了“分米”“毫米”“千米”，拓宽了认知空间。而学习长度单位的时候正是春天，是万物复苏的季节。我于是提前安排学生在家播种或育苗，观察蒜苗或葱苗的生长速度，做好测量并记录下其每隔一段时间长了多长（可以用到学过的长度单位），并写写自己种植物的一些感受。学生用心写下了观察日记，非常有趣。如乐熙同学就在日记中这样写（见图2）：

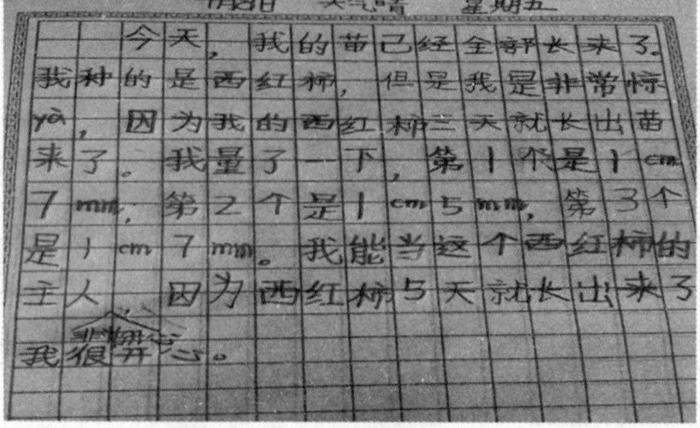
4月8日 天气晴 星期五

今天，我的苗已经全部长出来了。我种的是西红柿，但是我是非常惊yà，因为我的西红柿三天就长出苗来了。我量了一下，第1个是1cm 7mm，第2个是1cm 5mm，第3个是1cm 7mm。我能当这个西红柿的主人，因为西红柿5天就长出来了，我很开心。

图2 乐熙的日记

卓盈的日记写得更有趣（见图3）：

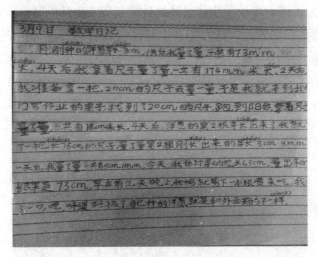

图3 卓盈的日记

感悟：生活是数学的起源，又是数学的延续。很多数学知识都可以运用到生活中去，生活中体现出来的数学问题或数学规律有其独特的美。学生饶有兴趣地将自己学到的与生活中看到的相结合，从而发现生活中的数学其实很有趣。数学不仅有规律，也有其规律美。有了对数学美的体验与感受，他们学习数学的兴趣就会愈加浓厚，学习数学的自信心也会大大增强。

二、巧设疑问，反思不足，开拓学习空间

《小学数学课程标准》（2011年版）指出："学生应当有足够的时间和空间经历观察、实验、猜测、计算、推理、验证等活动过程。"教师可以充分利用课余的时间来让学生重温一遍课堂上所学习的内容，也就是让他们通过写数学日记再次经历动手实践、自主探索的学习过程。教师应当鼓励学生在日常生活中遇到数学问题时，及时将其记录下来，整理成日记的形式，积极寻求解决问题的方法。只有养成写数学日记的习惯，才能让学生在思考中感悟，在体验中成长。

数学日记为学生提供了一个倾诉情感，表达思想，促进交流的平台。学生可以通过这个平台反思自己今天的学习是否突破了重难点，从而回顾解决问题的历程，理顺自己的思路，思考自己在学习过程中尚存有哪些疑难未解决。学生在课后对知识的反思，对解决问题思路的反思，对学习方法的反思，能有效

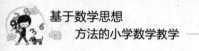

增强学习的自我意识，提高学习成绩，开拓学习空间。

案例1：为了进一步让学生体会减法计算与现实生活的联系，发展提出问题和解决问题的意识和能力，我安排学生写数学日记——写一个算式"239-57"能解决的问题，并算一算，把自己提问题并解决问题的感受一并写下来。学生们欣然接受了任务，写出了各种各样的日记，提出的问题也不尽相同。奕轩同学是这样写的（见图4）：

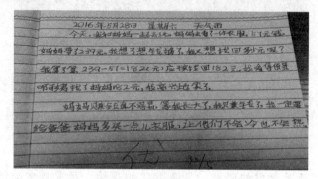

图4　奕轩的日记

意舒同学的日记写得很用心（见图5）：

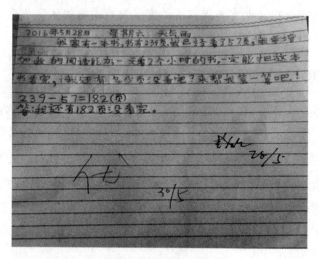

图5　意舒的日记

案例2：学习完"分草莓（除法的试商方法）"后，恰逢周末，我让学生回家写一篇数学日记，写写自己在学习试商方法方面的一些心得，反思自己的不足。理解和掌握有余数除法的试商方法是除法学习的一个难点，这个学习的过程需要经过学生亲身实践、逐步积累才能形成。学生晨瑜这样写道（见图6）：

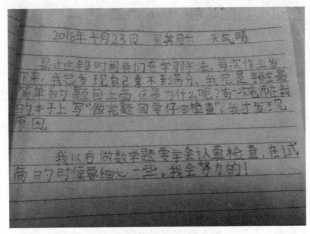

图6 晨瑜的日记

案例3：当一个学期的学习接近尾声时，我让学生反思整个学期的学习情况。让他们学会思考：哪个单元是自己掌握得比较好的，哪个单元需要努力改进？如果要改进，应该从哪些方面入手，让自己的数学学习更上一层楼？我让学生把自己的思考过程写下来，以日记的形式与老师、家长互相交流。接受了任务的学生都很认真地完成老师交代的这一项任务。比如画琳同学很善于分析问题（见图7）：

图7 画琳的日记

嘉仪同学对自己的缺点非常了解，也提到了以后的努力方向（见图8）：

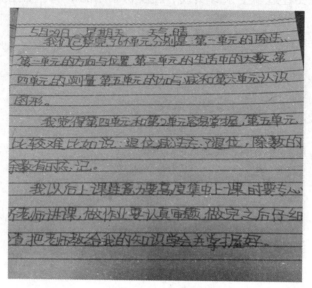

图8　嘉仪的日记

感悟： 学生的学习经历以及思维过程不能仅仅困囿于课堂，还应放飞于课堂之外。在日常学习中的所见所得，可以诉诸笔端；学习中遇到的问题，以及引起的所思所想，也可以在日记中抒发。学生的笔触也许是稚嫩的、天真的，但字里行间流露出来的思想和情感，用心在生活中找寻数学的执着，非常令人感动！

三、学习心得，倾诉心语，师生亲密无间

新课程标准在学生的情感态度目标（一至三年级）方面是这样描述的："在他人帮助下，感受数学活动中的成功，能尝试克服困难。"学生在数学学习的过程中，总会有一些挫折与失败，也会有成功与收获。教师应当引导学生把自己的学习心得体会写到自己的数学日记中去，形成善于归纳总结的良好习惯。而对于失败与挫折，也可以与教师在日记中交流倾诉。教师在日记下亲切和蔼的批语，温暖人心的鼓励对于学生来说犹如甘霖洒落心田，欢畅无比。师生间的情谊就在这一次次的交流中更加亲密，数学日记也变成了师生情感沟通的绿色桥梁。

案例：（二年级下册）"时、分、秒"这个单元是在学生已有知识（已经认识了整时、半时）的基础上，进一步认识时间单位——时、分、秒的。由

于时间单位比较抽象，不容易被感知，学生体会起来比较困难，我让学生撰写关于这个内容的数学日记，说说自己对于时间单位的认识，谈谈学习后的感受。雅琪这样写：那天作业发下来，"10：05到10：40经过了多少分"我又做错了。老师您有什么好办法，可以教教我吗？看到这篇日记，我把她带到办公室，借助钟面画示意图得出经过时间，帮助她轻松解决了学习障碍。

感悟：很多学生喜欢在日记里与我一起分享学习成功的喜悦，我通常会鼓励他们，"百尺竿头，更进一步"是我常写的一句话。但我在日记里看到的更多的是学生学习的困惑。其实出现这种情况是正常的，教师应当适当引导学生正视困难，想方设法解决遇到的问题。当学习困惑迎刃而解的时候，学生就会真正体验到学习的快乐。

数学日记真的是一个很好的平台，它将各门学科整合到一起，又与生活相融合，使学生的数学作业生动而又有趣。在撰写日记的同时，学生的视野得到开阔，他们的观察能力、合作交流能力、想象力不断得到提高。通过这个平台，教师可以与学生打成一片，给学生解决各种学习上的疑问，赠予学生一句句温暖的鼓励，架起一座座互相沟通、互相理解的虹桥。我想我会将这项作业延续下去，让学生的智慧继续闪耀明亮的光芒！

（秦晓燕老师是广东省姚冬梅教师工作室成员，此文在惠州市2016年优秀论文评比活动中荣获一等奖，广东省2017年优秀论文评比一等奖）

成果篇

求真务实　且行且思

——广东省姚冬梅教师工作室简介

惠州市光彩小学　姚冬梅

广东省姚冬梅教师工作室是由小学数学学科骨干教师共同组成的，是集教学、科研、培训等职能于一体的教师合作共同体，是以专业引领、同伴互助、交流研讨、共同发展为宗旨，以课堂教学为主阵地，以教育科研为先导，以网络为交流载体，融科学性、实践性、研究性于一体的研修团队，旨在通过网络平台的建设和研修活动的开展，形成以名教师为核心的学习型、研究型、服务型、创新型骨干教师团队，把工作室建成名师成长的摇篮、热点问题研究的中心、优质资源整合的基地、优秀成果展示的平台。工作室团队形成独特的教学风格：在教学中，擅长为学生提供生动有趣的教学情境，让学生在日常生活中找到数学知识的切入点，有效激发学生的求知欲。始终把学生当作课堂学习的主人，努力激发学生学习的积极性、主动性、独立性与创造性，引导他们采用自主—合作—探究的方式去学习。工作室团队提倡反思自己的教学，成为有科研意识的学者型教师。在教育教学中努力做到让学生爱上数学；规范学生的数学书写习惯，特别是数字和符号；培养学生正确的计算能力；培养学生的审题能力和学生的思维能力。工作室形成了以阅读为基础的专业引领模式、以写作为基础的研究反思模式、以同伴互助为基础的教育生态模式。阅读、写作、共同体被工作室团队称为新"吉祥三宝"。

广东省姚冬梅教师工作室较好地履行了省教师工作室的职责要求，高标准、严要求地完成了各项目标任务。工作室创办两年来按照省教育厅的要求，接待了两批共16人省骨干教师的跟岗学习，并在集体备课、课例开发、案例分析、说课评课、课题研究等方面给予具体的指导，得到跟岗学员的高度评价。同时，工作室还承担了培训本地区的青年教师和骨干教师的任务，效果突出，较好地发挥了名师的示范和辐射作用。工作室有3位教师被聘为"惠城区教育专家团队成员"，1人被聘为"惠州市中小学教师培训者人才库"成员，作为受聘专家积极参与惠城区各种形式的教师培训。工作室成了惠城区青年教师的培养基地。每年市区教育局都会安排一批青年教师到工作室跟岗，带动了更多青年教师在课程改革中一起前行，促使更多的优秀教师不断地超越自我，推动了惠州市青年教师队伍逐步向优质化、科研型发展。两年来，工作室以提高全体成员的专业素养并发挥工作室对全区小学数学教学高水平的专业引领为根本目标积极开展各项工作；立足课堂，关注教学实际问题，通过集中与分散、学习与实践、反思与交流等多种形式多种渠道相结合的工作方法，开展系列研讨活动，逐步达到工作室预期目标。

工作室的成员勤于学习学科专业知识和教育教学理论。教师从中获得心灵的顿悟，丰富了自己的积累，积淀起丰厚的文化素养。有了更高、更切合实际的理论指导，才能让教师在后续的实践过程中找到发展和提升的空间。工作室提供了丰富的教育书籍和专业期刊，如《好课是这样炼成的》《给教师的一百条建议》《现代教师人格塑造》等，让跟岗教师每天随时都可以研读，坚持做到"三个一"读，即每天读一篇文章，每周诵读一篇经典诗文，争取每年读一本教育教学理论专著。每一位工作室成员和跟岗教师在培训期间至少都要阅读完两本教育论著、多篇数学期刊上的优秀文章，结合自己的教学经验和实际需要，撰写两篇以上的读书笔记。阅读涉及哲学、文学、艺术、历史、心理学等诸多领域的读物，以开阔视野。

2015年—2017年，工作室接受了省骨干教师学员、惠州市骨干教师、惠城区新教师的跟岗学习任务。课堂永远是教师的主阵地，只有扎根教学实践这片沃土，才能切实提升跟岗教师的业务水平和教研能力。工作室紧紧抓住课堂教学，引导工作室成员和学员研究自己的课堂，学习名家的课堂，展示自己的课堂，促进学员与工作室成员的交流。工作室安排了大量充实的教学实践机会。在这个平台中，大家共同探讨教学中的热点、难点问题，探讨教学的艺术，交流彼此的经验，共享成功的喜悦。工作室为省级学员、骨干教师、新教师提供了10多节优质示范课。如主持人姚冬梅老师执教的"审题"、温治兵老师执教的"组合图形的面积"、张萍老师执教的"买文具"、高文红老师执教的"编码"等。这些课例以先进的教育理念、精彩的设计、扎实的教学功底和教育智慧凸显了名师们在研读新课标、研读教材上的独到见解，使前来学习交流的教师受益匪浅，极大地提高了新教师的教育教学能力和水平，真正发挥了名师引领、示范、辐射的作用。在这些课例中，执教教师在短短40分钟时间里展示了课堂教学的境界：简简单单教数学、本本分分为学生、扎扎实实求发展，力求展示灵动智慧的课、充满情意诗意的课、朴素扎实高效的课。我们努力并实践着——这一节节优质课的展示让广大教师亲眼见到主持人及工作室成员先进民主的教育理念、精彩的设计、扎实的教学功底和教育智慧。主持人姚冬梅老师的"审题——六年级复习课"给学员们带来了很多启发。很多学员说："听了姚老师的课，犹如醍醐灌顶，复习课还能这样上！""姚老师这节课似一篇散文，形散而神不散。""教学是一门艺术，谁能将它演绎得好，就能抓住学生的心。听了姚主任的课，心里由衷地感叹：当姚主任的学生真的太幸福了！"

工作室成员定期集中在网络上进行教学教研交流活动，建立"相约星期六"网上交流活动制度。在学校网站设立"小学数学名师工作室栏目"。"相约星期六"研讨如期进行，研讨拟题采取轮值制，由工作室成员把自己在工作中遇到的困惑或难题提交群里研讨，研讨的结果由拟题教师做书面总结，并上传到群里。一年来，工作室探讨了诸多问题，如"我心目中的高效课堂""如何调动孩子学习数学的兴趣"等。主持人姚冬梅老师还建立了工作室公众号和微信群，让工作室成员能及时、全面了解最新的教育动态。工作室还以"圆桌研讨"通过事先布置议题，让每一位成员做好充分准备，就小学数学教学的某个问题进行深入探讨。工作室就"在课堂中老师如何有效教学"等议题展开了热烈的讨论。教师各抒己见、畅所欲言，通过不同观点的交锋、补充、修正，使自己的理论水平得以提高。课堂永远是教师的主阵地，工作室紧紧抓住课堂教学，引导学员研究自己的课堂，学习名家的课堂，展示自己的课堂，实施同校交流。同课异构教学研讨为工作室全体成员提供了一个面对面交流互动的平台。在这个平台中，大家共同探讨教学中的热点、难点问题，探讨教学的艺术，交流彼此的经验，共享成功的喜悦。教师的经验、智慧在交流中碰撞、升华，这种多层面、全方位的合作、探讨，提升了教学教研水平，从而提高了教学质量。为了更快地提升自我，工作室十分注重与外校的交流学习，如积极组织工作室成员和部分省骨干教师前往深圳等地进行学习交流。在交流中，大家就教育的热点、难点问题各抒己见，思想在交流中碰撞，智慧在融合中生成。在相互交流、互相促进中达到智慧资源共享。

为切实发挥工作室在惠州市、惠城区的引领、辐射、指导作用，通过跟岗学习，学员尝试撰写了研究课题的开题报告，整理出了课题研究的理论价值和实际价值、研究的主要任务、实施步骤与计划、预期取得的成果等。工作室聘请的教育局教研室张帆主任、惠州学院沈威博士，以及惠州第十一小学副校长任萍、主持人姚冬梅主任做了"中小学课题研究实用技巧""小学数学教学论文写作的思路与策略""课外阅读指导""有效课堂教学策略应用"等专题讲座，特别是任校长和姚主任以个人教学一线的真实感受、点滴做法交流了最前沿的教育理念，获得一致好评。

在跟岗学习活动中，工作室通过集体备课、集中研讨、（说课）评课、座谈会等活动统一行为：重要的听课活动统一由主持人与工作室成员上示范课；集中研讨同课异构课；集中安排的跟岗教师上常态度和汇报课，所有跟岗教师都要参加，并做到每课必评。集中研讨拟题（学员轮流负责研讨问题）由工作室成员把自己在工作中遇到的困惑或难题提交微信群里展开热烈的讨论，通过不同观点的交锋、补充、修正，使教师的理论水平得以提高。研讨的结果由拟题教师做书面总结，并上传到群里。自主体现在以下几方面：一是学习名著或专著时可以选择，二是研读名师的名篇佳作时可以侧重，三是揣摩核心刊物上优秀课例时可以自主，四是研发优秀案例或开发课程资源时可以自定内容等。网络的方便、快捷、高效已被所有教师认同，许多教师喜欢并接受网上学习方式，工作室建立了自己的博客，搜集了全国20多位知名教师的网址，为跟岗教师的学习发展提供了方便。工作室在自己的网站中设置了专题栏目，及时上传相关的文章。工作室日志不断更新，逐渐被大家所关注、认同、喜欢。

为了提高工作室成员的教育教学实践能力，学校经常组织工作室的成员到各地参观学习先进的教育教学理念。2016年工作室主持人姚冬梅老师参加惠城区"三名"（名校长、名教师、名班主任）教师培训学习3个星期，温治兵老师参加惠城区后备干部学习班，曾韵、张萍、张兆良老师到佛山、深圳等地参观学习。工作室的成员创造性地开展了多次送教活动，前往汝湖中心小学、马安上寮小学、三栋演达小学等送教下乡。工作室成员温治兵老师的送教课例是"密铺"，张兆良老师的送教课例是"包装的学问"、曾韵老师的送教课例是"生活中的比"等。送教教师课前先以自己执教的课为例，向参加活动的教师阐述了自己的设计理念。在课上，执教教师针对学生年龄、心理、兴趣、特长，以尊重学生的个性为前提，以激发学生的主动性、创造性为目的，精心创设多种学习情境，多角度地读，深入细致地想，课后还安排与前来听课的教师互动交流。这些活动深受听课教师的好评。

工作室挂牌以来，各项工作有条不紊地开展。工作室是由广东省教育厅批准和授牌的。广东省姚冬梅教师工作室以广东省教师工作室的实施方案和管理办法为指导，旨在发挥名教师在教师培训中的示范和引领作用，推动骨干教师队伍的成长，以理论学习、课堂教学研讨观摩、主题沙龙、教学论坛、专家引领、网络讨论为主要研修方式，通过工作室成员自主研习和集中研修，切实提高工作室成员的个人研修和专业素质，努力培养成员逐步成为省市区级有一定知名度或有影响力的名师，努力创建引领小学数学教育教学、充满教学智慧的骨干教师团队。首先，主持人姚冬梅老师和工作室成员不断加强学习，理论水平和教育教学实践能力有了较大的提高。其次，较好地完成了省骨干教师的跟岗学习任务。2016年至今已接待了3批共15位省小学数学骨干教师的跟岗学习。除了接受来自汕尾、惠阳、龙门、惠城等地的省骨干教师的跟岗学习任务外，工作室还接受惠州市骨干教师、惠城区新教师的跟岗学习任务。每次跟岗学习活动，工作室都会按照要求，给跟岗的教师上示范课，进行专题讲座、课题指导、上课指导等，使跟岗的教师在教育教学水平方面有了较大的提高。工作室较好地发挥在本地区的示范和辐射作用；为惠城区、惠州市的骨干教师做了自主高效课堂、课外阅读等专题讲座，为农村学校送课下乡；每年接受市区新老师、省级骨干教师的跟岗学习培训任务。

工作室主持人姚冬梅老师作为数学学科带头人，先后担任教导处主任、主管教学的副校长，并通过层层选拔成为市教师培训人才库成员。姚冬梅老师率先垂范，先后上过各级各类公开课、研讨课、示范课等近40节，并自己设计编排生动形象的幻灯片和课件等。她经常反思自己的教学，坚持科研促教，坚持把理论和教学实践相结合，卓有成效地开展了国家级、省市区级等近10个课题的研究工作。每学年她都积极为师生开设形式多样的专题讲座。作为主管教学的负责人，她在培养青年教师不断搞好教育教学和提高业务理论水平方面，积极倡导"以优促新"的工作思路，重视培养和指导青年教师，对青年教师进行"磨课"训练，每学期她都组织青年教师开展课题研究和论文写作，在培养青年教师不断搞好教育教学和提高业务理论水平等方面，采用"结对子""传帮带"等方法有重点有目的地培养青年教师不断成才、超越自己。在她的指导下，秦晓燕、宋小敏、温治兵、严雪芬、曾韵、张兆良、吴思嘉等一批青年教师脱颖而出，成为惠州市区教学骨干，其中5位青年教师通过层层选拔代表市参加省级比赛并获奖。2011年她领导的学校数学科组被评为全国先进集体，成为惠州市唯一获得此殊荣的学校。

姚冬梅老师是市区教育局教师培训专家团队成员，多次被区教育局、市教育局、各县区教师进修学校、惠州学院成人教育学院等单位邀请为农村教师、骨干教师、新教师等做专题讲座和示范课，受到众多好评。她每年都接受骨干教师、新教师跟岗学习任务，对跟岗教师在集体备课、课例开发、案例分析、说课评课、课题研究等方面给予具体的指导。在省级骨干教师、新教师跟岗学习期间，她每天除了完成学校的管理、教学教研、培优扶差等工作，还要对跟岗教师进行传帮带，对他们在教学中遇到的问题进行耐心细致的解难，做好他们的导师，在生活上、工作中给他们更多的指导和帮助，受到跟岗教师的好评。她先后做过"新课标下的一节好课""小学数学课外阅读策略研究""小学数学课堂调控与策略""工作着、研究着、幸福着——做一名幸福的耕耘者"等讲座。工作室成立两年来，工作室成员无论从教学水平、教学策略上，还是成果上都有不同程度的提高。广东省姚冬梅教师工作室在2016年承担了两批广东省小学数学骨干教师培训跟岗学习环节的组织、指导等工作，接受惠州市、惠城区兄弟学校小学数学教师培训工作，工作室成员积极参加省市各类培训或者承担培训任务，表现突出，深受好评，学校提供了大力支持，工作室也取得了较大成效，工作室成员取得了很大的进步。两年来，工作室成员和跟岗学员中有4人分别被华南师范大学和嘉应师范学院评为优秀学员；2人的市级课题获惠州市第九届教育科研成果一、二等奖；2人的论文获市级一等奖并送省参评；1人在国家级刊物发表论文；1人被评为小学高级（副高级）教师。这些促进了跟岗学员的专业发展，使跟岗学员真正在当地起到示范、辐射作用。主持人姚冬梅老师被评为惠城区拔尖人才，工作室成员温治兵老师2016年被评为惠州市优秀教师，张兆良老师被评为2016年惠州市教坛新秀，高文红老师被评为区优秀教师，曾韵老师被评为区优秀班主任，张萍老师获2016年区优质课比赛一等奖，姚冬梅、曾韵、高文红老师申报2017年市级课题，获得立项并顺利开题，课题各项工作正有条不紊地进行着。主持人姚冬梅老师2017年主持的市级课题"小学数学'综合与实践'活动课有效实施策略研究"获市教育科研成果一等奖，撰写的论文《小学数学五年级综合与实践活动的思考与实践》获市一

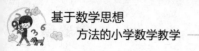
等奖，工作室成员在辅导学生参加全国华罗庚金杯数学竞赛中有30多位学生获奖，5位工作室成员获优秀教练员称号。

姚冬梅老师是小学数学高级（副高级）教师、惠城区"名教师"、惠州市"十百千人才工程"名教师、广东省小学数学骨干教师、教育部北师大小学数学杰出人才发展培养工程第三届高级研修班成员、区小学数学专业委员会副秘书长、市义务教育阶段教学水平评估专家。从教27年来，她凭着强烈的事业心和严谨的治学态度，取得了显著的成绩，在惠州市教育界拥有较高的声誉和威望。她曾10多次代表惠州市、区参加各级评优课、说课比赛均获得好成绩，先后被评为省"南粤教书育人优秀教师"、市"首席教师"、区"青年楷模""十佳教学女能手""名教师"。在教学中，她擅长为学生提供生动有趣的教学情境，让学生在日常生活中找到数学知识的切入点，有效激发了学生的求知欲。她经常鼓励学生阅读数学课外读物，让学生在充满童趣的故事中理解抽象的数学知识，使学生变得乐学、善学。姚冬梅老师注重师生情感的互动，形成了寓教于乐、寓学于乐的教学氛围，极大地调动了学生的积极性和创造性。姚冬梅老师主持的区级课题"数学课外阅读的实践研究"获区首届教育科研成果一等奖、市二等奖。参与省级立项重点德育课题研究，利用节日文化对学生渗透感恩教育，收到较好的教育效果。主持的市级课题"小学数学'综合与实践'活动课有效实施的策略研究"获惠州市第九届教育科研成果一等奖，该课题中期成果获广东省优秀论文评比一等奖。参与的全国教育信息技术研究"十二五"规划课题"数字化教育资源在小学数学教学中的应用研究"于2016年顺利结题。她撰写的多篇教学论文、教学设计获全国、省、市、区一、二等奖，多篇论文在《师道》《小学数学教育》杂志上发表。其中教学论文《对"教学反思"的反思》获市一等奖，在《小学数学教育》杂志上发表；教学论文《对"情境热"的"冷思考"》获市区教学评优一等奖并在广东省《师道》杂志上发表；教学案例《有趣的算式》发表于《小学数学教师》2016年第1期；教学案例研究《感受数形结合思想的奇妙之旅》发表于《新世纪小学数学》2015年第6期。

姚冬梅老师作为数学学科带头人，深入研究新课程改革的各种先进的教育教学理念，每学年都承担校级以上的公开课或研讨课1节以上，多次接受学校的对外公开课、研讨课、评优课、家长开放课、送课下乡等活动任务，受到各界好评。她立足本职，抓好科组建设，不断创新科组活动形式，积极组织教师进行业务学习，加强集体备课，不断完善教师之间的听课评课制度，创新科组活动形式，积极组织教师业务学习，开设专题讲座，加强集体备课，科组教研氛围浓厚，教师的业务能力有了较大程度的提高。每学期组织青年教师开展课题研究和论文写作，在她的带动下学校数学科组教研活动开展得有声有色，教师教研氛围浓厚，近3年来学校数学科组每年都被评为区或市先进科组。姚冬梅老师认真抓好学校常规教学管理工作，积极协调学校各部门组织好每学年大型对外公开课、研讨课、家长开放课、"送课下乡"等活动，不断加强与兄弟学校、教师之间的学习交流。在培养青年教师不断搞好教育教学和提高业务理论水平方面，工作室积极配合学校提出以优促新的工作思路，重视培养和指导青年教师。她甘当人梯，经常深入课堂听课，和教师们不断切磋讨论，提出建设性的指导意见，有目的有重点地培养青年教师不断成才、超越自己，一批青年教师脱颖而出，成为学校教学骨干。温治兵老师、曾韵老师、张兆良老师代表惠州市参加广东省说课比赛均获一等奖，学校数学科组也多次被评为省级优秀科组。姚冬梅老师坚持科研促教，根据教学实践的积累、反馈、感悟等，坚持把理论和教学实践相结合。她深入钻研，不断探索新课改的各种理论，扎实深入并卓有成效地参与全国、省、市各级各类德育、心理健康、数学等10多个课题研究。她参与全国教育科学"十五"规划课题"学校优质教育建设研究"的子课题"优化教与学过程，奠定学生成才基础"的研究，因在研究中表现优秀受到表彰。她主持的"数学课外阅读——提升学生综合素养的实践研究"课题结题时受到专家的好评：该课题针对当今小学生数学课外阅读现状，具有很强的现实性，也符合课标中对学生阅读能力培养的要求，改变了学生学习数学的方式，学生的综合能力得到了显著提高，还提高了实验教师的教育理论水平和科研能力，有较强的操作性、科学性和推广性。该课题获区首届教育科研成果一等奖、市教学成果二等奖。她作为广东省重点德育课题"基于节日文化的小学特色德育研究"的课题组主要成员，负责组织开展课题的活动。该课题具有很强的现实指导意义，她带领工作室成员利用节日文化对学生渗透感恩教育，收到了较好的教育效果。为营造浓厚的校园文化氛围，她积极配合学校组织学生参加学校"校园读书节""校园科技艺术节""快乐体育"等活动，她是学校校刊《昌明教育》的主编，负责资料的收集和整理工作。她还参与学校百年校庆的书籍——《百年春秋谱华章》《凤凰花开》《百年昌明》等的编辑出版工作。姚冬梅老师对在社会上兼任的一些职务，能尽职尽责，受到表彰。她是惠城区第六、第七、第八届政协委员，积极参加政协组织的专题学习和专题调研，努力提高自身素质和参政议政能力，为促进本地教育事业的发展积极建言献策，她与人合作的提案被评为优秀提案，入选惠州市小学教师中级专业技术资格评审评委库。她在担任中级评委时做到切实履行专家职责，认真做好评审工作。她是惠州市义务教育阶段教学水平评估专家，能认真协助市督导处做好学校的评估工作并提出很多建设性意见，得到受评学校的欢迎。

《小学数学"综合与实践"活动课有效实施策略》成果报告

——惠州市教育科研课题

课题主持人　姚冬梅

一、问题的提出

　　小学数学"综合与实践"（北师大版教材2014年改为"数学好玩"）是新课程改革之后出现的一个新领域。国际上曾出现过和"综合与实践"相类似的学习方式和课程，都推出了旨在适应新世纪挑战的课程改革举措，各国纷纷倡导主题探究活动与设计学习活动。我国部分省市为适应素质教育的要求，借鉴国外发达国家的经验和做法，在研究性学习、活动教学、自主学习等方面做了大量研究。《小学数学课程标准》（实验稿）中，明确要求"结合有关教学内容和学生生活实际，每学期至少安排一次数学实践活动"。如今10年的数学课程改革过去了，"综合与实践"在教学实践中得到了一定程度的重视，但还没有达到理想的效果。教材虽然在每册中安排了"综合与实践"内容，但课程标准仅给出了课程目标、内容、实施和评价的一些大的要求和原则，还没有形成完整的体系，没有具体实施的有效途径与方法，随着研究的深入，一些困惑和问题随之而来，比如对活动内容的选择、活动的组织和实施、活动难度的把握等不少教师都感到无所适从，教材也没有明确的要求，给广大一线教师在具体实践中带来了一定难度。在教学实践中，有相当一部分教师对数学综合实践活动的认识不是十分清晰，对综合与实践活动内容的教学流于形式，不少教师认识上的模糊导致行动上的混乱，将数学综合实践活动课等同于一般的数学活动课、兴趣课，通过调查我们发现，综合与实践活动课现状令人担忧，主要表现为以下几个方面：

1. 课程内容不能全部完成

　　受传统教育观念的影响和习惯的束缚，教师对实践活动在认识上存在偏

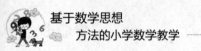
差，近一半的教师只上一部分实践活动课，在教学中经常犯"穿新鞋走老路"的毛病，还有少数教师干脆不开展综合实践活动课，认为反正不是考试或考查的内容。

2. 过半数的教师教学这部分内容时随意性大

由于教材的内容操作起来比较麻烦或与实际生活不符，教师因种种原因不能使其有效地实施，致使教学中出现很大的随意性。

3. 个别教师认识不足，理解偏颇

有教师将实践活动课理解为简单的游戏活动课、手工课，甚至是单元复习课。

由于不少教师不知如何开展综合与实践活动课，我们觉得有必要对综合与实践活动课的有效实施策略进行深入研究，本课题就教师如何在教学活动中有效实施综合与实践活动课策略进行探究。

二、解决问题的过程与方法

《小学数学课程标准》（2011年版）指出：综合与实践活动是教师通过问题引领、学生全程参与、实践过程相对完整的学习活动，是实现"积累数学活动经验、培养学生应用意识和创新意识"目标的重要和有效的载体。教师要特别关注的几个环节是：问题的选择、问题的展开过程、学生参与的方式、学生的合作交流、活动过程和结果的展示与评价等。让学生联系生活学数学，运用活动经历数学、体验数学。让学生在实践中学会用数学的眼光观察世界，培养学生的数学意识，把知识用于生活，增强应用意识，培养实践能力。综合与实践活动的目的在于培养学生综合运用有关的知识与方法解决实际问题的能力，培养学生的问题意识，让学生积累活动经验，提高学生解决现实问题的能力。因此本课题要解决如下问题：

（1）针对学校的实际情况，开发生成适合本校学生特点且有利于实现综合与实践课程目标的好问题，为教师组织学生开展数学实践活动提供直接经验。

（2）通过本课题的研究，探索有效开展综合与实践活动课的途径和策略。

（3）进行数学实践活动资源的整合，设计有效实施综合实践活动的课例。

（4）通过课题研究提升实验教师的综合素质，使他们积累研究经验，促进实验教师的专业发展与教育科研水平的提高。

本课题分为三个阶段。

第一阶段：准备阶段（2013年5—10月）

成立课题研究小组，明确研究范围，组织课题组成员学习相关的理论知识；分析现状，确立人员分工，完成课题研究方案，申请课题立项。

第二阶段：实施阶段（2013年11—8月）

按照课题组研究的思路，逐步实施课题研究。

（1）实施课题研究方案，开展课题研究教研活动，通过听课、观摩、讲座、案例分析等多种形式的教研活动，研究典型案例，初步探索综合与实践活动课程开发与设计的策略与有效途径。

（2）充分调动实验教师参与的积极性与创造性，确保课题研究扎实推进；注重交流与学习，及时反馈课题研究中的心得体会；共同探讨、解决所遇到的问题，达到资源共享的目的。

（3）形成有效的综合实践活动课实施策略，把课题研究与教学实践相结合，由点到面，整体推进，不断提高。

第三阶段：总结阶段（2015年9—12月）

总结汇报研究情况以及展示研究成果；撰写课题研究报告；展示课题研究成果，包括论文、活动方案等；整理材料，课题组人员写总结论文。

本课题主要采用调查研究法、课例分析法、案例研究法等方法。

《小学数学课程标准》（2011年版）对"综合与实践"提出了总体目标：帮助学生综合运用已有的知识和经验，经过自主探索和合作交流，解决与生活经验密切联系的、具有一定挑战性和综合性的问题，以发展他们解决问题的能力，加深对数与代数、空间与图形、统计与概率内容的理解，体会各部分内容之间的联系。那么教师应该怎样进行综合与实践教学，才能有效实现这一领域的教学目标呢？我校数学科组借助北师大版"数学好玩"单元，形成"发现和提出问题—成立研究小组—制订研究方案—开展研究活动—呈现研究成果"的活动策略，尝试开发了一些基于教材、基于学生数学学习基础、能反映一类数学知识的综合与实践活动课。

三、成果的主要内容

《小学数学课程标准》（2011年版）指出：开展"综合与实践"活动课的目的在于培养学生的问题意识、应用意识和创新意识，积累学生的活动经验，提高学生解决现实问题的能力。因此，教师在进行综合与实践活动课的教学时应该充分发挥自身的能动性和学生的主动性，从生活和学生的实际出发，引导学生用数学的眼光去寻找问题、提出问题、设计方案、开展实践、形成思考，培养学生综合与实践的意识和能力，提高数学素养。那么教师应该怎样进行综合与实践活动课的教学，才能有效实现这一领域的教学目标呢？新改版的"数学好玩"单元的"综合与实践"活动，为教师的数学教学提供了一个有意义的尝试。

1. 研究教材，联系实际设计问题

问题是激发学生开展数学综合与实践活动的直接动因，设计问题就是设计"综合与实践"的活动内容。要使学生能充分、自主地参与综合与实践活动，选择恰当的问题是关键。教材把"综合与实践"的内容与"数与代数""图形与几何""统计与概率"等相关知识有机结合起来，以问题的形式呈现出来，通过游戏或活动的形式让学生在具体的活动中尝试应用所学的知识和技能解决问题。好的"综合与实践"活动选题应该具有以下特点：一是现实性，二是开放性，三是综合性，四是实践性。问题既可以来自教材，也可以由师生共同开发。课标提倡教师自主研发适合本地学生特点且有利于实现综合与实践课程目标的好问题。问题首先要有研究价值和可操作性，其次，学生要感兴趣，通过努力可以解决问题。教材中"综合与实践"的内容是面向全国的，城市和农村、经济发达和欠发达地区当然存在差别，有些内容可能与学生实际生活相去甚远，这就需要教师根据实际情况有所取舍，有所创造。"用教材教，而不是教教材"是课程标准对教材的定位，也是对教师解读教材、设计教学环节的宏观引领。教师要引导学生细心观察生活，根据生活现象提炼出一些适合作为综合与实践活动主题的问题。

生活实践中的数学无处不在，问题可以来自学生个人成长（如学生的年龄、体重、身高、作息时间、学业成绩等）、家庭生活（家庭用水、用气、用电、衣食消费、家庭旅游等）、学校生活（布置教室、评选班委、图书管理等）、社会生活（交通、能源、环境、装修、压岁钱、测量等）等领域。从《义务教育数学课程标准》（2011年版）所附的案例可以看出，"生活中的轴对称图形""上学时间""旅游计划""绘制校园平面图""估计高度""象征性长跑""包装盒中的数学""从年历中想到的""利用树叶的特征对树木进行分类"等都取材于学生熟悉的生活。联系实际也可以联系学生的学习实际。去年我校数学科组结合学校开展的德育教育主题"我是文明小卫士"活动，引导学生细数校园内的不文明行为，提炼出一些适合作为数学综合实践活动主题的问题。针对低年级学生洗手后不关水龙头、打水仗等浪费水的现象，六年级数学教师结合课本"生活中的数"中的练习题"节约用水"开展实践活动，通过查找资料、询问他人、做调查，引导学生逐步归纳问题：一个没拧紧的水龙头1小时会流掉多少水？大约几小时浪费的水就可以供一个人维持一天生命？一个月漏掉的水可以供一个人维持生命大约几天？以此为依据，预测学校50个水龙头如果没有拧紧，一个月（30天）会流掉多少水？在学生学习了"圆柱和圆锥的体积"单元后教师开展了以"旋转"为主题的综合实践活动。先让学生旋转长方形、直角三角形、正方形、半圆形等小旗，观察形成了什么立体图形，再旋转直角梯形小旗，思考以哪个底边为轴旋转得到的旋转体的体积大。然后布置学生分小组合作设计各种形状的小旗，发挥想象，猜想、观察旋转出来会是生活中哪种物体。在课堂教学中教师发现学生对我国古代数学史、数学家的故事很感兴趣，于是围绕"我国古代算术悠久的历史及辉煌的成就"这一主题开展综合实践活动，并将实践活动与学校每年的读书节和艺术节等活动相融合，学生参与的积极性非常高。我校有位教师在教学"平移与旋转"时，课的最后设计了一个游戏环节：①先用多媒体介绍中国古代三大智力游戏之———"华容道"；②游戏"离开停车场"：这个游戏也叫作"汽车华容道"，小红车被挡在里面了，怎么才能按游戏规则移出呢？但因时间不够学生没有展开活动就下课了，笔者灵机一动，建议她以"平移与华容道"为主题开展综合实践活动。游戏是学生日常生活中常见的，能较好地激发他们的活动热情，使学生享受玩的乐趣。

2. 研究学情，合理设计活动环节

《义务教育数学课程标准》（2011年版）指出：教师在设计和实施综合与实践活动课时应特别关注学生参与的方式、学生的合作交流活动过程、结果的展示与评价和活动过程中师生互动的要求等。综合与实践活动有别于学习具体知识的探索活动，更有别于课堂上教师的直接讲授，可以在课堂上完成，也可以课内外相结合完成。这就要求教师除了深入研究教材，合理确定实践活动目标外，还要深入研究学情，了解学生学习的起点和学习规律，根据不同学段学生的年龄特征和认知水平，合理设计综合与实践活动环节，激发学生参与综合与实践活动的热情，最大限度地发挥学生的潜能，让学生体验学习数学的乐趣。

"综合与实践"的课堂教学与常规的课堂教学有明显的不同，活动的形式也因不同学段学生的年龄特征而有所侧重，低年段学生以游戏为主，高年段学生以调查实验为主。它改变了以往只在课堂上学习数学知识，课后巩固训练的传统做法。教师要注意在整个活动过程中的辅导、激励的作用，要不断和学生交流，给他们提供辅导，提出指导性意见，比如对研究方法的指导（上网、做实验、问家长等）。教师和学生一起确定实践活动的主题后，教师根据实践活动主题和目标决定全部还是部分学生参与活动前的研究、全班划分成几个小组进行研究、是对所有内容还是部分内容进行研究等。对课外难度较大的问题，可以只让部分学有余力的学生进行调查研究，然后在课堂上展示交流，其他学生能听明白就行，不强求一致。对课外难度较小的问题，可以让学生都参与，参与的形式不限，可以是小组的形式，也可以是学生个体，还可以请学生家长参与实践研究，拓展活动主题的深度和广度，起到激发兴趣、开阔视野的作用。在实践活动前让学生明确实践活动的任务，教师对活动的时间提前做出安排，给学生留足活动的时间。在进行综合与实践活动时教师应创设一些典型问题情境（从数学到生活、从问题到应用），引导学生开展调查、探究、实验、测量、统计等数学实践活动。可以让学生根据确定的主题，小组成员合作进行研究，及时向教师汇报，形成本小组比较满意的活动成果。在课堂上进行活动成果的展示、交流时教师要引导学生进行辩论和再研究，既保证基本教学任务的完成，又要让学生的数学才能得到展现。引导学生交流在调查过程中用到了哪些数学知识，学到了什么，遇到了什么困难，打算用哪种方式呈现自己的探究过程和结果，通过实践，懂得了什么，今后准备怎么做。学生介绍自己的具体做法和体会并记录下来形成调查报告。

　　教师在设计"我国古代算术悠久的历史及辉煌的成就"这一主题的综合实践活动时，考虑到我国是世界文明古国，中国传统数学源远流长，呈现出鲜明的"东方数学"色彩，对世界数学发展的历史进程有着深远的影响，但大多数学生对此并不知悉，能说出古代数学名著、数学家的不多，不少学生了解的还仅仅是课本中有所涉及的祖冲之或杨辉等。因此，笔者在开展综合实践活动课时，先让学生自行搜索自己感兴趣的古代经典数学内容，可以是数学诗词、经典古题、古代名数学家等，方法也可以多样，上网查、看书报、问家长等；然后自编"古代经典数学"这一主题的小报，在课堂上让学生互相交流、欣赏；自编的数学小报中设计的栏目有古代名题选编、数字古诗赏析、数学史长河、古代数学家的故事等，把学生的优秀作品在学校每年的读书节和艺术节活动中展示出来。最后让学生写下开展这一主题活动的数学日记，记下在活动中搜寻素材时对我国古代数学在历史长河中的作用及古代数学家严谨的治学态度、顽强的毅力等产生许多感想和感悟。这个实践活动不仅受到学生欢迎，也得到家长的好评。又如以游戏的形式开展的"平移与华容道"实践活动，把中国古代三大智力游戏之一的华容道带进数学课堂，课前让学生查找"华容道"的典故，了解华容道的解法和五种经典开局（近在咫尺、小燕出巢、走投无路、水泄不通、勇闯五关）以及其他滑块游戏，如好汉排座、五子聚会、老虎进笼、牛郎织女、停车场等，在课堂上呈现游戏情境，引导学生分组进行互动游戏。学生在数学课上玩游戏，直呼过瘾。游戏满足了学生好胜的心理，让他们在求胜心理的作用下掌握知识，体会应用数学知识的乐趣。

3. 研究资源，灵活充实活动素材

综合与实践活动的素材可以来源于生活实践，也可以来源于数学知识体系。教师要为学生提供开展数学活动的机会，引导学生在实践活动中思考和感悟，使学生在"做数学"的过程中理解和掌握数学知识。同时充分挖掘学生生活、学习中的资源作为活动素材，选用贴近学生生活的素材。数学就在我们身边，教师应强化数学与生活的密切联系，积极引导学生收集和积累数学应用的事例，如储蓄、保险、打折、股票走势图、人口增长率、出租车等的计费、水电阶梯度交费等具有时代感的生活事例，让学生感受到数学在生活中的广泛应用。在"数与代数"领域教学后，可以组织学生开展收集人类发现数与代数语言的历史、数学符号的起源及演变等实践活动课；在"图形与几何"领域教学后，可以开展介绍祖冲之的圆周率等史料的知识的实践活动。在学生学习了几种立体图形的表面积和体积后，可以以"鸭蛋体积测量"为主题开展实践活动，或以体现数学应用的故事、成语、典故等为主题开展实践活动（如测量不规则物体体积"乌鸦喝水"、解决对策问题"田忌赛马"、加法简便运算"高斯巧算加法"等）。

在我校的省立项重点德育课题"基于节日文化的小学德育特色研究"中"我们的春节之旅"就是结合学生的生活实际，围绕春节设计的综合实践活动案例。这个实践活动得到了不少家长的支持和赞赏。

本课题还与我校的省立项重点德育课题"基于节日文化的小学德育特色研究"中"我们的春节之旅"整合，结合学生的生活实际，围绕春节设计综合实践活动案例。课题研究形成的小学数学综合与实践活动课的"发现和提出问题—成立研究小组—制订研究方案—开展研究活动—呈现研究成果"的活动策略，把综合实践活动课程的理念、研究性学习方式迁移到数学的综合与实践活

动之中。在该活动中，学生既要了解春节的风俗等知识，又要运用数学相关知识解决问题，体会数学在日常生活中的应用价值，使学生的数学知识得到延伸、重组与提升，强化了数学科与其他学科知识与方法的联系与综合，这个实践活动得到了不少家长的支持和赞赏。

4. 研究课程，深刻把握教育价值

积累数学活动经验、培养学生应用意识和创新意识是数学课程的重要目标，综合与实践是实现这些目标的重要和有效的载体。《义务教育数学课程标准》（2011年版）在"教学建议"部分指出：综合与实践的教学重在实践、重在综合。重在实践是指在活动中，注重学生自主参与、全程参与，重视学生积极动脑、动手、动口。重在综合是指在活动中注重数学与生活实际、数学与其他学科、数学内部知识的联系和综合应用。由此我们不难理解"综合与实践"的内涵："综合与实践"活动是一种学生人人参与、全程参与、自主参与，具有综合性、实践性、开放性和挑战性的数学活动。综合与实践活动旨在综合应用数学思想、方法、知识、技能解决问题，在解决问题的过程中提升学生的综合素质，促进学生的发展。综合与实践活动通过问题的提出、解决，让学生把已经学习过的数学各领域的知识整合起来，在实践活动中解决问题，把数学与其他学科的知识联系起来，让学生在解决问题的过程中体会数学各领域知识间的关联，学生在综合实践活动过程中将书本上学过的知识和方法转化为解决问题的能力。综合与实践活动让学生在设计、调查、实践、探究、反思、体验的过程中深切体会到数学来源于生活又应用于生活，使学生了解数学学习的价值，激发起学习数学的积极性和主动性。

四、成果与思考

本课题研究采用多种方法，既关注教师在课堂中的课程实施，又关注学生在数学学习进程中的数学发展，通过丰富多彩的数学实践活动，依托学校每年的科技艺术节和读书节，"寓教于乐，寓学于乐"，尊重学生的个性特点，全面调动学生的多元智能，丰富数学涵养，提升数学能力，使教师教得轻松，教得有效；学生学得愉快，学得活跃。本课题通过两年多的实践研究，取得了以下成果。

（一）初步提炼出小学数学实践活动课的活动策略

小学数学综合与实践活动课的基本活动流程：明确目标、课前准备、课中

在活动中完成猜测—活动验证—理论验证—得到结论、课后延伸形式多样、关注评价的设计方法和策略。教师在设计课程之前，要研读教材，搜集资料，注重学生的知识储备，明晰训练重点；学生按照教师提出的要求积极主动准备素材。同时在学生明晰教学目标的前提下教师可以放手让学生设计活动环节。放手不是不管，而是在关键方向上把握。教师在各环节适时引导学生，在课中的活动中完成对结论的猜测—再通过活动验证猜测—最后通过验证证实猜测的正误—最终得到结论。而且只要条件允许，这几个环节的设计都可以由学生来完成，以达到让学生经历有目的、有设计、有步骤、有合作的实践活动的目的，并能够使学生结合实际情境，体验发现和提出问题、分析和解决问题的过程。同时在给定目标的情况下，感受针对具体问题提出设计思路、制订简单的方案解决问题的过程。再通过应用和反思，进一步理解所用的知识和方法，了解所学知识之间的联系，获得数学活动经验。教学中教师注重让学生充分参与到教学过程中来，加强对活动经验的总结，注重学法的指导。通过组织观察、探索、尝试、交流等活动，让学生经历动手操作、交流反思、自我评价，归纳，切实落实知识和方法并行，让学生感觉"数学好玩"单元既好玩又在活动中长智慧！

（二）课题研究促进了学生和教师的成长

1. 学生方面

在新课程理念的指导下，改善学生的学习方式，倡导动手实践、自主探索、合作交流等多样化的学习方式，让数学学习活动成为生动活泼、主动和富有个性的过程。我校数学组教师组织学生写数学日记、编数学小报，同时要求学生根据在校外收集的数学资料提出数学问题等，引导学生将数学知识和生活实际联系起来，学生在活动中感受到数学的实用价值，感受到学习数学的乐趣，这就促进学生主动地去观察生活，从中提出数学问题，并自觉地运用数学知识解决问题，从而形成良好的问题意识。

（1）课题的实施，使学生学习内容更加丰富。学生在学好书本知识的同时，还戴上"数学"的眼镜深入到了实际生活中，把数学与生活紧密地联系在了一起，学得更加有滋有味。例如，实验教师带领学生共同研究了"购物中的数学问题""旅游中的数学问题""拉面中的数学问题""汽车里的实际问题""报刊中的数学问题""菜场上的实际问题"等问题，使学生从课堂走向课外，充分挖掘了学习数学的资源。在解决问题的过程中学生对数学问题比以前更感兴趣、更主动、更有热情了。

（2）课题的实施，让学生学习的能力得到了进一步地加强。在问题解决的过程中，加强了学生动手操作的能力。在教学中，我们发现学生对"数学好玩"单元中的"综合与实践"内容的学习是很感兴趣的。在教学中充分发挥教师的主导作用，将重点放在如何结合观察、探索、尝试、交流等活动，让学生经历动手操作、交流反思、自我评价等过程，使学生变"要我思"为"我要思"，变"要我学"为"我要学"。

2. 教师方面

（1）通过课题研究使教师成了称职的引导者。通过课题的实施我们积极地倡导自主、合作、探究的学习方式，使教师成为学生学习过程中真正的引导者。在课堂上，学生能自己解决的问题，教师绝不插手，遇到难处，教师只是合理、适当地加以点拨、引导，绝不以教代学；不会因为怕耽误进度、怕麻烦而剥夺了学生说的权利，剥夺锻炼学生思维的机会。在交流中，教师鼓励学生自己修正自己的表达方式，在修正中认同不同于自己的表达方式，从中体会比较简洁的表达方式，学生的学习就是这样，在欣赏别人思路的同时，慢慢学会判断。学生针对某一问题发表自己独特观点时，教师热情倾听，适时点拨、评析，时时刻刻注意尊重自己的合作者身份，即使是与自己的观点相悖，也不一棍子打死；即使学生的观点实在不可取，教师也是委婉地否定，时刻注意保护学生学习的积极性。这样，学生与教师之间在互帮互助的课堂教学中建立了融洽的朋友关系，教师不再是最后结果的定夺者。

（2）通过课题研究提高了教师教学设计的能力。学生由于问题解决的能力加强，各方面都得到了发展，而且学生自己体验的课堂教学往往要比那些单向灌输的课堂更难以驾驭。因此教师要不断地学习，使自己的教学适应现在的课堂。教师在课前备课时就应该做到从学生学习需要出发，以"怎样有效地促进学生学"为主要思考目标，以重点解决学生"学什么""怎么学""学到什么程度""采用什么方式学"等问题为主要内容进行教学设计，让学生在课堂上带着一定的情感态度、价值观去主动地学习、主动地发展。长此坚持下去，教师的教学设计能力就会不断提高，教学过程也会不断得到优化。

（3）通过该课题的研究有效促进了实验教师素养的提高。在研究课题的过程中充分发挥教研组的力量，关注教师对综合与实践课在实践中的合理运用，关注课前预设和课堂生成的相互关系，挖掘教研组的研训力量，开展有针对性的课堂教学设计，帮助教师正确理解与灵活应用方法和策略。通过以优促新的形式，开展组内教研活动，优秀教师从课前、课中和课后等方面进行全方位培训，同时关注新教师基本功、教学能力、教研能力的提升。要求每个学期每位实验教师在校内上一节研讨课，实验教师在课堂上要有自己的研究思想，体现研究的价值，突显自己的研究特点，争取引发其他教师的共鸣，形成共同参与并提高的局面。课题组开展"边教边悟"活动，要求教师把自己平日里的所教、所悟和所感写下来，通过边教边悟，营造了学习研究的氛围，提升了教师们的理论水平。

（三）课题成果应用及效果

该课题研究成果显著，师生参加各类竞赛获奖人数多、奖项高，作品内容广泛，有师生独特的个性。我校开展的丰富多彩的数学实践活动中，学生撰写的数学课外阅读记录、趣味数学故事改编和数学手抄报在校科技艺术节和读书节活动中获得较高奖项。课题组通过丰富多彩的数学实践活动，"寓教于乐，寓学于乐"，深入地促进了学生学习方式的有效转变，使学生对数学感兴趣，并且爱上数学课，促进学生数学综合素养的整体提高。主持人姚冬梅老师撰写的课题阶段总结论文《对小学数学"综合与实践"活动课的思考与实践》获区、市、省优秀论文一等奖。她执教的综合与实践活动课"数字的用处"获全国课例三等奖、省优秀奖。她为全市小学数学骨干教师上的综合与实践课例"有趣的算式"受到一致好评，该课例设计发表在《小学数学教师》杂志2016年第1期的"精品课堂"栏目。多位实验教师撰写的论文获得较高奖项，实验教师参加市示范课、区研讨课、市区高效课堂活动的展示课，均得到听课教师的高度评价。其中实验教师温治兵撰写的论文获区、市一等奖并送省参评；曾韵、吴思嘉、张兆良老师执教的综合与实践活动课例"图形中的规律""点阵中的规律""重复的'奥妙'""包装的学问"代表市参加省小学数学说课比赛、优质课比赛获省一、二等奖。如"我们的春节之旅"就是结合学生的生活实际，围绕春节设计的综合与实践活动典型课例。我们充分进行资源整合，把学校德育实践活动课程的理念、研究性学习方式迁移到数学的综合与实践活动之中。在该活动中，学生既要了解春节的风俗等知识，又要运用数学相关知识解决问题，体会数学在日常生活中的应用价值，数学知识得到延伸、重组与提升，强化了数学与其他学科知识与方法的联系与综合，实践活动得到了不少家长的支持和赞赏。

本课题研究在以下两个方面尚要改进和深入：

一是实验教师的理论水平和研究能力直接影响课题的进一步深入研究。研究还局限于以实践为基本载体，缺少了精细有效的研究分析。二是要加强理论学习，提升研究能力，对综合与实践课研究中积累的经验要渗透到其他课型中去。

课题带给我们的思考：

我校数学科组于2013年立项市级课题"小学数学综合与实践课的实践与探索"，课题实验教师在刚开始进行综合与实践活动时，常常感到无从下手，教师介入少，课堂效率确实比较低；教师介入多，就形成了教师自己讲解，而且很容易把活动当作问题去讲解，变成了学生完成一个个独立的问题，这样学生很难从综合与实践活动中获得合作、交流、解决问题的经验，也就无法发挥"综合与实践"本身蕴含的数学价值。下面记录的是学校年级数学备课组对"数学好玩"单元中"图形中的规律"的教研活动情况：

曾老师（备课组长）：下周我们要进行"数学好玩"单元教学了，大家有什么想法吗？

庄老师：我觉得按照课本上几个步骤，老师讲一下就行了。

张老师：我觉得可以尝试让学生活动一下，试着让学生自己提出问题，尝试解决问题。

缪老师：我同意张老师的意见，但是我觉得小组活动的时候学生纪律不好管，耽误课堂时间，我觉得教师直接讲解就行了。

姚老师：我们可以尝试让学生小组合作，做示范和例子，让学生自己发现问题、提出问题、分析问题和解决问题。

庄老师：我也很想让学生经历这个过程，但是学生小组合作学习的效率太低，我觉得还是教师讲解课堂效率会比较高。

……

虽然集体备课时大家都愿意尝试让学生小组合作学习，但在实际上课时，教师不习惯等待，习惯催促与讲解，面对学生比较慢的情况，几位教师基本上选择了讲授，用自己的讲解代替学生的思考，把学生自己主动进行探究的问题，演变成一个个讲解的问题，一道一道讲给学生听，学生只需要完成相应的作业就可以了。

通过4年的课题实践，我们尝试在四至六年级的"数学好玩"单元进行集体备课并让课题实验教师上综合与实践活动课。实验教师表示，综合与实践活动课要创造适合学生学习的问题情境，舍得给学生时间和空间，放慢教学的脚步，结合学生的学习和生活经验，积极组织学生感兴趣的活动，拓宽学生的学习视野。课题刚开始实施时不少实验教师信心不足，但当教师们在综合与实践活动课上看到学生的变化及在开展的活动中学生表现出浓郁的学习兴趣时，很多教师也对这样的课题充满信心。课题组实验教师结合学校的科技艺术节活动，开展丰富多彩的数学实践活动，如"数学活动课——玩魔方表演""有趣、好玩的数学——阅读交流会""数学创意故事改编"等，并尝试让学生完成一些数学实践性的作业，收到了不错的教学效果。以下是我校开展的丰富多彩的数学实践活动（见图1～图4）。

图1　好玩的数学活动课："魔方表演"

图2　好玩的数学活动课："好书分享"

图3　好玩的数学活动：剪纸（轴对称图形）比赛和"开出停车场"（旋转与平移）游戏活动

图4 我校"读书节"活动数学创意故事改编比赛和"科技艺术节"数学报创作比赛学生作品

附1：

课题"小学数学'综合与实践'活动课有效实施策略"立项证书、结题证书、成果证书及研究报告获奖证书，如图5所示。

图5 课题证书

附2：我校的春节之旅活动方案

我们的春节之旅

学校：_____ 班级：_____ 姓名：_____

寒假，我们迎来了中国的传统佳节——春节。神州大地上，家家欢声笑语，户户张灯结彩，四处充满年味儿：煮饺子、贴春联、放鞭炮、拜大年……同学们，我们动起手来，参与到这个有意义的春节中来吧！

春节之旅第一站：备年货

现在我们生活富裕了，家里要啥有啥，可是过年了，总得再备些年货吧，孩子们，你能帮助家长一起买年货吗？货比三家，把你准备买的年货的清单写下来，算一算一共花了多少钱？（别忘了你最喜欢的新衣服）

春节之旅第二站：贴春联

节日的气氛真浓啊，家家户户门脸儿上少不了一副好春联祝愿人寿年丰，大吉大利，万事顺意。你们家准备了吗？赶快给爸爸妈妈出出主意，该帖什么春联吧。你找到10副，让家长选择吧。（最好你能帮忙写）

请你算一算买春联、窗花一共花了多少钱？算一算春联的总面积，估计大小是否合适？

春节之旅第三站：过除夕

大年三十吃年夜饭是咱中华民族的传统，一家人围坐一起乐乐呵呵，免不了喝点酒，话家常，叙亲情……我们一家三代人各自说说十二三岁那年的春节是怎样过的。

爷爷、奶奶、外公或外婆的回忆：（选择一个也可）

爸爸妈妈的回忆：

我的此刻：

大人的感想：

我的感想：

根据爷爷、奶奶、爸爸、妈妈的出生年月日给他们编一个身份证号码，并对比正确的身份证号码：

爷爷（外公）：

奶奶（外婆）：

爸爸：

妈妈：

春节之旅第四站：拜大年

春节走亲访友，爸爸妈妈的亲戚多，朋友也多，你也有自己的朋友要走访，该怎么安排呢？把你们一家拟好的计划写下来吧，也可以列张表格哦！

要走亲访友少不了交通工具。请你根据路程和速度，估计下多长时间

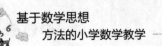

可以到达亲友家。算算你一共买了多少礼物？花了多少钱？请把你的算法写下来。

春节之旅第五站：压岁钱

这个春节，收了不少压岁钱吧？赶快把自己的压岁钱统计一下，看看自己是不是个小财神了。打算怎么花这些压岁钱呢？能说说你的计划吗？

请你调查银行利息，如果存入银行的话，到明年你一共能领回多少钱？请把过程写出来。

春节之旅第六站：贺新年

"爆竹声中一岁除，春风送暖入屠苏。"辞旧迎新之时，我们又大了一岁，一定有很多新年愿景献给自己，把你对自己的祝福写下来吧。

慢慢地，我们感受到了春天的气息，新年新气象，你有什么祝福要送给亲朋好友和老师的吗？给小伙伴和老师发个创意短信息吧，并写下来（别忘了你所学过的英语祝福语）。

春节之旅第七站：终点站

春节之旅很快结束了，希望此次快乐之旅丰富了你们的生活见识，带给你们的是快乐和享受，让我们的爸爸妈妈也参与到此次综合实践活动中来，请他们来评价一下此次活动。

1. 孩子在寒假是否认真看课外书了？

非常认真（　　　）　　　　比较认真（　　　）　　　还不够（　　　）

2. 孩子上述记录，你如何评价？

非常满意（　　　）　　　　比较满意（　　　）　　　还需努力（　　　）

3. 孩子是否积极参与实践活动？

非常积极（　　　）　　　　比较积极（　　　）　　　无动于衷（　　　）

4. 实践过程中孩子遇到难题，有没有主动请教？

有（　　　）　　　　　　没有（　　　）

5. 通过此次活动，您认为您的孩子哪些能力还需提高？

6. 对于此次综合实践活动有什么意见和建议：

家长签字：   时间：

  通过此次春节之旅，看了家长对你此次活动的综合评价，你对自己的表现有何评价？你也一定有很多话想说，请写下来，别忘了也工整地签下自己的名字，回来我们要评奖的哦！

签字：   时间：

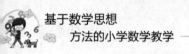
《数字化教育资源在小学数学教学中的应用研究》结题报告

——全国教育信息技术"十二五"规划青年课题

课题主持人　温治兵

数字化教育资源在小学数学教学中具有不可或缺的地位和作用，具有鲜明的时代性和强劲的生命力。我们致力于建设开放而有活力的新型数学课堂，就必须充分应用大容量的数字化教育资源，只有合理运用这些资源，才能为学生创造自主、合作、探究的空间，才能使课堂充满活力与效力。

一、课题的提出

（一）课题提出的背景

近年来，我国大力推进教育信息化建设，将"信息技术与其他学科教学的整合"作为教育信息化建设的关键和核心问题。教育部《关于在中小学普及信息技术教育的通知》强调，要"努力推进信息技术与其他学科教学的整合，鼓励在其他学科的教学中广泛应用信息技术手段并把信息技术教育融合在其他学科的学习中"。《基础教育课程改革纲要（试行）》也明确指出"大力推进信息技术在教学过程中的普遍应用，促进信息技术与学科课程的整合，逐步实现教学内容的呈现方式、学生的学习方式、教师的教学方式和师生互动方式的变革，充分发挥信息技术的优势，为学生的学习和发展提供丰富多彩的教育环境和有力的学习工具"。现代多媒体教室（白板平台）的普及应用，为学生提供了丰富的数字化教育资源，使数学教学内容得以跳出封闭的教材，扩展到现实生活的方方面面，为学生学习数学知识创设了广阔的空间，使得构建立体化、多样化、信息化的数学大教材成为可能。发挥信息技术的优势，向学生提供更为丰富的学习资源。直观形象地反映客观事物，使抽象的内容具体化、形象化，有利于充分调动学生主动学习的积极性、主动性，激发学生学习数学的兴趣，使学生更好地掌握知识，形成技能。因此，我们对数字化教育资源在小学数学教学中的应用进行了研究。

（二）本课题在国内外研究的现状和趋势

自20世纪90年代中期以来，加拿大对信息技术与学科课程整合的实验不断增加，并取得了良好的效果。如1998年2月温哥华学区的"信息技术报告"指出："信息技术可以创设一个以学生为中心、教师为主导并与社区相联系的学习环境。"由此可见，国外已经非常重视信息技术和学科课程的整合。

随着多媒体技术、网络技术和Internet的日益普及，以计算机为基础的信息技术对人类生活的方方面面都产生了巨大的冲击，人类的行为也因之而改变，通过计算机获取信息、传输信息、处理信息和应用信息成为人们重要的能力之一。部分具有创新意识的教师开始研究利用计算机辅助学习，在软件公司的参与下，大量优秀的"学件"设计出来供学生学习使用。20世纪90年代后期至21世纪初期，在充分认识到信息技术的强大作用的基础上，越来越多的教师开始利用信息技术创建一种学习环境、一种全新的教学方式来促进学生的学习。

关于信息技术与课程的整合随着教育部2000年教育信息化工作报告的召开，在我国迅速展开。涉及所有学科，教育界上下一心，致力于整合的研究，也取得了一定的成效。国内在数学学科上进行探索整合的有武进区寨桥中心小学、太仓市浮桥小学等学校。随着现代信息技术的发展，尤其是现在白板平台的普及，在小学数学教学中巧妙地运用数字化教育资源，对教育教学的价值、目标、内容及学习方式都产生了重大影响，能够实现教师的教学方式、学生的学习方式以及教学内容的呈现方式等方面的变革，实现一种理想的学习环境和全新的、能充分体现学生主体作用的学习方式，从而对传统的教学结构和教育本质进行彻底的改革。

（三）课题研究的实践意义与研究价值

现代教学论认为：学生作为教学活动的主体，在教学过程中以自己的积极性、主动性和个性特征来影响着教学的进行。教师是教学过程的主导，在教学过程中把握教学活动的方向，引导学生积极主动地建构和更新自己的知识结构。这种新的"主导—主体"教学理论指导着国内外的教育工作者进行积极的探索。数字化教育资源在小学数学教学中的巧妙应用，为学生的创新能力和信息吸收、加工处理能力的培养营造了理想的教学环境。因此，充分发挥数字化

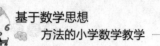

教育资源的作用，寻求数字化教育资源与小学数学教学相结合的最佳切入点，从而实现人与机、人与人、数学课程与信息的高度交互，让学生自主地学习，让学生在丰富的学习资源中自由发展，具有极其重要的意义。

（四）课题界定与理论依据

数字化教育资源是指经过数字化处理，可以在多媒体计算机及网络环境下运行的多媒体教学材料。按信息的呈现方式划分，数字化教育资源可分为数字化幻灯片、数字化投影、数字化音频、数字化视频、数字化网上教学资源等。而数字化教育资源在小学数学教学中的应用研究，就是教师如何巧妙地运用数字化教育资源进行课堂教学以及指导学生合理地运用好数字化教育资源，共同完成数学课程教学任务的一种新型的数学教学方式。

《小学数学课程标准》（2011年版）要求"数学课程的设计与实施要重视运用现代信息技术，特别要充分考虑计算器、计算机对数学学习内容和方式的影响，大力开发并向学生提供更为丰富的学习资源，把现代信息技术作为学生学习数学和解决问题的强有力工具，致力于改变学生的学习方式，使学生乐意并有更多的精力投入到现实的、探索的数学活动中去"，使他们在"广阔的空间里学数学、用数学、丰富知识、提高能力"。因此，我们要利用好数字化教育资源，使其与小学数学教学巧妙地结合起来，提高课堂效率。

二、课题的研究设计

（一）课题的研究目标

（1）通过课题研究，促进数字化教育资源在小学数学教学中合理、巧妙地应用，以实现新课程背景下教师教学方式和学生学习方式的变革。

（2）通过课题研究，为学生的多样化学习创造环境，使数字化教育资源真正成为学生认知、探究和解决问题的工具，发展学生的创新思维能力与自主探索能力。

（3）通过课题研究，进一步优化教师的教学方式，提升教师的专业素养。

（二）课题的研究内容

本课题着力对以下几方面进行研究。

（1）在小学数学课堂教学中研究如何巧妙应用数字化教育资源提高课堂效率，主要从以下几个方面进行：

①利用数字化教育资源，为学生创设有趣的数学问题情境。

②利用数字化教育资源，巧妙地突破教学重难点。

③利用数字化教育资源，开阔学生的视野。

（2）指导学生合理运用数字化数学教育资源，变"授鱼"为"授渔"，提高学生的自学能力与创新能力。

将根据学生的特点，指导学生选择适当的数字化教育资源自觉学习，促进学生之间的协作交流，支持学生自主探究学习活动，改善其学习方式，促进学生素质和个性发展。

（3）以校为本，优化教师对数字化教育资源的应用。

（4）丰富数字化数学资源库的内容。

（三）研究对象及要解决的主要问题

1. 研究对象

全体实验教师、学生以及与课题相关的数字化教育资源。

2. 要解决的主要问题

（1）教师在小学数学教学中如何巧妙地运用数字化教育资源？教学内容是主体，教学方法是关键，数字化教育资源是保障。只有理顺了三者的关系，才能科学、合理、有效地进行结合。研究数学学科的特点，遵循教学目标和要求，运用科学的教学方法合理地设计教学过程，积极运用数字化教育资源并使之服务于教学活动，实现课堂教学目标化、科学化、信息化，也就实现了课堂教学的高效性。

（2）指导学生合理运用数字化教育资源进行认知、探究和解决问题，发展学生的创新思维能力与自主探索能力。

（3）教师信息技水平的优化及丰富数学资源库的问题。

（四）课题研究的方法

本研究主要采用文献研究法、行动研究法、个案研究法、总结研究法等研究方法。

1. 文献研究法

数字化教育资源在小学数学教学中的巧妙应用，体现了新课程的教学理念，因此，有必要了解国际国内数字化数学教育资源的现状和成果，在研究中学习相关的理论和借鉴他人的成功经验，为本课题的研究提供实践的依据和事实材料。

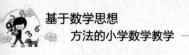
2. 行动研究法

本课题的研究与课堂教学紧密结合，是对课堂教学的研究，为了使研究工作有效实施，确定行动研究法为本课题的主要研究方法。具体步骤是：

（1）确定研究的问题。

（2）设计问题的解决方案。

（3）选定实验班级。

（4）制订行动实施方案。

（5）反馈与评价。

（6）总结。

3. 个案研究法

通过对个案的分析，不断总结与反思。

4. 总结研究法

教师通过学习、实验、总结教学实践中的成功经验，撰写报告论文。

本课题采用边研究，边实验，边总结，边传播的研究方式。

（五）课题的研究过程

1. 准备阶段：2013年6—10月

（1）做好课题的申报和论证。利用文献研究法查阅相关的理论和借鉴他人的成功经验，收集有关信息和数据，确定课题的研究背景、意义、依据、目标、内容等。

（2）组建课题组，商议研究计划，制订详细的课题研究实施方案，建立课题资料库。

（3）请有关专家为课题组成员开展研究方法和有关理论的培训，课题组成员收集整理有关理论、学习体会、数字化教育资源等。

（4）撰写开题报告和召开开题会。

2. 实施阶段：2013年10—4月

（1）开展问卷调查和有关测试，根据反馈的结果和课题研究方案，课题组成员从教学内容和学生的特点出发，运用教学软件、光盘、自制课件等数字化数学教育资源，每年级选一个实验班，在实验班中开展如何在教学中巧妙应用数字化数学教育资源的研究。

（2）继续根据课题研究过程的需要进行教育教学理论和教育科研方法的培训。

（3）组成中心研究组，研究实施过程中出现的各种理论和实践中的问题。

（4）组织课题组成员开展各类研究活动，开设研究课，组织观摩课、讨论和分析教学设计、记录和案例分析、理论学习等，不断调整、改进策略，研讨总结数字化教育资源在小学数学教学中如何巧用，形成教学设计和教学反思文稿及与课题相关的研究论文等。

（5）每学期制订课题活动计划，定双周星期四上午第二、三节为课题活动研究时间，组织课题组成员开展与课题相关的研究活动。

（6）指导学生合理运用数字化数学教育资源认知、探究和解决问题。

（7）每学期末做好资料归档、总结交流活动，收集研究个案、实验素材，积累有关研究材料。

3. 结题阶段：2016年4—9月

（1）召开课题组总结会，处理数据资料，整理研究成果，全面检查课题研究过程。

（2）分类整理、汇总课题研究资料，撰写课题研究结题报告。

（3）进行成果的整理和出版，丰富数学资源库的内容。

（4）将研究过程中课题组成员有创新的、有价值的论文、课例、录像、课件、微课等加以整理、推广。

（5）结题鉴定。

（6）在本地区内推广成功的经验和做法。

三、课题研究的结论

通过研究，本课题所得出的重要理论观点及分析如下。

（一）数字化教育资源的合理应用

数字化教育资源在小学数学教学中合理、巧妙地应用实现了新课程背景下教师教学方式和学生学习方式的变革，是课程改革的亮点和难点。

数字化教育资源因课程改革而备受关注。把教材当成是一成不变的教条的观念已经成为历史。当前，在理论上对数字化教育资源的意义、定义及分类，开发程序等方面的研究还是比较充分的，而合理、巧妙地在小学数学教学中应用数字化教育资源是一个实践难题。由于对数字化教育资源的开发和利用缺乏有效的经验，在实施层面上往往出现教学内容泛化的现象，人们容易从一个极端走向另一个极端，教材受到冷落，不少教师忽视对文本教材的阅读理解，过早过多地补充内容，这无疑将削弱国家课程改革的落实效果。还有些教师片面强调数学与生活的联系，为情境化而设置情境，一律到"游戏圈"去"闯关"，一些简单的数学现象也让学生上网收集信息，小题大做，这势必重复国外生活数学的老路。如何合理、巧妙地在小学数学教学中应用数字化教育资源，是我们首先要考虑的问题。

我们认为合理、巧妙地在小学数学教学中应用数字化教育资源可以从以下四点考虑。

1. 巧用数字化教育资源创设情境，激发学生学习数学的兴趣

兴趣是行为的一种动机，是学生学习最重要最直接的内部动力。俄国教育家乌申斯基曾说过："没有丝毫兴趣的强制性学习，将会扼杀学生探求真理的欲望。"因此，在数学课堂教学的开始之时，如能巧妙运用数字化教育资源创设有趣的情境，定能起到事半功倍的教学效果。如教学"分类"时，首先播放一段超市货架物品摆放的情景，然后通过录像中货物分类引出课题。学生见到超市里的货物，十分感兴趣，对这节课充满着期待，课始，学生便兴趣盎然。再比如"圆的面积"教学的开始，利用网络视频播放日本地震造成核泄漏，日本政府宣布以第一核电站为中心，疏散撤离方圆20千米以内的居民，以免这些居民受到核辐射，从而引出课题，既让学生了解了大地震给人类造成的巨大危害，又让学生感知了圆面积的含义，同时激发了学生探求新知的欲望和兴趣。

2. 巧用数字化教育资源突破重难点，让学生轻松地学习数学

教学重点是一节课着重讲的内容，是课堂的中心内容；难点是一节课中学生学习掌握比较困难的内容，是需要重点突破的内容。数学教学中有些知识点如果只通过简单枯燥的讲述，很难在学生头脑中形成表象，而数字化教育资源是以图形和动画演示相结合为主要手段，可将图形由静变动，由小变大或由大变小，由慢变快或由快变慢，画面生动，图、声、文相互配合，能大大提高学生学习的兴趣，有利于有效地突破教学重难点，使学生学习更轻松，更容易理解重难点。因此，教学过程中，我们可以从以下几个方面来巧用数字化教育资源突破重难点：

（1）化抽象为形象，突破概念教学。数学概念是学生学习数学的重点之一，在数学课堂中无论教师多么善于表达、比画，也难以表现一些抽象的数学概念，而多媒体教学最大的特点是能将抽象的东西具体化，使学生易于理解。

例如，在教学"什么是周长"时，我先让学生摸一摸课本封面的边沿，再在多媒体上用红色线条勾勒出课本封面的边沿线，然后把这条线段拉直，这样让学生直观地发现这一线段的长度就是课本封面的周长，既便于学生理解，又能引起学生的兴趣，使数学概念变得具体直观且容易理解。

（2）化静为动，在观察的模糊处突破。数学知识具有高度的抽象性，而小学生的思维却以具体形象思维为主，要使学生在认识新的知识点时更容易理解，需要为其提供丰富的感性材料，使他们借助具体形象的事物进行思维，进而理解和掌握抽象的知识。多媒体有很强的直观性，能够引导学生认识事物的本质和内在联系，从而促进学生思维能力的发展。例如，在教学"圆柱的体积"时，我事先运用多媒体制作了圆柱底面，并把其平均分成若干相等扇形，再以这些扇形的边为切线把圆柱切开拼成近似长方体的过程，在教学中反复慢放，让学生清楚地观察出长方体的长相当于圆柱的底面周长的一半，宽相当于圆柱的底面半径，高相当于圆柱的高，以这种形象、生动地转化过程使学生对圆柱的体积推导过程有了深刻的认识。

（3）化曲为直，在操作的关键处突破。巧用数字化教育资源辅助数学教学有传统教学不可替代的优越性，它能将图像复合、对比，将细微的景象放大，减少学生观察、操作的困难和思辨的难度。例如，在"圆的面积"教学中，圆转化为平行四边形的剪拼过程，学生动手操作剪拼32等份的过程比较困难，且很容易产生误差，这时我利用多媒体制作成动画演示整个剪拼过程（4等分、8等分、16等分、32等分），并把4个剪拼过程加以比较，学生很容易看出"等分的份数越多，拼出来的图形就越像平行四边形"，从而让学生清楚地感悟化曲为直的数学思想及向学生渗透了极限的思想，使学生在直观形象的动画中轻松地突破本节课的难点。

（4）再现操作，在思维的障碍处突破。心理学告诉我们教学过程中调动学生的感觉器官越多，它们发挥的作用越充分，所学的知识就越容易被理解和掌握。多媒体可以根据教师的意愿，将教学内容变静为动，变动为静，并把声、像、文字结合起来，充分调动学生的多种感官，为学生提供一种富于变化的学习环境，从而大大减少学生想象的困难。如把一个棱长为10厘米的正方体表面全面部涂上绿色，再把它平均分割成棱长为1厘米的正方体小块，那么一共可以切多少块？其中一面、二面、三面有绿色的小正方体各有几块？没有涂到绿色的小正方体有几块？很多学生由于缺乏空间想象能力，解答这种空间思维的题目是比较困难的，而要进行实际操作又比较麻烦。这时我们可以用多媒体课件，在屏幕上呈现"切割""提取""旋转"等动态过程，使学生一目了然，这样既发展了学生的想象思维能力和抽象思维能力，也培养了他们的空间想象能力。

3. 巧用数字化教育资源设计练习，提高课堂效率

在高效课堂教学模式中，都需要对问题解决的过程、结果及所采取的方式、方法、策略等进行检查训练、反思概括，从而检测课堂授课效果，巩固学习目标。在学校现有的条件下，每节课都给学生印资料不太现实，因此可以通过数字化教育资源，运用电子白板以生活为载体给学生设计形式多样，实用性强而且有趣的练习（填空、判断、选择、解决问题均可），为学生提供丰富多彩的反馈信息，从而大幅度提高课堂练习的效率，开阔学生的视野。例如，在教学完"圆的面积"后，我运用数字化教育资源展示学校的花坛、楼梯的圆形牌等，并让学生算一算它们的面积，同时以图像加文字的形式展示生活、生产、科技等方面有关圆的面积的应用内容，既让学生掌握了知识，感受到数学知识的用处，又开阔了学生的视野。再比如在"点阵中的规律"的教学中，当学生学会课本中如何找规律解决问题后，巧用数字化教育资源展示生活中的点阵（围棋、花圃的设计、阅兵中方阵的排列形式以及点阵在高科技领域的运用），让学生在欣赏图片的过程中，感受到点阵的艺术之美，体会到"生活中其实处处都有点阵，生活中其实处处都有数学"。

4. 巧用数字化教育资源培养学生的发散思维，让其迸发数学思维的火花

数学的学习不仅要让学生掌握知识，同时要培养学生的创新能力，使学生学会自己思考，学会创新，这样才能真正掌握数学知识，并运用到实际生活中。而巧妙地使用数字化教育资源能有效地实现这一目的。如在"组合图形的面积"的教学中求面积时，一般学生的做法是将各部分图形分别计算，然后相加得到结果，这样计算不仅烦琐，而且容易出错，浪费时间。我们可以通过多媒体制作成动画，将图形进行平移、旋转等来诱发学生的想象、激发学生的思维，使复杂的问题简单化，达到举一反三的效果，既提高了学生学习的积极性，又培养了学生的发散思维，使他们努力地探索创造。

总之，我们认为巧用数字化教育资源应被定位为"促进学生发展，促进有效课堂教学提升，促进学校课堂文化特色的生成"。因此我们要做到以下几点：

（1）数字化教育资源的筛选要有明确的目标指向。著名教育家陶行知说过："教育必须是科学的。这种教育是没有地方能抄袭得来的。我们必须运用科学的方法，根据客观情形继续不断地把它研究出来。而且，这种教育的内容也必须包含并注重自然科学与社会科学，否则不得前进。"使用数字化教育资源，首先是要与教学内容有机结合，有利于提高课堂效率，有利于学生的理解和接受。呈现方式应尽量考虑其呈现效果，如电子白板的拉幕、聚光灯、放大镜、缩放等功能，不要过多、过频地进行白板功能的切换，否则容易引起学生的视觉疲劳，甚至使学生的注意力分散，浪费课件制作的时间，不利于课堂效率的提高。

（2）数字化教育资源的筛选要符合新课程标准所阐明的理念，与教学内容相适应。数字化教育资源为所有从事该学科教学的教师提供平等的教数学的机会，使他们体会什么是好的数学，什么是对数学科学知识、数学文化、社会价值的整合：它不但应当准确地反映国家的教育方针与课程标准的理念，也应当适合学生发展与教师的教学需求。

（3）数字化教育资源的筛选要追求课堂教学的优化，立足包含有效课堂文化的教学，并促成学生自主学习、合作探究。有效教学应该说是人类教学实践的一贯追求，历来也是教学工作者关注的重点和焦点，其内涵一直随着教学价值观、教学的理论基础以及教学研究的范式变化而不断扩展、变化。因此，数字化教育资源的出现，使得当代的有效教学较为明显地形成了其时代特征。校园网络的建立极大地减轻了教师备课的负担，信息高速传递正在改变着我们的生活。当代学生在这方面往往走在了他们父辈的前面，他们在网络信息的快速作用下，大脑将变得比我们聪明。这种技术进步不会增加负担，相反必然能极大地提升有效教学的学习效率。

（二）数字化教育资源的创造性

数字化教育资源为学生创造了多样化的学习环境，成为学生认知、探究和解决问题的工具，同时也为发展学生的创新思维能力与自主探索能力提供了保障。

当今社会是一个信息化的社会，学生学会利用数字化教育资源进行有效学习也是当务之急。学生通过电脑、手机、平板、电子书、学习机、互联网电视等浏览丰富的网络数字化教育资源（如数学PPT、口算大师APP、作业帮、猿题库、微信公众号、QQ服务等），跨越时间、空间，自主学习与小学数学课程相应的知识，解决作业中遇到的难题，积累自己的人文、社会等知识，其知识的摄入量可解决有限的课堂问题，也为当前课程改革所提倡的自主高效课堂提供了可能。那么如何有效地利用数字化教育资源进行学习，使之成为学生认知、探究和解决问题的工具，发展学生的创新思维能力与自主探索能力呢？

1. 培养学生利用数字化教育资源进行自主学习的兴趣

培养学生的学习兴趣，不能用强制和惩罚的方法来强迫他们，应当充分利用数字化教育资源本身直观、形象的动态效果等来吸引学生的眼球，使得原本枯燥的教学也开始变得多姿多彩，使学生乐在其中，这样可以非常轻易地使学生自觉自主地"迷"上利用数字化教育资源进行学习。

2. 教会学生搜索有用的数字化教育资源

在遇到难题时，鼓励学生应用现代信息技术（如电脑、手机、平板等），自主查找有用的数字化教育资源进行学习。比如，很多学生学习中遇到不会做的题目，会用小猿搜题解决问题。通过训练，发现大多数学生在学习方法和学习态度上都有了不同程度的改变，由原来的被动学习变为主动参与教学，能在老师的指导下进行同学之间的相互协作，积极主动探究，解决老师设置的问题。学习方法改变了，他们的成绩也有不同程度的提高，班级优秀率与及格率明显高于非研究班。

3. 培养学生的创新能力

应试教育忽视了对学生创新能力的培养，偏重知识的学习，这与当前知识经济时代注重人的创新能力格格不入，因而素质教育就要加强培养学生的创新能力。学生在直观、生动、自主的课堂教学氛围中，好奇心、求知欲得到了极大的发展，主动探索知识、发现知识的能力大大提高，敢于想象，大胆猜测。直觉思维、发散思维、求异思维得到了不同程度的发展，从而培养了学生的创造思维能力。

（三）通过课题研究，教师教学方式得到有效的优化，教师的专业素养得到了提升

课题组成员自参加了"数字化教育资源在小学数学教学中的应用研究"以来，教育教学理念不断更新，教师的角色也发生了根本性的转变。我们主要进行了以下的培训与研究：

（1）数字化教育资源的使用培训，使教师了解了数字化教育资源的使用方法及其优点。

（2）数字化教育资源浏览技能的培训，使教师能熟练地应用其浏览功能。

（3）数字化教育资源搜索技能的训练，能使教师掌握各种搜索技巧，关键词、关联词表达准确简练，通过对信息的有效分类来扩大或缩小搜索范围等。

（4）数字化教育资源下载管理技能的训练。除了熟练掌握点击相应的链接直接下载以外，还需要掌握如何去下载那些并未表明可以下载的信息，如音视频文件等。

（5）数字化教育资源信息发布技能的训练。知道在什么地方可以有效地发布信息，掌握信息上传的一般技能，能将自己的课件、论文、微课等放在网上、微信群上让教师、学生查看，掌握各种网络信息交流方法，如微博、QQ、微信、邮件等。

通过以上培训与研究，教师们积累了大量的理论知识和丰富的数字化教学资源，磨炼了意志，提升了专业水平。比如，笔者主讲的"组合图形的面积"充分运用数字化的教学资源，借助电子白板的易操作性，以生活中大量组合图形欣赏引入，积极引导学生自主学习，上台互动展示，鼓励学生之间相互学习，真正实现了自主高效的课堂。姚冬梅老师主讲的"有趣的算式"借助数字化的教学资源，呈现形式多样，内容丰富，让学生领略了数学王国的奇异美和对称美，使抽象枯燥的学习内容变得形象有趣，让学生在动态变化中感受数学的美妙。最终本课成为惠州市数学骨干教师教研活动示范课，得到钱守旺老师（数学特级教师、北师大版小学数学课标教材编写组成员、中国人民大学附属小学副校长）的精彩点评。吴思嘉老师主讲的"'重复'的奥妙"运用数字化的教学资源，把一节课设计成有趣的动态故事，呈现在二年级的学生面前，使学生感受到不一样数学课堂，感受"重复"现象的美。

（四）对数字化教育资源的应用研究，有利于数学资源库内容的丰富

经过3年研究，每位课题组成员都整理出了各自所在年级每一课时的课件，修改为适合我们教学方式的资源，同时选送了一些优秀的课件、课例、微课、教学设计等参加区、市、省的评比，并获得优异的成绩。这些研究成果都收录进了教学资源库，极大地丰富了教学资源库的内容。

四、课题研究分析与讨论

（1）我承担的实验课题"数字化教育资源在小学数学教学中的应用研究"是全国教育信息技术研究"十二五"规划立项的青年课题，于2013年6

月成立课题组，并于同年9月12日举行了开题仪式。开题以来，在研究中我们发现，数字化教育资源在小学数学教学中具有不可或缺的地位和作用，具有鲜明的时代性和强劲的生命力，我们致力于建设开放而有活力的新型数学课堂，就必须充分应用大容量的数字化教育资源。只有合理运用这些资源，才能为学生创造自主、合作、探究的空间，才能使课堂充满活力与效力。因此，2013年9月，课题组成员温治兵、姚冬梅、秦晓燕制订了详细的课题研究实施方案，并严格执行，建立课题资料库。张惠添、吴思嘉、曾韵、邓伟仁收集整理有关理论、学习体会、数字化数学资源等，为顺利开展课题打下了基础。

（2）针对课题研究的弱点，利用文献研究法，课题组负责人温治兵老撰写了数篇与课题相关的论文，以此指导课题组开展研究活动，促进课题研究的有效进行，为课题研究奠定了理论基础。其中《巧用多媒体成就数学新课堂》获区、市一等奖，省二等，并在省级期刊《数学学习与研究》中发表；《电子白板在小学数学自主高效课堂中的实践与点滴思考》获区、市一等奖，省三等奖；《活用电子白板助力小学数学自主高效课堂》获省三等奖；《"数字化"小学数学教学新模式的思考》《小学数学自主高效课堂初探》获区一等奖、市二等奖；《妙用现代教育技术，构造轻松高效的小学数学课堂》获省三等奖。

（3）根据课题研究方案，运用行动研究法和个案研究法，借助教学软件、光盘、自制课件等数字化数学教育资源在教学中进行巧妙应用的实验研究。从2013年10月至2016年4月，分别选定课题组成员曾韵、吴思嘉、张兆良老师为主讲教师，全体组员参与研究，从教学内容和学生的特点出发，选定综合实践课北师大版五年级"点阵中的规律"、二年级"'重复'的奥妙"、五年级"包装的学问"进行个案研究，结合数字化数学教育资源，进行教学理论的提升研究，经过多次反复查阅资料，试讲对比，各种资源的比较，课件的反复修改，多次长时间开会讨论研究，最后曾韵老师参加广东省第七届说课比赛获省一等奖，吴思嘉老师参加广东省的优质课比赛获得省二等奖，张兆良老师参加广东省第八届说课比赛获省一等奖，温治兵老师获省指导一等奖。同时，借助课题的研究，温治兵制作的课件"圆柱的体积"获省优秀奖，邓伟仁制作的课件"平移和旋转"获省三等奖，邓伟仁、姚冬梅制作的课件"有趣的算式——用计算器探索规律"获省三等奖。

（4）组织课题组成员开设研究课，研讨总结数字化教育资源在小学数学教学中如何巧用，形成教学设计和教学反思文稿。2013年10月，课题组首先组织研讨姚冬梅老师承担的市研讨示范课"有趣的算式——用计算器探索规律"，有机地结合了数字化的教育资源，体现了数学的美、实、趣，充分调动了学生的积极性，获得了同行的一致好评，教学设计参加市优秀教学设计评比获一等奖。另外，城区研讨课由温治兵承担的"图形中的规律"和秦晓燕承担的"平移"，经过课题组的认真讨论，数次试教，反复推敲尝试，还邀请了教研室主任及学校的其他教师共同商讨，最后获同行的高度好评，教学设计"图形中的规律"参加市教学设计大赛获一等奖，参加2013"国培"精品教案、精彩课堂（微课）征集评选活动获全国二等奖。2014年11月，城区自主高效课堂研讨课由课题组成员承担，温治兵教学"组合图形的面积"，秦晓燕教学"数图中的学问"，经过课题组的充分讨论及城区教研员的指导，反复试讲，最后获得同行的一致好评。其中"组合图形的面积"课件获区课件大赛一等奖，2016年送省参评，教学设计"组合图形的面积"参加2016年信息技术论文、教学设计评比获省一等奖。

（5）教师通过学习、实验、总结教学实践中的成功经验，制作微课，撰写报告论文，以此指导学生合理运用数字化数学教育资源认知、探究和解决问题。课题组主持人温治兵制作的微课"3的倍数的特征"获区一等奖、省二等奖；课题组成员张兆良制作的微课"2的倍数特征"获区二等奖，"5的倍数特征""2和5的公倍数特征""平行四边形的面积"获区三等奖；课题组成员姚冬梅撰写的论文《对小学数学"综合与实践"活动课的思考与实践》获省一等奖，《小学数学教学中渗透数学思想方法的思考与探究》获区二等奖；秦晓燕撰写的论文《用问号打开数学之门——谈谈如何培养学生敢问、善问的品质》获省三等奖，《小学数学低年级养成教育之我见——数学也要重视听说读写训练》获区二等奖；张惠添撰写的论文《变式教学在分数乘除实际问题中的应用探究》获区三等奖；张兆良撰写的论文《现代信息技术支持下的提升作业评讲效率的探究》获省二等奖。这些论文及微课既是对课题研究环节的总结及为学生自学提供资源，也能有效地指导我们继续开展研究，同时，为我们后面的推广提供有力的佐证。

（6）在优化教师对数字化教育资源的应用的运用方面，课题组主要采用行动研究法，组织课题组成员定期进行讨论研究，做到每期有主题，有效突破教

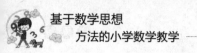
学重难点；同时，课题组成员都参加了省组织的校本研修学习，以此提高对数字化教育资源的应用研究理论水平，提高课题组成员的综合应用能力。

（7）2013年9月，课题组在每个年级选定了一个实验班级，制订了活动计划，对在课堂教学中运用数字化教育资源上课的情况进行分析，针对实验班级进行了调查问卷，并对调查结果进行分析总结，发现问题，促进课题更深层的研究。本次问卷调查共发放100份问卷表，结果显示学生时在课堂上运用数字化教育资源的喜欢率为98%，学生都认为学习起来更轻松，更有趣，同时学生对新生的白板平台也产生了浓厚的兴趣，经常在课余时间，在白板上做题，画图，他们觉得有趣又环保，同时他们对制作课件、学习软件也有着很高的兴趣。我们借此开展了学习软件（主要是PPT格式）制作大赛，以此促进学生自主学习，提高学生的综合实践能力。

（8）2016年4至9月撰写结题报告，对取得的研究资料做全面的整理，课堂实录、课件、微课材料都刻录成光盘并上传至百度网盘，文字性材料整理成册，接受专家组的评审，进一步分析讨论，总结反思存在的问题，并对好的成果在全校、全区进行推广。

五、课题研究的反思与建议

（一）课题研究的反思

本课题的研究还是比较顺利的，虽然学校经费紧张，但学校领导还是高度重视，支持课题组开展活动，为课题组提供方便，并对好的思路、成果进行推广。学校的设备比较先进，每个班级都有最新的白板平台，还有两个多媒体教室，但是学校教师平均年龄较高，能熟练运用平台的教师不多，对开展数字化教学有操作技术性困难。针对这个问题，我们进行了多次的平台操作运用的培训以及数字化教育资源的优化运用培训工作，让年轻教师教老教师，及时进行教师之间的沟通、协商，做到尽量多用数字化教育资源进行教学，尽量选用优质的教育资源传授数学知识。另外，培养学生精英，请学生上台运用平台讲课，既给了学生展示的机会，又能提高学生的兴趣。

（二）课题研究的建议

1. 加快校园数字化教育资源平台的建设

学校要投入较大的人力和物力来建设学校的数字化教育资源平台。除了硬件建设外，学校要建立与之配套的数字化教育资源库，配备专人管理，为学校教师与学生提供帮助与支持。

2. 加强对教师数字化教育资源平台的技术培训

首先是积极、认真参加区、市、省级培训，加强管理，加强考核；其次是继续进行校级培训，要求35周岁以下的教师都要熟练地掌握数字化教育资源的应用技巧，学校将在学期末进行全面的考核。

3. 继续将学生的自主学习与利用数字化教育资源学习有机地结合起来

将研究课所探索的教学模式不断扩大，应用于平时的常规课教学，使数字化教育资源与学科教学的整合能力得到进一步提高，使学生的探究性学习在现代技术环境下得到进一步的开展。

参考文献

［1］赵刚.信息技术支持下的数学教学模式研究［D］.上海：上海师范大学，2013.

［2］钱志平.实践信息技术与小学数学教学整合提高课堂教学效益［J］.中国信息技术教育，2010（22）.

［3］高兴，虞沧，刘芳.数字化资源共享新方式——微课程［J］.中国信息技术教育，2014（10）：10.

［4］王莉莉.信息技术在数学教学中应用的感悟［J］.读写算（教育教学研究），2015（38）.

附1：

电子白板在小学数学自主高效课堂教学中的实践案例

一、生活中组合图形欣赏——激发学生学习兴趣

新课程标准提倡学生在生动具体的情境中学习数学。在小学数学课堂教学中，电子白板强大的交互功能向学生展示大量不同类型、美妙的生活中组合图形的图案，如图1所示。教师要充分运用电子白板的直观性、生动性吸引学生，激发他们的学习热情。在学生被这些美丽的图案吸引的同时，教师引导学生结合自己学过的知识思考：你知道什么叫组合图形吗？怎么求组合图形的面积呢？带着这样的疑问，学生的求知欲被大大地激发了。

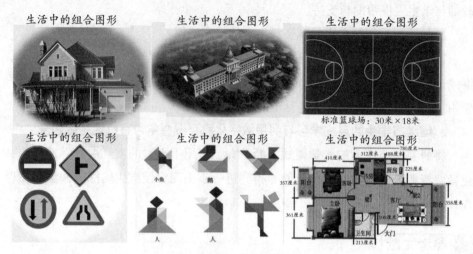

图1　生活中的组合图形

点评：电子白板以其独特而丰富的表现力、感染力（如视频的播放、Flash动画、图片动态欣赏等），通过展示大量相关的图片资料，刺激学生的感官，让学生融入其中，激发学生的学习兴趣和求知欲。

二、图形分析——引导学生发现解决问题的方法

陶行知说过，"要解放孩子的头脑、双手、脚、空间、时间，使他们充分得到自由的生活，从自由的生活中得到真正的教育"。教学中教师通过出示如图2所示组合图形，引导学生说一说什么叫组合图形，进而继续追问：如何分解这两个组合图形并求出它的面积？

在学生回答的基础上，教师再运用电子白板的拖放、平移等功能，直观、形象的展示组合图形分解的过程，如图3所示。学生很容易发现：上面那个组合图形是由一个三角形和一个长方形组成的，下面这个组合图形是由三个长方形组成的，要求组合图形的面积就是分别算出这些基本图形的面积，然后再加起来。要求组合图形的面积，得先会分解组合图形。知道方法后，学生产生了跃跃欲试的冲动。

点评：在实践探究活动中，充分运用电子白板的拖放、平移等变换功能对生活中的组合图形进行数学分析，让学生体会组合图形分解的过程，培养学生分析、发现、解决问题的能力，达到了化繁为简的目的，体现了数学的"转化"思想。

观察下面的图形，想一想什么叫组合图形？

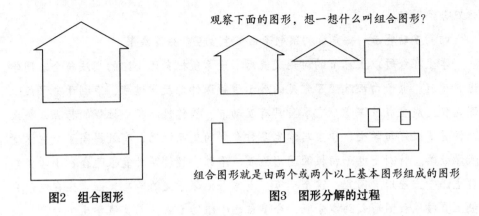

组合图形就是由两个或两个以上基本图形组成的图形

图2　组合图形　　　　　　　　图3　图形分解的过程

三、小组内分享——畅谈自己的想法

学生是学习的主体，学生通过自主观察、分析、实践等探究过程，从而用学过的数学知识去解决实际问题，形成数学能力。因此，当学生通过对以上组合图形分解过程的学习及自主预习课本后，已经初步掌握解决简单组合图形面积的方法。于是我选择把课堂还给学生，提出问题让学生在小组内分享自学的成果，畅谈自己的想法。（问题：①在四人小组里分享你的学习成果。②说说你是怎样求这个组合图形的面积的？为什么这样做？③看看别人的成果有什么可取之处。④讨论一下谁的方法最好。如图4所示。）

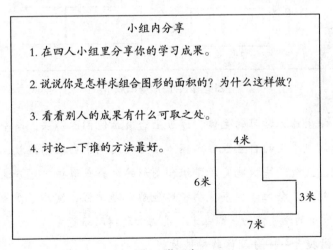

图4　学习卡

点评：学生通过小组内的交流，充分表达了自己的想法，同时听取了组内同学的不同想法，在自主学习和讨论中相互学习，充分体现了学生是学习的主

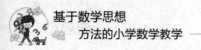

体及合作学习。

四、互动展示——充分利用电子白板生生互动分享成果

学生在经过以上环节的讨论交流后，最希望把自己小组的想法与全班同学进行交流。电子白板改变了常见的展示讲解课件的教学过程，有利于把预设性课堂转变成生成性课堂。它本身具有互动性、操作性、集成性强的特点，极大地促进了教师与学生、学生与学生多种多样的交互活动，有效提高了自主课堂教学效率。特别是电子白板的图形拖放、平移、旋转等功能很适合在小学数学自主课堂上应用。因此，这个环节，我完全把课堂交给学生，让学生在电子白板上直接拖放图形或画线分解，分享自己小组的方法，而其他学生听分享，提问题，在分享、互动交流中解决问题。学生分享解决的方法如图5所示。

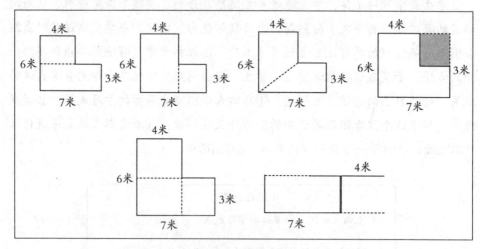

图5　组合图形解法展示

点评：学生作为学习的主体，通过上台展示他们的解法，与全班同学互动交流，充分体现学生的自主性。本环节学生利用电子白板的拖放、平移等丰富的变换功能，直观、快捷地完成了组合图形的分解或剪拼，充分运用了电子白板的交互功能，让全班学生直观明了地理解解题过程，突出了重点，突破了难点，培养了学生的动手能力、口头表达能力和逻辑思维能力。

五、小结提升——分享体验畅谈收获

在学生互动展示后，在这么多方法中，要给学生一个总结提升的时间与空间，于是我提出了几个问题：

（1）说一说，这几种方法中，你最喜欢哪一种？为什么？

（2）（给出我们学校的平面图）你能算出我们学校建筑物的占地面积吗？（见图6）

（3）我发现了……我学会了……我感到困惑的是……

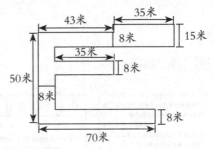

图6　思考题

点评：学生是学习的主体，本环节可以充分利用电子白板的回放功能，让学生对上节分享的方法进行回顾，比较选出最优方法，并引导学生归纳总结求组合图形的基本方法，畅谈本节课的收获、体会和困惑，提高学生的概括、表达以及学生的质疑的能力。

六、反馈评价——自我检验新知掌握情况

反馈评价是小学数学自主高效课堂中必不可少的一个环节，它可以让学生实时了解自己掌握知识的情况，也促进学生及时应用所学知识解决问题。因此，我充分利用电子白板的展示功能，设计如下的测评卷（见图7）。

1. 分一分。把下面各个图形分成已学过的图形，并说说你的想法。

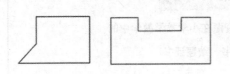

2. 算一算。中国少年先锋队的中队旗是五角星加火炬的红旗（见下图），计算中队旗的面积，说一说你是怎么想的。（单位：厘米）

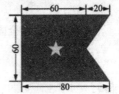

3. 我们学校要给200扇教室门的正面刷漆。
（1）需要刷漆的面积一共是多少？
（2）如果刷漆每平方米需要花费5元，那么共要花费多少元？
（单位：米）

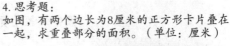

4. 思考题：
如图，有两个边长为8厘米的正方形卡片叠在一起，求重叠部分的面积。（单位：厘米）

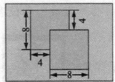

图7　测评卷

点评：传统的教学在学生练习和教师展示不同练习方法时有许多局限，利用电子白板可以进行不同形式的练习，如游戏、选择、填空、拼图等，也可以进行一题多变，一题多解的训练，方便、快捷。

附2：

课题证书如图8所示。

图8　全国课题《数字化教育资源在小学数学教学中的
应用研究》立项证书、结题证书

附3：

数字化教学资源调查问卷

1. 你知道我们学校有哪些数字化教学产品？

□电脑

□投影设备

□一体机或电子白板

2. 一体机或电子白板老师的使用频率是多少?

□日常使用（每天使用）

□经常使用（每周都有使用）

□偶尔使用（只在公开课时用，约1月1次）

□不使用

3. 你知道影响教师使用一体机、电子白板等频率的因素是什么吗?

□害怕损伤学生的视力

□操作过程复杂，不便于教学

□教学流程程式化、固定化，不便于教师专业性成长

□硬件设备数量较少，不是每班都配备，日常教学不方便

□没有和学校所设课程匹配的软件，需要自己制作PPT、电子书等，耗时耗力

4. 如果一体机中自带数字化教学资源，您希望这些内容是什么?

□有体系的、系统全面的课程，完全能承载日常教学之需

□美术、音乐、语言、科学等专项课程，根据日常教学需要择取

□和学生生活经验及课程贴近的相关的零散视频、音乐资料，以便在教学中灵活抽取使用

5. 请您从整体印象上对数字化教学资源应用的利弊做个评价（　　　）。（单选）

A. 利远远大于弊　　　　　　　B. 利大于弊

C. 利弊平衡　　　　　　　　　D. 弊大于利

E. 弊远远大于利

6. 您认为运用数字化教学资源进行教学对您的课堂学习重要程度如何?

（　　　）（单选）

A. 非常重要   B. 比较重要

C. 一般   D. 不太重要

E. 不重要

7. 对于利用数字化教学资源教学与传统教学方式，您同意下列哪种说法？
（   ）（单选）

A. 多媒体教学必将完全代替传统教学模式

B. 将来的教学模式将以多媒体教学为主，传统教学模式为辅

C. 将来的教学模式二者较为平衡

D. 将来的教学模式将以传统教学为主，多媒体教学模式为辅

E. 传统教学的主导地位不会改变

8. 您认为多媒体教学在您所学的课程中应占的比例为（   ）。（单选）

A. 80%以上   B. 60%～80%

C. 40%～60%   D. 20%～40%

E. 20%以下

9. 您认为目前我校教师利用数字化教学资源进行教学有何不足之处？
（   ）（限选3项）

A. 没有充分利用数字化教学资源

B. 教师的机器操作水平欠佳

C. 课上内容过于死板，全是word文档或幻灯片，过于单调

D. 形式比较单一，只有视觉的

E. 信息量太大，在课上不能完全接受

F. 速度过快，思维跟不上

G. 其他

10. 您对目前我校运用数字化教学资源进行教学还有什么意见和建议吗？

让"光彩教育"在奋进中创造新奇迹

惠州市光彩小学校长　赖新文

"小学教育是为学生一生打底色的教育，这一底色需要出彩！"秉承这样的教育信念，广东省惠州市光彩小学遵循教育发展规律，传承办学传统，对内以足球特色为突破口，强队伍、优环境，夯实素质教育路径；对外积极搭建多元化平台，聚合家长、社会等多方力量，凝聚办学合力，彰显出"光彩教育"独特的魅力。它如一盏明灯，指引我们冲出教育洼地，使学校沿着健康、规范、科学、有序的方向发展。

一、传承与创新结合，淬炼光彩教育

顶层设计是催生变革的有生力量，同时也是深化变革的原动力。对光彩小学而言，当初若不是"光彩教育"这一顶层设计的出台、引领，素质教育成果不会如今日这般丰硕。

光彩小学创办于1992年秋，是一所由政府拨款、工商个体户集资共建的学校。以光彩小学命名，既是对工商个体户热心助学的致谢，又是一种为国家发展增添光彩的勉励。从古至今，致力于人的全面发展既是教育家们的共同目标，也是教育之道的精神内核。我们最终提出将"光彩教育"这一理念作为学校教育品牌，是基于"培养什么样的人""如何培养这样的人"的探索，不仅源于校名的挖掘，源于光彩精神的传承，更是源于教育之道的探索。围绕培养光彩的人这一办学目标，光彩小学通过深化德心智体美的内涵，延伸新时代人才综合素养的培养路径，最终涵养出心地善良、乐观开朗、善学勤思、兴趣广泛等新时代少年必备的核心素养，实现学生的全面发展。

在20多年办学历程中，经过三任校长的不懈努力，已然勾画出德心智体美全面发展的素质教育蓝图，孕育了综合素质全面发展的深厚底蕴。

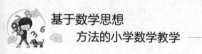
二、共性与个性融通，厚植素质沃土

一个全面发展的人，一定也必须是德行高尚的人，这也是我们教育的首个重要任务和目标。在当今复杂的社会环境中，只有具备阳光的心态，才能有充盈的智慧、健康的体魄和丰富的才艺。光彩小学无论是德育活动设计，还是日常教学管理，都紧紧抓住德心智体美的培养目标，在共性和个性兼顾中，力求培养一个完整的"光彩人"。

在德育方面，一是重视设计"三爱"等多种德育活动，二是积极拓展渠道，组织学生参加各类公益活动，增强学生的社会担当意识。如组织学生参加慈航义卖日和988传递温暖——声音的温度公益朗诵会等，让学生在参加公益过程中，明确责任与担当，以及感受帮助人的快乐。

在心育方面，学校利用有限的办学条件，与惠州市心理咨询师协会联合开辟出一个温馨与专业兼备的心语小屋。在这里，学生可以与专业心理教师互动交流，宣泄和疏解心理上的压力。

在智育方面，学校依托高效课堂改革，辅以课程体系建设，打造光彩课堂教学特色，同时强化教师队伍专业知识、科研水平的培养，让课堂变得丰富有趣，让学生变被动学习为主动学习，丰盈学生的知识构成。

在体育方面，学校克服现有办学条件的掣肘，让有限的空间无限延伸，通过引入"校园足球"进课堂、进校园，营造了"人人会踢球，班班有球队，年年有赛事，场场有佳绩"的浓郁氛围。

在美育方面，为实现"个个有兴趣，人人有才艺"的缤纷画面，学校积极整合校内外资源，先后成立书法、合唱、舞蹈、乒乓球、武术、篮球、足球等20多个社团，极力利用有限课室，打造活动场地。

三、校内与校外联动，搭建共育桥梁

"父母是孩子的第一任老师。"父母的一言一行，总会在孩子心中播下一粒粒"种子"。因此，学校教育必须要有家庭教育的配合，家庭教育既是学校教育的基础，又是学校教育的延续与升华。正所谓"5+2=0"，若是家庭教育跟不上，学校工作抓得再牢，学生培养也很难达到理想效果。

通过家校警联动、成立家委会、交通小协警等形式，强化家校共育机制，建立新型的家校合作方式，发挥父母在学校教育和家庭教育中的作用，为学生成长创造良好的条件。在鹅岭交警中队的指导和帮助下，依托各级家委会，家长们自愿组建一支志愿服务队，制定护学执勤表，无论寒暑，总会在上下学的时间段，准时出现在校门口，护送孩子们平安回家。在日常教学管理中，学校一方面积极整合各种资源，为家长开设各类讲座、课堂，另一方面主动邀请家长参与学校教育教学管理，让家长在理解学校办学理念的同时，认可和形成教育共识。如校园足球联赛、广播操比赛、"童心向党"班级歌咏比赛等，邀请家长到校参与到后勤保障和秩序管理中来。

只有遵循学生的天性，在这种天性中赋予和引导素质教育内涵，才能让素质教育真正落地生根，枝繁叶茂。

光彩小学在前进、发展中不断实现跨越，创造着一个又一个新的奇迹。全国青少年校园足球特色学校、全国红旗大队、广东省交通安全文明示范学校、惠州市安全文明校园、惠城区教学质量综合评价优秀学校、惠城区教育科研先进集体、惠城区青少年科学教育特色学校，等等，谱写的是跌宕而激越的乐章，弹奏的是铿锵而激昂的青春赞歌。

回首往昔，我们骄傲；展望未来，我们向往；恩承荫庇，我们感激；承前启后，我们任重道远。对教育这个系统性工程而言，所有的成绩都不过是探索教育规律、深挖教育内涵路上的垫脚石。素质教育的道路且行且远，只有时刻保持敏锐的视角，与时代接轨，才能真正培育出"我为世界添光彩"的新时代接班人。

（赖新文是广东省姚冬梅教师工作室指导专家，此文发表于《国家语言文字》2018年6月8日第6版）